GENGJIA YUYUCONGCONG
NANYUE LVSE GONGLU JIANSHE JISHI

更加郁郁葱葱

—— 南粤绿色公路建设纪实 ——

（中册）

 广东省南粤交通投资建设有限公司　主编

人民交通出版社股份有限公司
China Communications Press Co.,Ltd.

内 容 提 要

本套丛书共分为上、中、下三册，对南粤公司各建设项目在设计、施工及建设管理全过程绿色公路建设理念的实践情况进行了系统地归纳总结，并以典型案例形式进行了说明。本书为中册，主要介绍南粤公司项目中路基路面设计、施工工程中的绿色公路实践及桥涵绿色设计、施工，并配以南粤公司典型桥梁工程说明，供广大公路建设者参考借鉴。

图书在版编目(CIP)数据

更加郁郁葱葱：南粤绿色公路建设纪实. 中册／广东省南粤交通投资建设有限公司主编. — 北京：人民交通出版社股份有限公司，2019.6

ISBN 978-7-114-15256-6

Ⅰ. ①更… Ⅱ. ①广… Ⅲ. ①道路工程—道路建设—研究—广东 Ⅳ. ①U41

中国版本图书馆 CIP 数据核字(2018)第 293931 号

书　　名：更加郁郁葱葱　南粤绿色公路建设纪实(中册)
著 作 者：广东省南粤交通投资建设有限公司
责任编辑：韩亚楠　陈　鹏
责任校对：赵媛媛
责任印制：张　凯
出版发行：人民交通出版社股份有限公司
地　　址：(100011)北京市朝阳区安定门外外馆斜街 3 号
网　　址：http://www.ccpress.com.cn
销售电话：(010)59757973
总 经 销：人民交通出版社股份有限公司发行部
经　　销：各地新华书店
印　　刷：北京市宇星舟科技印刷有限责任公司
开　　本：787×1092　1/16
印　　张：14.25
字　　数：328 千
版　　次：2019 年 6 月　第 1 版
印　　次：2020 年 3 月　第 2 次印刷
书　　号：ISBN 978-7-114-15256-6
定　　价：65.00 元

更加郁郁葱葱

—— 南粤绿色公路建设纪实 ——

（中册）

编审委员会

更加郁郁葱葱

—— 南粤绿色公路建设纪实 ——

（中册）

编写委员会

主　　编：乔　翔

副 主 编：陈　红　冯心宜　王文州　孙家伟　陈新富

编写人员：肖富昌　贺　虹　刘小飞　李　斌　张亚妮

周先平　甄东晓　傅光奇　陈清松　李根存

李立新　周振宇　王　波　黎景光　陈明晓

粟学名　罗林阁　刘事莲　李　伟　罗新才

胡正涛　吴桂胜　梁　勇　罗　霆　王　勋

张　文　彭李立　谢卓雄　赵文文　梁振宇

范　冲　徐俊德　岳志豪　陈竞飞

序

“坚持绿色发展、建设美丽中国”是习近平新时代中国特色社会主义思想的重要组成部分，是新时代我国交通运输行业发展的行动指南。

党的十八大以来，交通运输行业深入贯彻习近平总书记系列重要讲话精神和治国理政新理念新思想新战略，认真落实党中央、国务院决策部署，统筹推进“五位一体”总体布局和协调推进“四个全面”战略布局，牢固树立和贯彻落实新发展理念，坚持交通运输服务人民，推行绿色安全发展模式。目前，我国交通运输行业快速发展，综合交通运输体系不断完善，高速公路通车里程位居世界第一。在新的发展起点上，更要将生态保护的红线意识贯穿到交通发展各环节，建立绿色发展长效机制，提升绿色、低碳、集约发展水平。

绿色公路是生态文明和绿色交通发展理念在公路建设领域的集中体现。在新的发展理念指引下，交通运输部为践行绿色交通发展要求，印发了《关于实施绿色公路建设的指导意见》，明确提出了要建设以质量优良为前提，以资源节约、生态环保、节能高效、服务提升为主要特征的绿色公路，实现公路建设健康可持续发展。

广东省作为我国高速公路建设的排头兵，积极贯彻落实交通运输部要求，大力推进绿色公路建设。广东省交通集团所属广东省南粤交通投资建设有限公司，作为近年来全国最大的交通投资建设主体之一，积极推进所属建设项目开展绿色公路创建，以品质工程、绿色公路为引领，不断创新理念、方法和手段，努力践行绿色发展新理念。

《更加郁郁葱葱　南粤绿色公路建设纪实》，是广东省交通运输厅、广东省交通集团、广东省南粤交通投资建设有限公司对绿色公路建设实践的阶段性总结,书中提供的典型案例有特色,有思想,很具体。希望这本书的出版,能给广大公路建设者提供有益借鉴,共同推动我国绿色交通建设管理理念和水平不断提升。

广东省交通集团有限公司　总经理

2018 年 12 月

前言

党的十八大以来，为加快粤东西北地区振兴发展，广东省委省政府提出了“要建设面向未来的现代化基础设施，加快建设覆盖全省、通达全国、连通世界的现代化综合交通运输体系”。2012年12月，广东省政府批准成立广东省南粤交通投资建设公司（以下简称“南粤公司”），负责广东省交通建设投融资和政府还贷高速公路建设、经营、管理。南粤公司成立6年来，在省委、省政府、省交通运输厅、省交通集团的密切关心与大力支持下，实现了跨越式发展。截至2018年底，南粤公司在短时间内新承担了超过1676km高速公路的建设任务，并顺利完成了1100km高速公路建设，其规模成为广东省乃至全国同时期排列前几名的高速公路投资建设主体之一。

南粤公司各建设项目多处地质条件复杂、建设条件艰苦的粤东西北山区，如何在建设过程中贯彻绿色发展理念，建设以质量优良为前提，以资源节约、生态环保、节能高效、服务提升为主要特征的绿色公路，实现公路建设健康可持续发展，对项目建设者来说是一个巨大考验。通过坚持不懈的努力，南粤的建设管理者不仅顺利完成了生产任务，并总结出了许多先进的生产管理经验。

本书根据交通运输部《关于实施绿色公路建设的指导意见》，以及广东省交通运输厅《广东省推进绿色公路建设实施方案》和《广东省绿色公路建设技术指南（试行）》等相关文件要求，对南粤公司各个建设项目在设计、施工及建设管理过程中的绿色理念实践进行了归纳总结，相关内容都以典型案例进行说明。

全书共分为9章，其中第1章、第2章由夏振军、陈红、冯心宜负责编写，从总体角度对南粤公司项目建设概况，绿色公路理念的总体实践情况进行归纳；第3章由刘小飞、梁振宇、陈竞飞负责编写，主要介绍绿色公路理念对总体及路线决策的影响；第4章、第5章由陈红、陈记、梁勇、张文负责编写，主要介绍路基路面设计及施工过程中的绿色公路实践;第6章由贺虹、李斌、彭李立负责编写,主要介绍桥涵绿色设计及施工,以及南粤公司典型桥梁工程;第7章由孙家伟、谢卓雄负责编写,主要介绍隧道工程的绿色建设经验;第8章由王文州、范冲负责编写,主要介绍互通立交绿色建设实践;第9章由余长春、肖富昌、赵文文、徐俊德、岳志豪负责编写,主要介绍交通安全设施、机电设施及房建工程的绿色建设经验。全书由陈红、陈新富、冯心宜、张文统稿,乔翔主编。

本书为南粤交通绿色公路建设纪实,书中所列举的典型案例,均为实践过程中取得的宝贵经验,其中部分内容仍在工程实施过程中不断优化完善,也有不少内容需要在今后的工作中继续总结提升。希望我们提供的南粤绿色公路建设纪实,能为广大公路建设者提供有益借鉴!

编　者

2018年12月

总目录

上　　册

中 册

下　　册

本册目录

第5章
路面工程

5.1 路面工程中的绿色交通理念

5.1.1 路面工程绿色交通理念的建设意义

路面与路基一起,是构成公路线形主体结构密不可分的主要组成部分。其中,路面是在路基顶面铺筑的供车辆行驶的部分,是采用多种混合材料铺筑而成的层状结构物。路面结构长期承受汽车荷载作用,同时受到外界水、温度等环境因素的作用。路基是公路路面的基础,为满足路面的功能,需要具有一定强度和刚度、稳定性、耐久性的路基。路面结构的铺筑一方面隔离了路基,使之避免了直接承受车辆荷载和环境因素的破坏作用,确保路基长期处于稳定状态;另一方面,铺筑路面后,提高了车辆行驶平整度,改善了公路通行条件,从而保证汽车能以一定的速度,安全舒适而经济地在公路上全天候通行。

路面是直接供车辆行驶之用的部分,它的好坏直接影响行车速度、安全和运输成本。高等级公路铺筑了良好的路面,能够保证车辆高速、安全、舒适地行驶,可降低运输成本,充分发挥高等级公路的功能。高等级路面造价较高,路面工程占公路造价的比重较大,路面损毁不仅增加养护维修费用,而且影响形车舒适、安全和公路的服务水平。

综上所述,路面的设计施工中,只有践行绿交通发展理念,根据公路等级和任务,合理选择路面结构,精心设计,精心施工,才能使路面在设计使用年限内具备良好的使用性能,对节约投资,提高运输效益,具有十分重要的意义。

5.1.2 绿色路面工程遵循的指导思想

1)因地制宜确定路面结构组成

路面结构设计基于公路服务功能与交通量组成特性,避免照抄照搬其他项目路面结构设计。

(1)对交通流以小型车为主的旅游公路,可研究取消中面层设计;对以重载交通为主的交通主干线,可采用高模量沥青混凝土路面设计。

(2)倡导沥青路面结构与材料一体化设计,使材料的性能与路面结构相匹配,提高路面的耐久性。

2)推广应用低碳环保耐久性路面

(1)在技术经济论证可行的前提下,公路路面设计宜加大能够提高长期使用性能、节约材料的新型路面材料及技术的应用,如高模量沥青混凝土、聚合物水泥混凝土、轻质混凝土、温拌沥青混合料、大空隙低噪声排水沥青、废旧橡胶粉沥青等路面技术。

(2)积极推行废旧沥青路面、钢材、水泥等材料再生和循环利用,实现旧路面的全利用。

3)做好隧道内外路面的衔接设计

隧道洞内路面的面层类型与洞外路段的路面类型一致,保证内外协调一致、有机衔接,提高行车的舒适性。有条件的项目隧道路段采用复合式路面结构设计,表面层采用温拌、阻燃、降噪沥青混合料,提高隧道路面安全性能。

5.2 绿色路面设计

5.2.1 路面初步设计要点

(1)设计单位应结合项目工可报告相关分析和实际预测等情况,合理确定设计交通等级。

(2)根据项目设计交通等级、沿线气候、水文和地质情况,分析其对营运期路面使用性能和寿命的影响,结合省厅典型路面结构研究成果,针对性开展路面结构选型。

(3)初步设计阶段路面结构选型应按照"实事求是、概算适当留有余地"的原则,主要从技术和经济等方面论证,提出不少于两个路面结构方案进行比选。

(4)一般服务型互通、服务区(停车区)匝道及场区、收费广场和连接线(一级公路和二级公路)路面宜采用水泥混凝土路面结构。收费广场水泥面板厚度宜适当加厚,收费站中心线两侧各50m范围内宜设置钢筋混凝土路面,需埋设机电设备的板块原则上不设置钢筋,以避免信号干扰。

(5)主线及枢纽互通、管理中心场区路面宜采用沥青混凝土路面结构。

(6)原则上,长度小于或等于1000m的隧道采用刚性基层沥青混凝土复合式路面结构;大于1000m的隧道采用水泥混凝土路面结构并向洞外两端延伸300m,桥隧相接或相近路段的洞外延伸范围可根据具体情况适当调整。

(7)对于长大纵坡连续路段,结合重型车比例等因素论证分析,宜采用水泥混凝土路面结构。考虑施工组织、工期等因素,隧道群路段可采用水泥混凝土路面结构。

(8)结合初勘资料,本着"绿色、低碳、环保"理念,宜考虑隧道弃渣应用于路面结构层的可行性。

(9)按照"因地制宜、就地取材"的原则,加强沿线路面原材料的实地调查。结合石场运距,生产能力和石料储量、价格、质量等技术经济指标,推荐项目适合于沥青面层、水泥混凝土面层和水稳层用的碎石供应石场。

5.2.2 路面施工图设计要点

(1)根据初步设计评审意见,结合全寿命周期费用分析,合理确定项目路面结构,不宜采取分期修建。

(2)重视路面材料选用和结构层层间设计,加强路面排水设计,明确路面与土建、交安、机电、房建等设计界面。

(3)结合设计、土建、监理分段以及施工期间交通组织管理等因素，合理划分路面施工合同段。

(4)设计单位应根据规范要求，对项目沿线(周边)石场进行调查并取样送检，推荐适用于路面不同结构层的参考供应石场，并提供沿线筑路材料供应示意图。

(5)沥青面层材料参数应满足《公路沥青路面施工技术规范》(JTG F40—2004)中的技术指标要求。项目可根据材料调研情况，参考《广东省高等级公路沥青路面施工技术指南》技术指标要求，适当调整沥青面层材料的部分技术指标。其中，沥青指标应采用现行国标及美国SHRP沥青PG性能等级进行双控。

(6)水泥混凝土面层材料参数应满足《公路水泥混凝土路面施工技术细则》(JTG/T F30—2014)中的技术指标要求。项目可根据实际情况，参考《广东省公路水泥混凝土路面施工技术指南》的技术指标要求，适当调整水泥面层材料的部分技术指标。

(7)水泥稳定基层、底基层和碎石垫层的材料参数宜满足《公路路面基层施工技术细则》(JTG/T F20—2015)中的技术指标要求。项目可参考《广东省高等级公路沥青路面施工技术指南》的相关技术指标要求，适当调整垫层、(底)基层碎石材料的部分技术指标。

(8)沥青混凝土面层设计级配组成可参考《广东省高等级公路沥青路面施工技术指南》推荐的级配范围。

(9)水泥混凝土面层粗集料和细集料级配范围应满足《广东省公路水泥混凝土路面施工技术指南》规定的级配范围。

(10)水泥稳定碎石(底)基层级配范围宜参考《广东省高等级公路沥青路面施工技术指南》的级配范围，级配碎石垫层的级配范围宜参考《公路沥青路面设计规范》(JTG D50—2006)中附录D的级配范围。

(11)广东省高温天气持续时间长，应适当提高沥青混凝土面层动稳定度。

(12)水泥稳定碎石(底)基层混合料设计，应采用水泥剂量和抗压强度两项指标进行双控。

(13)沥青路面上、中面层混合料的细集料应采用石灰岩等碱性石料生产机制砂。

(14)设计单位应依据广东省路基路面标准化设计成果，优化路面防排水设计，使路面与路基排水有效衔接。管理处要加强对超高、桥头、平坡以及地下水丰富等特殊路段路面排水设计的把关复核。

(15)设计单位应结合详勘资料，估算隧道洞渣利用方量，明确洞渣加工工艺要求和路面结构层使用部位。

(16)设计单位应按照省交通运输厅关于工程数量总表(标准格式)要求编制设计文件，提交路面预算与概算对比分析报告。

(17)房建附属场区路面可纳入路面设计，注意完善互通平交口与地方路高程、排水等方面的衔接设计。

5.2.3 典型绿色路面设计应用

1)GAC型沥青混合料技术应用

广东省的气候特点是：雨量大，雨季长，空气潮湿，夏季炎热，冬季温暖。广东交通量大，重载车辆多。因此,沥青混凝土路面易发生水损害、车辙、抗滑性不足等病害。这就要求我们必须研究采用适合广东省特点的上面层混合料级配范围,重点需满足密水性和均匀性要求、力求形成骨架密实结构,必须寻求在悬浮密实型混合料AC级配的基础上高温稳定性与抗滑性能显著提高的混合料,使得广东省的沥青路面使用性能得到普遍的改善。

近年来,广东省根据本省经验,积极改进沥青混合料级配类型,提出了GAC型沥青混合料,普遍应用于各项目。GAC为改进型AC结构,是广东省沥青路面工程配套关键技术研究重大成果。GAC型沥青混合料吸收了Superpave的设计思想,改进了传统AC型混合料的级配,使级配曲线接近“S”形。改进后的AC型沥青混凝土使级配多数向粗集料为主的骨架密实型级配靠近。工程应用及试验研究表明其施工均匀性、密水性好,又能改善中下面层抗车辙能力。

2)GTM法沥青混合料设计

沥青混合料的设计是影响沥青路面施工质量与使用性能的一个技术关键,沥青混合料设计包括选择矿料种类、矿料级配、沥青类型及等级、确定沥青用量和混合料密度以及期望达到的路用性能要求。沥青混合料设计方法中最为重要的是试验方法、评价指标和技术标准,有代表性的沥青混合料试验方法有马歇尔法、Superpave沥青混合料设计方法、美国旋转试验机GTM方法等。

我国常用的马歇尔试验方法,路面实际受力状态和路用性能指标之间存在较大差异。美国旋转试验机GTM法采用旋转揉搓压力成型,克服了马歇尔制件、垂直、击实的不足,较好地应用了仿真学,能较真实地模拟路面材料实际受力状况和预测材料到服务期限末的应力应变力学性质,从而减少或避免路面材料的早期破坏。GTM成型时试件被压实到了最终使用状态,与马歇尔成型的试件相比,GTM试件密度大,空隙率和矿料间隙率低,设计沥青用量少,能最大限度地防止沥青路面产生车辙。

GTM是柔性路面在车辆荷载作用下的机械模拟,是把压实试验机、剪切试验机和车辆模拟机合并成一台沥青混合料成型机。GTM根据汽车轮胎对路面的实际接触压强设定试验时的设计压强,采用揉搓方法压实沥青混合料,模拟了现场压实及汽车轮胎与路面的相互作用,试件在设计压强作用下被旋转压实到平衡状态,使沥青混合料密度达到汽车轮胎实际作用于路面时所产生的最终密度。

GTM法配合比设计主要有旋转稳定系数、抗剪安全系数、最大密度3个指标。旋转稳定系数GSI(GYRATORY STABILITYI NDEX)是沥青混合料在行车荷载作用过程中的抗变形能力参数,指混合料最终应变和稳定状态时应变的比值,表征沥青混合料在压实到平衡状态时(GTM每旋转100次试件的密度变化$\leqslant 0.016 g/cm^3$)是否能保持稳定性,GSI接近1.0(控制标准一般为GSI$\leqslant$1.05)时所对应的沥青用量为混合料的最大沥青用量;抗剪安全系数GSF(GYRATORY SHEAR FACTOR)是沥青混合料在行车荷载作用过程中的抗剪切破坏能力参数,指混合料被压实到平衡状态时的抗剪强度与汽车荷载产生的最大剪应力的比值,GSF一般应大于1.3;最大密度即混合料旋转压实到最终状态即平衡状态时的密度,美国工程兵团的试验研究认为混合料压实到平衡状态时的密度与实际路面在行车荷载作用下的最终密度相当。

GTM确定沥青混合料沥青用量的步骤为:

(1)根据相似交通状况路段的汽车轮胎接地压强测定结果确定拟建公路汽车轮胎对路面

的接触压强作为设计压强。

(2)根据路面力学公式计算出路面不同深度的压应力与剪应力,据此确定 GTM 的工作压力调整 GTM 试验机机械角到所需角度。

(3)根据经验选取 5 个不同的用油量进行试件成型到平衡状态。

(4)根据不同用油量对应的 GSI、GSF、毛体积相对密度画出图形,确定出初步用油量范围(GSI≤1.05 并且 GSF≮1.3)及相应毛体积相对密度。

(5)综合考虑工程所在地气候特点、渠化交通情况及其他因素确定油石比范围,并取范围的中值为最佳油石比,对应的毛体积相对密度为施工控制的标准密度。

(6)对设计的沥青混合料进行高温稳定性及水稳定性等验证试验。

从 GTM 的设计原理和过程可知,它是以防止混合料的最终塑性过大变形作为混合料设计的目标,依据力学分析原理进行材料配比设计,较之经验式的体积分析方法更为准确合理;GTM 试件成型时被压实到最终使用状态,能最大限度地防止沥青路面的车辙发生,GTM 实质上提供了一个不会产生车辙的柔性路面设计方法。但是,GTM 设计方法并未特别关注路面结构的耐久性、抗老化能力、施工和易性和抗疲劳开裂能力等,GTM 方法主要在于确定沥青用量,它对集料级配的设计筛选也没有提出专门的程序,而只是沿用了传统的级配规范与确定方法。

美国旋转试验机 GTM 模拟了路面现场压实及汽车轮胎与路面的相互作用,依据力学分析原理进行沥青混合料配比设计,较之经验式的体积分析方法更为准确合理,所以 GTM 试验方法在我国的沥青混合料配比设计中得到越来越广泛的应用。

大丰华高速公路丰顺至五华段采用 GTM 进行沥青混合料设计,把高温抗车辙性能作为主要控制指标的方法,对于沥青混合料的高温稳定性确实有重要意义。与马歇尔成型的试件相比,GTM 设计的沥青混合料有油石比降低、密度增大的特点。从车辙试验动稳定度来看,GTM 方法比马歇尔方法设计的沥青混合料的高温稳定性更好。

3)高模量沥青混凝土技术应用

高模量沥青混凝土(High Modulus Asphalt Concrete,HMAC)作为一种新型路面材料,具有模量高、抗车辙性能好、对低温开裂及温度疲劳开裂敏感性不强等优点,对于提高路面抗车辙能力非常有效。

高模量沥青混合料一般是指模量高于改性沥青混合料的特种沥青混合料。目前高模量沥青混合料主要是在混合料拌和过程中掺加高模量剂,以达到提高沥青混合料模量的作用。高模量沥青混合多用于重载交通、高温地区、长大纵坡路段以及机场道面,主要解决路面强度不足,沥青混合料高温性能不良造成的车辙等变形类病害。

广东省仁化(湘粤界)至博罗公路是武深高速公路的一段,路线走向介于京港澳高速公路和大广高速公路之间,并基本平行,已列入国家高速公路网中“武汉至深圳高速公路”的一段。根据广东省交通厅发布的《广东省高速公路网规划》(2004~2030 年),该项目是广东省“九纵五横两环”高速公路骨架中“四纵”的一段,北接湖南省规划的岳汝高速公路,东西向与揭汕高速公路、汕昆高速公路、大广高速公路相交,是粤中、粤北地区重要的省际通道。

根据交通运输部评审意见,该项目主线采用沥青混凝土路面,路面结构组合与交通部初步设计批复一致。面层采用 5cmAC-16C 型改性沥青混凝土上面层、6cmAC-20C 型改性沥青混凝土中面层、8cmAC-25C 型沥青混凝土下面层。

考虑到广东省高温气候条件及特重交通的影响，该项目上、中面层选用的 SBS 类(I-D 型)改性沥青需达到 SHRPPG 分级 PG76-16 要求，其技术指标见表 5.2-1 ~ 表 5.2-3。

70 号 A 级道路石油沥青技术要求 表 5.2-1

指 标	单 位	沥青标号 70 号	试 验 方 法
针入度(25℃,5s,100g)	0.1mm	60 ~ 80	T 0604
针入度指数 PI	—	-1.5 ~ +1.0	T 0604
软化点(R&B),不小于	℃	47	T 0606
60℃动力黏度,不小于	Pa · s	200	T 0620
10℃延度,不小于	cm	15	T 0605
15℃延度,不小于	cm	100	T 0605
蜡含量(蒸馏法),不大于	%	2.2	T 0615
闪点,不小于	℃	260	T 0611
溶解度,不小于	%	99.0	T 0607
密度(15℃)	g/cm^3	实测记录	T 0603
TFOT(或 RTFOT)后			T 0610 或 T 0609
质量变化,不大于	%	±0.8	
残留针入度比,不小于	%	61	T 0604
残留延度(25℃),不小于	cm	50	T 0605
残留延度(15℃),不小于	cm	15	T 0605
残留延度(10℃),不小于	cm	6	T 0605

SBS 类(I-D 型)改性沥青技术指标要求 表 5.2-2

试 验 项 目	单 位	指 标 要 求
针入度(25℃,100g,5s)	0.1mm	40 ~ 60
针入度指数 PI,不小于	—	0
延度(5℃、5cm/min),不小于	cm	20
软化点 T(R&B),不小于	℃	70
运动黏度(135℃),不大于	Pa · s	3
动力黏度(60℃),不小于	Pa · s	800
闪点,不小于	℃	230
溶解度,不小于	%	99
弹性恢复(25℃),不小于	%	85
储存稳定性(离析):48h 软化点差,不大于	℃	2.0
TFOT(或 RTFOT)后残留物		
质量变化,不大于	%	±1.0
残留针入度比(25℃,100g,5s),不小于	%	65
残留延度(5℃),不小于	cm	20

高模量改性沥青技术指标 表 5.2-3

<table>
<tr><th>沥青使用性能等级</th><th colspan="2">PG76-16</th><th>技术要求</th><th>单位</th></tr>
<tr><td>黏度 ASTMD4402,max,3Pa·s
试验温度(℃)</td><td rowspan="2">原样沥青</td><td>135℃</td><td>≤4.0</td><td>Pa·s</td></tr>
<tr><td>动态剪切,(TP5),$G*/\sin\delta$,min,1.0kPa 试验温度@10rad/s(℃)</td><td>76℃</td><td>≥1.0</td><td>kPa</td></tr>
<tr><td>质量损失,max(%)</td><td rowspan="2">RTFOT
残留沥青</td><td></td><td>≤1.0</td><td>%</td></tr>
<tr><td>动态剪切,(TP5),$G*/\sin\delta$,min,2.2kPa 试验温度@10rad/s(℃)</td><td>76℃</td><td>≥2.2</td><td>kPa</td></tr>
<tr><td>PAV 老化温度(℃)</td><td rowspan="4">PAV
残留沥青
(SHRP B-005)</td><td colspan="3">100</td></tr>
<tr><td>动态剪切,(TP5),$G*\sin\delta$,max,5000kPa 试验温度@10rad/s(℃)</td><td>34℃</td><td>≤5000</td><td>kPa</td></tr>
<tr><td rowspan="2">蠕变劲度,(TP1),S,max,300MPa
m 值,min,0.30 试验温度@60s(℃)</td><td rowspan="2">-6℃</td><td>m≥0.30</td><td>—</td></tr>
<tr><td>S≤300</td><td>MPa</td></tr>
<tr><td>60℃复数模量</td><td>原样沥青</td><td>60℃</td><td>≥10.0</td><td>kPa</td></tr>
</table>

4)温拌沥青路面技术应用

(1)温拌沥青混合料主要特点

温拌沥青混合料是一种绿色、节能、环保的路面新材料,它的生产施工温度介于热拌沥青混合料和冷拌沥青混合料之间,与传统的热拌沥青混合料相比,其力学性能和路用性能大致相当,但生产施工温度可以降低 30~50℃,拌和时 CO 排放减少约 2/3,SO_2减少 40%,NO_x减少近 60%;其次,可以降低能源消耗,有资料表明,当沥青混合料拌和温度降低 15~30℃,燃料消耗可减少 30% 左右。同时,温拌沥青混合料抗老化能力强,施工简便。在沥青路面施工中采用温拌技术,对于促进交通运输节能减排,建设环境友好型和资源节约型社会具有显著的社会效益与经济效益。

根据国内外相关的研究结论,从不同的角度汇总温拌沥青混合料的主要特点:

①施工和易性好,有效提高沥青路面压实度。

②温拌沥青混合料的拌和温度低,降低环境污染,减少二氧化碳、二氧化硫、碳氧化合物及可挥发性的有机物排放。研究表明,温拌沥青混合料拌和时 CO 排放减少约 2/3,SO_2减少 40%,NO_x 减少近 60%。

③可以降低能源消耗,石料、沥青加热温度下降,节能和优化资源。有资料表明,当沥青混合料拌和温度降低 15~30℃,燃料消耗可减少 30% 左右,这对我国能源短缺和耗能较大的现状而言,具有重要意义。

④有效减少沥青胶结料在生产过程中的老化。据资料显示,当温度高于 100℃时,沥青温度每升高 10℃,其老化速率将提高 1 倍。

⑤根据试验研究结果,温拌混合料的路用性能可完全达到热拌沥青混合料的性能,对于部分指标,温拌沥青混合料的性能甚至更优,其中沥青老化减轻是一个重要因素。

⑥施工简便,液态产品,便于计量和泵送,直接加入沥青,使用方便,可完全利用目前热拌

沥青混合料的拌和设备和摊铺设备,无须添加辅助设备。

⑦快速冷却缩短开放交通时间。

(2)温拌剂类型

目前国内外温拌剂根据作用原理分为以下三类:发泡降黏温拌剂、有机降黏型温拌剂、表面活性型温拌剂。温拌剂掺加后,有机降黏型和表面活性型温拌沥青混合料的高温稳定性均得到提高,沸石类发泡降黏温拌沥青混合料高温稳定性有所下降;有机降黏型和沸石类发泡降黏温拌沥青混合料低温性能均有不同程度下降,表面活性型温拌剂温拌沥青混合料低温性能略微提高。有机降黏型温拌剂沥青混合料相比原沥青混合料水稳定性略有减弱;表面活性剂类温拌沥青混合料水稳定性较原沥青混合料有所提高;有机—矿物质发泡温拌剂对混合料水稳定性负面影响最大。

温拌剂的技术核心是:利用表面活性剂亲水机团强力俘获石料表面的微量水分,在集料表面形成结构性水膜润滑结构,在拌和过程中避免胶结料的团聚效应,降低沥青裹覆石料所需的能量,从而显著增加沥青混合在较低温度时的拌和和易性。在压实过程中,在钢轮压路机振动和胶轮压路机的揉搓作用下,结构性水膜的润滑作用得到最大程度的发挥,使得集料位置调整和骨架结构形成更加容易,从而达到沥青混合料的压实。

温拌剂的添加能够在沥青中形成胶束结构,降低沥青膜中的滑动阻力,沥青混合料的流动性得到改善,从而在保证混合料压实效果的前提下,可以有较低的施工温度。降低了低温拌和条件下沥青的表面张力,有效解决了由于低温拌和所导致的石料难以浸润、黏附性损失问题,能够在低温条件下形成良好裹覆,提高温拌混合料的抗水性能。能够在摊铺、碾压过程中在沥青胶结料内形成结构性水膜,大幅提升温拌混合料的碾压效果,且在施工结束后表面活性剂将存在于沥青—石料界面,不存在于沥青胶结料内,不会对胶结料性能产生负面影响。

(3)项目应用

广中江高速公路为交通运输部首批绿色低碳主题公路项目,沿线均为城乡建成区,施工阶段的低碳环保要求高。为减少沥青路面施工期的有害气体排放,项目在广东省首次大范围采用温拌沥青路面施工技术图 5.2-1。依据交通运输部(交法函〔2014〕499 号)批复的《广中江高速公路建设绿色低碳公路主题性项目实施方案》,该项目在 K0 + 373.66 ~ K9 + 574 段长度约 9.2km 的主线路基段 GAC-20C 中面层、GAC-25C 下面层以及桥面铺装 GAC-20C 下面层,采用的沥青混合料包括 70 号普通沥青和 SBS(I-D)改性沥青两种,实施温拌沥青路面。

图 5.2-1 温拌沥青路面施工

经过多方考察,综合三类温拌剂在设备的改造要求、施工难易程度、造价节约、沥青混合料高温稳定性和水稳定性等方面的对比分析,结合项目气候要求和国内温拌剂应用情况,以及交通运输部科学研究院的推荐,为确保沥青路面的路用性能和质量,该项目选用表面活性剂类的温拌沥青改性剂美国原装进口的美德维实伟克 Evotherm-M1 温拌剂,温拌改性剂的推荐掺加量为普通沥青用量的0.3%~0.5%,改性沥青用量0.5%~0.7%。在保证沥青路面各项路用性能的前提下,同比热拌沥青混合料在施工温度减低30℃情况下,通过采用温拌技术不仅节能加热燃油20%~30%,同时摊铺时可以减少沥青烟90%,生态和社会效益显著。

广中江高速项目温拌沥青混合料的使用,加入温拌改性剂后的沥青混合料,其技术性能达到同类型热拌沥青混合料的指标。共计节能量折算约121.03t标准煤,减少CO_2排放量约317.1t。顺利完成温拌沥青施工,并通过了广东省质监站验收。

5)隧道路面新技术

(1)南粤地区隧道路面结构特点

受经济、技术条件的限制以及国际上几次严重的隧道火灾影响,广东省2010年前建设的高速公路隧道路面大多采用水泥混凝土路面。2010年之后建成通车的高速公路隧道,长度小于1500m的基本采用沥青路面,长度大于1500m的隧道,洞内一般采用水泥混凝土路面(含钢纤维混凝土路面、连续配筋混凝土路面),隧道内出入口铺有300~400m的沥青路面作为过渡段。广东省新建高速公路特长隧道(3km以上)路面均采用传统的水泥混凝土路面。

2014年通过调查广东省内广乐高速公路、京珠南高速公路、京珠北高速公路、深汕西高速公路等11条高速公路的60多座隧道,单洞长度121.645km的水泥路面,隧道外的横向力系数SFC经过3~4年的行车,抗滑性能衰减较小,均能保存在40以上;隧道内的抗滑性能在3~4年后衰减较大,SFC平均值在25~35,基本不能满足要求或处于中次水平。其中长、特长隧道的水泥路面抗滑衰减较为明显,普遍存在抗滑性能衰减较快的突出问题。分析广东省及省外隧道路面工作环境、使用性能、养护措施的调查研究数据,总结出隧道水泥路面抗滑性能衰减较快的主要因素如下:

①交通量影响。广东省经济发展较快,不少高速公路重载车辆较多,根据相关研究,重载车辆会加速水泥路面表面的磨耗,加快水泥路面抗滑性能的衰减。

②材料本身性能缺陷。国内2010年以前的高速公路大部分采用水泥混凝土路面,投入使用3~4年后就出现明显的抗滑性能衰减,这说明材料本身的耐久性较差,使得砂浆层上由拉毛和刻槽形成的宏观构造被过早的磨平。

③施工工艺缺陷。隧道空间狭小,大型滑模摊铺设备受空间制约,施工质量控制难度大,特别是表面微观构造的质量难以保证,表面耐磨性差。

④隧道内部环境综合作用。隧道内阴暗(没有阳光)、潮湿、温差小,水泥路面表面易结晶形成光滑的表面,出现"镜面"现象。隧道空间封闭,空气易污染,汽车排放的废气、油烟在路表积聚,油渍覆盖路面的微观构造,明显降低水泥路面抗滑性能。

⑤水的作用。隧道路面虽不受水的直接作用,但水的来源是比较丰富的。与外部路面不同的是这些水很不容易散发,它们聚集在面层上,使路面总处于一种相对潮湿的状态。根据调研数据,夏季晴天短隧道内外的湿度差别较小,长隧道内湿度一般比隧道外高5%~15%;夏季雨天隧道内外的湿度均较大,隧道内的湿度高达93%,基本接近饱和状态。在这种状态下,路面的抗滑性能必然下降较大。

⑥隧道内行驶条件差,汽车制动频繁,行驶速度慢,对路面的磨耗作用大。这些因素使拉毛、刻槽的宏观构造被磨平,砂浆表面被磨光,加上上述隧道特殊的运营环境影响,油膜进一步降低防滑性能,如果路面再积水形成水膜,行驶中的汽车轮胎与路面的摩阻系数将趋近于0,

处于失控状态，交通事故发生的概率大增。

另外，隧道水泥路面除了抗滑安全性能不足外，行车舒适性也不好，主要表现在平整度差和噪声大；而且，一旦出现破损，水泥混凝土修复难度大、时间长、成本高，并且严重影响正常的通车运营。

长隧道沥青路面最突出的优势是抗滑性能衰减情况较水泥路面好，根据广东省的调研报告，事故率仅为水泥路面的60%。同时，隧道沥青路面的行车舒适性和降噪水平都比水泥路面好，路面破坏后可以快速维修，对运营影响小。但是，仍存在以下问题，有些问题能通过采取措施得到解决，有些问题尚无法得到根本解决。

①施工时烟雾排放大。热拌沥青混合料、摊铺机、压路机和运料车都排放大量的烟气和废气，洞内被有毒气体笼罩，严重影响施工工人的身体健康和情绪，必然降低工效和工程质量。这个问题的解决措施首先是沥青路面施工前先行安装好隧道排风系统，对于受各种因素影响不能提前安装机电通风设备的项目，可自行加工通风系统，沥青路面施工时严格执行“迎风摊铺”原则；其次是采用温拌技术，如采用 Evotherm-DAT 温拌剂，可在不改变沥青的高低温指标的前提下将摊铺温度降低 30～50℃，烟雾和废气排放降低 80%～90%。总之，施工中的烟气和废气排放问题是有条件解决的问题，已经不是长隧道应用沥青路面的制约因素。

②事故率与普通路段相比仍然偏高。主要原因是大部分隧道沥青路面采用骨架密实型抗滑表层，如 SMA、GAC 等，隧道路面形成的水膜仍然是事故的主要原因。这个问题可以通过采用开级配排水抗滑表面层解决，排水路面构造深度大，并且能够及时渗透路表水，可以有效解决隧道路面的水膜安全隐患。但是，OGFC 技术引进国内已十几年，受到防水黏结层质量不过关和运营期孔隙堵塞两大技术问题的困扰，耐久性不理想，处于常年潮湿的长隧道内经受的挑战更大，成为其应用瓶颈。广东省广乐高速公路采用 Novachip 排水抗滑罩面，由于其采用防水黏结层撒布与混合料摊铺一体化施工技术，避免撒布白料作为后续施工平台，解决了常规 OGFC 路面防水黏结层的薄弱夹层问题，确保了路面的整体质量。

③沥青路面的防火灾安全问题。沥青路面基于其材料自身的特点，在洞内发生事故引发火灾时，沥青混凝土可燃烧并产生高温（超过 800℃）的有害气体，造成人员烧伤或窒息死亡，这是长隧道采用水泥路面的主要原因之一。为解决这个问题，有些地区采用阻燃沥青路面技术，但据调查，发现目前国内、外使用的阻燃剂技术，只能将沥青的燃点提高不到 20℃，并没有改变沥青的燃料本质，无法阻止沥青路面在高温火焰下燃烧。因此，该技术的实际应用效果尚存在争议。

④隧道洞内温度较一般路段低，对沥青路面的高温性能要求不高。长隧道内沥青路面常年处于潮湿状态，会导致沥青路面出现早期水损害，使其耐久性难以保障。通过一些技术措施提升沥青混合料的抗水损害性能和采取措施可以解决隧道路面渗漏水问题。福建高速公路营运单位充分认识到隧道渗水对路面安全性的不利影响，通过钻孔取芯找准漏水点进行引流，降低路面水位达到解决隧道渗漏水的目的。从福建省各高速公路实际应用效果看，在解决隧道渗水问题后，沥青面层出现水损坏的情况极少，只在个别地方出现坑槽病害。

近年来，国内重庆、四川、浙江、福建等省高速公路小于 4km 的隧道大规模采用沥青路面，部分长度大于 4km 高速公路也开始采用沥青路面，并采用温拌和阻燃技术取得了较好的使用效果。南粤交通公司组织部分项目代表对重庆、福建高速隧道路面结构进行了深入调研。

(2)复合式隧道路面技术

高速公路隧道内采用复合式路面不但能充分发挥水泥混凝土层承载能力强、耐久性好的优点,而且可利用沥青层行驶舒适、维修方便、抗滑性好的优点,这种路面结构能够在重载交通情况下提供较好的路用性能,并在较长使用过程中不产生结构性破坏。

众所周知,沥青面层厚度越薄,沥青罩面与水泥面板间的层间剪切力就越大。采用单层沥青混凝土罩面时,如果"黑白"界面的层间处理效果或防水黏结层施工做得不好,沥青面层会因层间抗剪强度不足产生推移脱层病害。此外,采用单层沥青混凝土罩面对水泥面板平整度要求较高,且易产生反射裂缝病害。综合以上原因,建议广东省新建高速公路隧道采用双层沥青混凝土结构,不但可有效减小层间剪切应力,避免出现推移病害,而且平整度和耐久性大幅提升。图5.2-2为广东省推荐采用的新建高速公路隧道沥青路面结构。此外,由于水泥混凝土面板不是作为上面层,对平整度要求不必过于严苛,可采用三辊轴机组施工水泥混凝土下面层。

5cm(或4.5)厚GAC-16
6cm(或5.5)厚GAC-20
改性沥青防水黏结层
25cm厚C40水泥混凝土面层
20cm厚素混凝土C20基层
15 cm厚素混凝土C20调平层(无仰拱段)
隧道路基

图5.2-2　新建高速公路隧道推荐路面结构

(3)温拌沥青混合料技术

在路面施工期间,虽然隧道内烟雾的来源多样,但是沥青路面摊铺时的烟雾排放是其主要来源。沥青混合料排放的有毒有害烟雾对施工安全和施工人员健康构成巨大威胁。热拌沥青混合料施工温度较高,沥青混合料会产生许多烟尘而在隧道相对封闭的环境下很难有效排放,不仅增加施工难度,还会对施工人员的身体健康造成不良影响。

温拌沥青混合料WMA(Warm Mix Asphalt)是通过掺入添加剂等方式降低沥青黏度,使沥青混合料能在相对较低的温度下进行拌和及施工,从而减少烟气和热量的排放。温拌沥青混合料的压实工作性对温度的敏感性大幅度降低(甚至存在完全不敏感的温度范围),可以达到目标压实度的压实温度范围明显扩大。

同时已有研究成果表明温拌沥青混合料性能与热拌沥青混合料相差不大。温拌沥青混合料的拌和及压实温度相比于热拌沥青混合料降低了约30℃,大幅度降低了摊铺碾压过程中产生的烟气,有效解决混合料排放的有毒有害烟雾对施工安全和施工人员健康构成的巨大威胁,并有助于提升隧道沥青路面实体质量及行车性能。

龙连高速公路LM3合同段粗石山隧道(全长约4196m)为提高特长隧道运营后路面行车舒适度及安全性能,广东省内首创采用温拌沥青混合料施工工艺铺筑特长隧道内沥青路面,施工后各项技术指标满足设计要求,具备了良好的路用性能(图5.2-3)。同时,施工过程中有效控制了沥青混合料的烟气排放量,节能环保并保证施工安全。

a)

b)

图5.2-3 温拌沥青混合料施工工艺在特长隧道内铺筑沥青路面

6)钢桥面铺装技术

(1)项目概况

清云高速公路是广东省高速公路网规划的“第二横”——汕头至湛江高速公路的重要组成部分。项目路线起于清远市清新区太和镇(对接汕湛高速公路河源至清远段),终于新兴县簕竹镇(与江罗高速公路相交),接汕湛高速公路云浮至湛江段。路线全长157.4km,采用双向四车道高速公路技术标准,设计速度100km/h,路基宽26.0m。其中悦城东互通至都杨互通段采用不设硬路肩的双向六车道标准,路基宽28m。

项目合同段SSZB主要工程有主跨738m悬索桥及两侧引桥、悦城东互通和两侧路基工程。项目起点为德庆县悦城镇红塘村虎山隧道出口处,起点桩号为K113+300,设置悦城东互通与G321国道连接,终点为云浮市云城区云鹏村,终点桩号K116+300,总长3km。西江特大桥在德庆县与云浮市云城区交界处的金鱼沙下游跨越西江,如图5.2-4所示。

图5.2-4 清云高速公路西江特大桥鸟瞰效果图

桥位处江面宽约1100m,通航规划为内河Ⅰ级,采用主跨为738m双跨吊悬索桥结构跨越西江,全桥共7联:3×(3×30m)+2×45m+4×47m+(210m+738m)+4×45m,主桥为边跨210m(清远侧)+主跨738m的双塔双跨吊悬索桥,矢跨比1/9,大直径钻孔灌注桩基础,重力式锚碇基础,门框式主塔,预制平行钢丝索股形成主缆,平行钢丝吊索,扁平流线型钢箱加劲梁。两侧引桥上部构造为预应力混凝土30m小箱梁和45mT梁,下部构造采用柱式墩和薄壁墩,钻孔灌注桩基础。

(2)桥面铺装设计使用条件

①钢桥面铺装使用温度确定

根据气象资料并结合对多座钢桥面铺装温度测试的经验:在低温时,铺装温度略高于气温;高温时,铺装面层温度比气温高20~25℃(太阳直射状态下,约在13:00~15:00),铺装底面及钢板温度比气温高15~20℃。桥址地区的温度为-4.2~45.2℃,该桥钢桥面铺装极端使用温度约在-5~70℃。

②钢桥面铺装设计要求

a.铺装层要求具有良好的抗车辙性能

西江大桥气候环境条件,年极端最高气温相对较高,加之钢桥面的热储作用使得铺装层的温度显著高于路面面层的温度。因此,如何保证桥面铺装层在重交通荷载作用下具有较高的高温稳定性,有效地防止或延缓沥青铺装层车辙的出现,是桥面铺装设计的技术关键。

b.铺装层要求具有良好的抗疲劳开裂性能

交通荷载作用下,桥面铺装层随同钢板变形,而产生反复的挠曲变形,特别是在钢板U形加劲肋顶部对应的铺装表面将受反复弯曲应力(应变)作用而开裂。因此,铺装设计要重点考虑铺装层的抗疲劳开裂性能。

c.铺装层与钢板之间应具有良好的层间结合能力

交通荷载作用下,桥面铺装层与钢板要同步变形;气候环境条件作用下,沥青铺装结构层以及钢板要产生不同的温缩变形,这使得各结构层产生弯拉应力,层间产生剪切应力,可导致层间脱离,引起铺装层破坏。因此,要求铺装层与钢板之间必须具有良好的层间结合力。

d.铺装层对桥面板等钢结构应具有良好的保护作用

西江大桥桥位地区年降雨量充沛,气候潮湿,水分极易导致钢板锈蚀,进而会影响铺装结构层的耐久性和桥梁钢结构的使用寿命。因此,在铺装设计中,还要重点考虑铺装结构体系对钢板的保护作用和防腐作用。

e.桥面铺装具有良好的抗滑性能

西江大桥桥址地区属于夏炎热、冬温潮湿地区,暴雨、阵雨现象较为常见,在这种气候条件下,桥面湿滑,面层抗滑性能降低,存在很大的交通隐患,桥面铺装设计应考虑保证具有良好的抗滑性能,以确保交通安全。

f.桥面铺装具有良好的变形协调能力

桥面铺装层的温度变化幅度和速度远大于普通路面,铺装层与底部桥面钢板热变形会相互影响和制约,如果铺装层和钢板的热收缩系数相差过大,温度应力可能导致铺装开裂或层间滑移,因此要求沥青铺装具有良好的变形协调能力。

(3)桥面铺装方案及材料

根据西江大桥的交通气候条件、钢桥面结构几何特性,结合桥梁的防腐要求、铺装使用期内桥面板与铺装层的黏结要求、铺装层的抗低温开裂、抗高温变形、抗疲劳开裂等性能要求,以及铺装表面平整、抗滑安全的要求,设计钢桥面铺装结构体系。

①行车道桥面铺装设计

钢桥面行车道铺装层按功能要求分层设计,铺装结构如图 5.2-5 所示。桥面铺装设计总厚度 60mm,结构组成为:上面层 35mm 环氧沥青混凝土 EA-10(C) + 黏结层 + 下面层 25mm 环氧沥青混凝土 EA-10(F) + 防水黏结层。

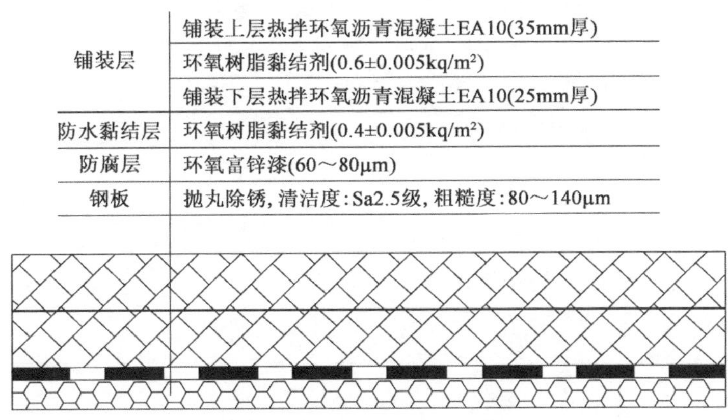

图 5.2-5 钢桥面铺装结构示意图

钢桥面板在施工、营运过程中易发生锈蚀,为保护桥梁结构的耐久性,在铺装前应对钢桥面进行抛丸除锈处理。根据抛丸除锈国标 GB 8923—2009,要求钢桥面抛丸除锈清洁度达到 Sa2.5 级,即"非常彻底的抛丸除锈,钢材表面无可见的油脂、污垢、氧化皮、铁锈和油漆涂层等附着物,任何的痕迹应仅是点状或条纹状的轻微色斑"。同时,为保证防腐层与钢桥面的附着力,要求钢桥面板抛丸除锈后粗糙度达到 80 ~ 140μm。桥面铺装层的使用寿命约 15 年,而桥梁结构的设计寿命超过 100 年,保护桥梁结构不被损坏意义重大。因此,增设防腐层来保护钢桥面板防锈蚀是必要的,环氧富锌漆对钢板有较好的防腐作用。

防水黏结层在桥面铺装结构中除了具有防水效果之外,还应具有:

a.良好层间结合力及防腐效果;

b.良好的低温抗裂性和随从变形能力;

c.良好的水稳性和耐久性等。

针对上述性能要求,结合铺装结构体系,采用性能可靠的环氧树脂黏结剂作为防水黏结层材料。桥面铺装整体结构采用双层热拌环氧沥青混凝土,上面层 35mm 厚 + 下面层 25mm 厚,层间涂布环氧树脂黏结剂。环氧沥青混凝土是一种高韧性、热固性混合料,具有良好的高温稳定性和抗疲劳性能。

铺装下层选用环氧沥青混凝土 EA10(F),密水性优良,混合料抗疲劳、防开裂及黏合能力强,能够与钢桥面紧密黏结。

铺装上层选用环氧沥青混凝土 EA10(C),主要考虑到面层综合功能性要求,对铺装面层的综合性能要求较高,要具有良好的高温稳定性、抗滑性能、低温抗裂性、抗疲劳性能等,同时要求空隙率小、水稳性好。选用环氧沥青混凝土EA10(C)作为铺装面层。铺装层环氧沥青混凝土与环氧树脂黏结剂、泄水管、环氧富锌漆综合构成了钢桥面铺装的防水、防腐体系。

②中央分隔带铺装设计

钢桥面中央分隔带铺装结构如图5.2-6所示,桥面板喷砂除锈后,喷涂环氧富锌漆,再涂布环氧树脂黏结剂,铺筑65mm厚浇筑式沥青混凝土。

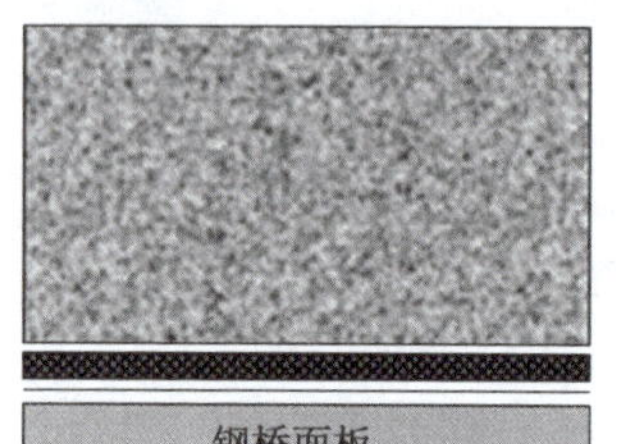

图5.2-6　中央分隔带铺装结构设计

7)水泥混凝土路面加铺超薄沥青磨耗层

龙连高速公路结合水泥混凝土路面改黑技术,针对目前大型互通立交匝道水泥路面须改善行车环境和预防早期病害等问题,进行了必要有益的尝试,在新材料、新结构、新技术、新工艺的应用上进行了探索。忠信东互通匝道路面原设计为C40混凝土路面,为提升行车舒适性和路面耐久性,龙连高速公路创新采用加铺1.5~2.0cm热拌超薄沥青磨耗层进行罩面(图5.2-7)。

a)

b)

图5.2-7　沥青超薄磨耗层应用

超薄沥青磨耗层具有抗滑、降噪、耐久、平整度好、施工能耗低、节能环保等特点,解决了水泥混凝土路面平整度差、抗滑性能衰减过快等一系列早期病害问题,提高了行车舒适性。超薄沥青磨耗层的应用,符合安全出行和绿色公路的建设理念,大大提高了该项目高新技术成果的转换能力。

8)级配碎石垫层代替未筛分碎石垫层

垫层是路面结构的重要组成部分,起着连接路基和路面、隔水及传递路面荷载的作用。项目地处广东沿海地区,属于南亚热带季风气候区,全年降雨量大,地下水和地表水发育丰富,因此良好的透水性和水稳定性将对路面使用产生深远影响。受施工工艺影响,未筛分碎石垫层在实施的过程中无法达到垫层对质量的要求,存在级配差、骨架结构差、易离析、难以压实、平整度差等一系列质量问题。

广中江项目决定采用级配碎石垫层代替未筛分碎石垫层,通过自建的WBS650型水稳搅拌站,采用集中拌和→自卸车运输→摊铺机作业→检测含水率→检查离析→振动压路机碾压→检测压实度→检测平整度的施工流程(图5.2-8~图5.2-11),有效抑制了质量问题。

a)

b)

图5.2-8 级配碎石垫层摊铺

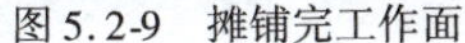

图5.2-9 摊铺完工作面

图5.2-10 碾压

9)隧道洞口高亮彩色防滑涂层

潮漳高速公路的军寮隧道、仁新高速公路部分隧道设计采用隧道出入口高亮度系数的路面浅色防滑材料(图5.2-12)和设置技术,以提高隧道进出口路段的路面亮度逆反射系数,降低隧道进出口照明灯具设计功率和运营照明能耗;同时,能有效提高路面防滑性能,并且与隧道洞口处绿化景观有机结合,达到路域景观提升效果。

图 5.2-11　碾压完成工作面

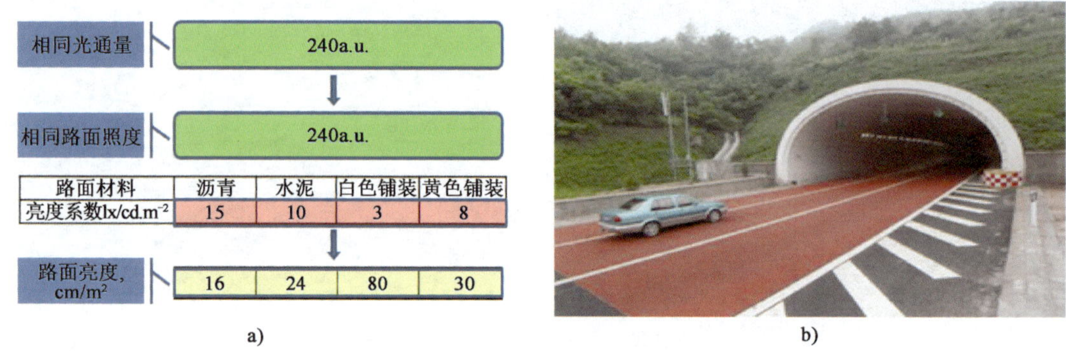

a)　　b)

图 5.2-12　高亮度系数路面材料

5.3　南粤公司绿色路面施工管理

5.3.1　施工准备

(1)路面工程临建工程实行审查验收制度。施工单位应根据结合项目工程规模、工期要求等,组织人员调查沿线地材和交通条件,进行驻地、试验室、水稳拌和场、沥青(水泥)混凝土拌和站场以及小型构件预制场的选址工作,因地制宜、合理规划临建方案,并须符合《广东省高速公路建设标准化管理规定》和项目招标文件的相关要求。施工单位的临建选址及方案须报请监理、建设单位审批同意后方可实施。

(2)拌和站场及小型构件预制场应按要求硬化,完善排水措施,不同规格的材料应分仓堆放,不得串料,细集料应搭建三面封闭的防雨棚。临建工程经管理处、监理验收合格后,应根据工程安排,加紧碎石等地材备料工作,以满足大规模连续施工的需要。

(3)施工单位进场后,应立即对设计图纸进行复核,加紧导线、水准点复测和加密工作,及时反馈有关问题。编制包括“零污染”施工专项方案在内实施性施工组织设计,报监理审批。

在实施期间,要根据工作面提交情况动态调整计划,做好交叉工序安排及相应交通管制工作。

(4)路面工程主要机械设备实行场验准入制。施工单位须按合同承诺将拟进场机械设备的性能及使用等情况上报,经管理处、监理场验合格后,方可组织进场。

(5)管理处提前做好沥青、水泥、钢筋等甲供材料招标工作。对透层(黏层)油、抗剥落剂、抗车辙剂、木质纤维等自行采购的路用材料,由施工单位拟定品牌或供应商报管理处及监理,同意后方可定购批量进场。

(6)管理处提早统筹土建工程半幅拉通、路面工作面连续提交问题,加快附属工程施工,为路面连续施工创造条件,减少交叉污染。

(7)管理处根据有关标准规范要求,结合工程实际情况牵头组织制订交验标准与实施细则,并对缺陷工程、交验高程偏差等要明确处理标准、责任和原则。交验工作由监理牵头,管理处、试验检测中心(如有)和相关施工单位参与。

(8)路基交验提倡"全断面"交验,即交验路段范围内的排水、防护、绿化填土以及交安机电设施有关的管线开挖、标示标牌基础等附属工程全部完工。路基交验重点为弯沉、压实度、纵断高程等。

(9)桥梁交验前,应先对伸缩缝预留槽口下垫土工布并用C15砂浆封闭(与交验桥面齐平),以便施工通行,并提高该处沥青路面的平整度。

(10)桥梁交验时,防撞栏、搭板、桥面排水管、伸缩缝预留槽封闭等应全部完成,并清扫冲洗干净。桥面交验重点检查浮浆等缺陷处理、纵断高程、伸缩缝预留槽口封闭、桥面清扫清洗等。

(11)隧道交验前,洞门墙、洞口搭板、水沟、电缆沟等应全部完成。隧道交验时,应重点检测隧道铺底的平整度、纵断高程、隧道净高、净宽等。

(12)互通交验参照上述路基、桥梁交验要求执行。

(13)为促进土建工程的交验进度和交验质量,管理处制订相应专项奖惩措施。

5.3.2 碎石加工管理

(1)路面工程集料石场实行准入制。施工单位在路面集料石场确定前,应先组织管理处、监理、试验检测中心等有关人员进行现场考察并取样送检,报请监理和管理处批准后才能签订供料合同。集料供应石场考察重点关注石料来源及岩性、材质稳定性、加工设备与生产能力、场地、加工规格等。

(2)明确监理、试验检测中心和路面施工单位的碎石质量监管责任。管理处确定专人跟进碎石过程质量管控,督促各方加强检查检测,建立台账并定期上报有关情况。杜绝不合格材料进场,已进场的要坚决清场。

(3)施工单位须在沥青面层集料加工场建立简易试验室,施工和监理单位、试验检测中心派专人驻点监控,对石料加工进行监管和必要检测。检测项目包括针片状、级配、含泥量、砂当量等指标,要建立相关检测结果台账,定期上报监理、试验检测中心。如有问题,应及时反映。

(4)沥青面层集料加工须采用三级及以上破碎工艺。头破设备后宜加5cm振动筛,最后一级破碎及回破破碎应采用反击破。

(5)沥青面层石料加工应采用引风式除尘设备进行除尘。有条件时,管理处可要求对集料进行水洗。

(6)道洞渣应用于路面结构层时,应规范碎石加工场设置。碎石成品存储区宜进行硬化,做好场地排水,各档石料间进行间隔,防止混杂。

(7)重视并加强垫层、水泥稳定(底)基层、水泥混凝土面层石料质量控制。条件允许时,应避免多石场供应同一结构层的情况,过程要加强对石料针片状、含泥率、级配等的监控,减少材料变异性。

(8)施工过程中,要规范可能的碎石石场变更管理。如石场变更,则须重新进行有关试验检测评定、配合比试验验证等工作,规范批复。

5.3.3 沥青材料管理

(1)管理处制订沥青材料供应及质量监控的管理办法,明确管理处、监理、试验检测中心和供应商的责任、工作内容及具体要求,加强对沥青进库、储存、生产(改性沥青)、运输、接收、检验等各个环节的管理。

(2)沥青到岸后,管理处、监理和供应商代表对沥青储罐进行联合取样送检,并对储罐出入口管道进行封存、登记。为保证沥青供应的连续性、稳定性,项目宜在沥青供应站设立专用沥青罐,数量不宜少于2个(总储量不少于施工高峰期10天用量),以便交替使用。

(3)施工期间,每台沥青运输车辆宜安装GPS监控系统,加强沥青运输监管。同时,要重视沥青出库及到达工地温度的监管。对于超出温度范围的沥青应加强检测,慎重使用。

(4)每车沥青运达现场后,施工单位应会同监理、试验检测中心现场验收并留样备检:普通沥青检验三大指标(针入度、延度、软化点)、改性沥青检验四大指标(针入度、延度、软化点、弹性恢复),同时应加强改性沥青老化后指标的抽检工作。

(5)除按合同规定的外委频率进行沥青国标全套指标检验和美国SHRP沥青PG性能等级检验外,项目应合理统筹安排好试验检测中心和路面施工单位工地试验室的沥青常规检验项目及检验频率,共同形成项目合理的沥青质量检验系统梯度,及时发现沥青品质可能存在的问题,降低沥青检验结果滞后的不利影响。

(6)管理处、监理和试验检测中心应加强改性沥青监管。在了解改性沥青加工工艺和技术参数的基础上,要不定期进行改性现场的随机抽样送检。可委托相关资质的检测单位对成品改性沥青的改性剂掺量进行检测(采用红外光谱分析等技术手段),频率建议按2000t一个批次。

(7)通过沥青供应与质量检验管理,严防不合格的沥青进场,已进场入罐的要坚决清罐处理。

5.3.4 碎石垫层

(1)碎石垫层的最大粒径不应超过37.5mm,级配碎石垫层须按不少于4档碎石进行备料,未筛分碎石垫层可采用统料。

(2)碎石垫层集料应分档堆放。级配碎石垫层经由水稳拌和楼集中拌和,采用水稳摊铺机摊铺;未筛分碎石垫层采用平地机施工。

(3)路面施工单位应及时安排垫层和水稳底基层施工。原则上,路基交验后10天内完成水稳底基层施工,以覆盖封闭路基。

(4)对于路基移交后出现的雨水浸泡,路基变形、翻浆等病害,须由路面施工单位处理,经监理单位组织重新交验合格后方可施工。

(5)石垫层正式开工前,应进行试验段试铺。试验段应选择在验收合格的下承层上进行,长度不宜小于200m。试验段完工后,施工单位提交试验段施工总结报告,试验检测中心提交试验段检测报告,监理单位提交试验段监理总结报告。监理单位牵头组织相关单位对试验段进行总结评审,经评审合格后方可大面积开工。如评审不合格应再次进行试验段施工,直至合格。

5.3.5 水泥稳定碎石底基层、基层

(1)水泥稳定碎石(底)基层集料最大尺寸宜为31.5mm,按四档料备料。施工过程中应重点控制9.5mm、4.75mm和0.075mm三个筛孔的通过率,保证级配为“S”形曲线。

(2)水泥稳定碎石(底)基层宜选用初凝时间不小于3h、终凝时间不小于6h的缓凝水泥。

(3)水泥稳定碎石(底)基层应采用骨架密实型结构,以振动成型法进行配合比设计,并适当减少细集料(尤其是0.075mm以下粉料)用量,以减少开裂。

(4)水稳层应采用集中厂拌,水稳站配置产量不小于400t/h的水泥稳定碎石拌和机,拌和机采用定型产品。正式拌制混合料前须先调试设备,施工过程中定期对水泥用量进行标定。

(5)水稳层应采用摊铺机梯队施工作业。前台摊铺机采用路侧挂钢丝和路中设导梁方式控制高程和厚度,后台摊铺机采用路侧挂钢丝、路中用滑靴方式控制。

(6)水稳层施工压路机吨位和台数等应与拌和机及摊铺机生产能力相匹配。对于水泥稳定基层,应配备胶轮压路机提浆光面;有条件时,水泥稳定底基层也增加胶轮碾压。

(7)试验段应选择在验收合格的下承层进行,其长度不宜小于200m。试验段完工后,施工单位提交试验段施工总结报告,试验检测中心提交试验段检测报告,监理单位提交试验段监理总结报告。监理单位组织相关单位(必要时可邀请专家)对试验段进行总结评定,经评定合格后方可大面积开工。如评定不合格应再次进行试验段施工,直至合格。

(8)从拌和机向运料车装料时,车辆位置应至少前后挪动3次,以减少粗细集料离析。运料车须用篷布覆盖,以保湿和防止污染。

(9)开始摊铺时,在施工现场等候卸料的运料车不宜少于5辆。摊铺过程中应根据拌和能力和运输能力确定摊铺速度,避免摊铺机停机待料。摊铺机的螺旋布料器应有至少三分之二埋入混合料中,在摊铺机后设专人消除可能的离析。

(10)混合料碾压应遵循试验段确定的程序与工艺,且须控制在水泥初凝时间内完成碾压。为保证水泥稳定碎石基层边缘压实度,应超宽(30cm左右)或采取结构层侧边支立槽钢侧模工艺施工。

(11)水稳层施工完毕后应立即进行“一布一膜”覆盖养生,养生期不少于7d。在养生期内应始终保持水稳层处于湿润状态,必要时予以补水。养生期间应做好施工组织,严格交通管制,禁止重型施工车辆在未养生完毕的水稳层上行驶。

(12)全面开工后,应严格执行生产配合比。在此基础上,要定期检测集料含水率和水泥用量,及时修正施工配合比,并加强拌和时间的抽查。具体施工时,可根据天气情况适当调整用水量,以补偿摊铺及碾压过程中的水分损失。

(13)严格水稳层检测交验,验收合格后方可进行后续结构层施工。水稳层抽芯采用C15水泥砂浆或碎石混凝土修补。

(14)水稳层实施期间,要充分考虑沥青面层连续施工的需要,统筹做好组织安排。

(15)对计划较长时间作为运输通道的路基路段,应加快水稳层施工,尽快完成沥青下面层。如需在水稳层上通行,宜设置在养生期满的水稳底基层或下基层上,禁止将水泥稳定上基层作为长期运输通道。

(16)水稳层正式施工铺开后,管理处应进一步加大施工协调力度,加快附属工程施工,牵头组织制订项目层面的路面“零污染”实施方案。原则上,通信视频管道须在路缘石或护栏施工后、培土前完成,交安标识标牌基础应在水泥稳定基层完成前施工完毕,绿化、中分带和土路肩培土、急流槽等附属工程在透层施工前全部完成。同时,要做好防污染措施,努力为沥青路面“零污染”施工创造条件。

(17)水稳层施工后期,管理处统筹考虑并逐步梳理、封闭部分施工便道出入口,组织路面施工单位对剩余出入口硬底化,实行“门岗+通行证”管理,施工车辆发证通行,严禁社会车辆进入。必要时,可在入口设置洗车槽、高压水枪等车辆清洗装置,减少路面污染。

5.3.6 透层、黏层、下封层及桥面防水黏结层

(1)透层施工前,应将基层表面清洗、清扫干净。透层施工完毕后,应及时施工下封层。

(2)透层油、黏层油的规格和质量应符合规范要求。其中,黏层油所用基质沥青标号宜与主线沥青混凝土相同。

(3)下封层宜采用与下面层相同的热沥青,集料采用单级配瓜米石,同步碎石封层工艺施工。其中,刚性基层上的下封层宜采用SBS改性热拌沥青。

(4)防水黏结层材料推荐采用改性乳化沥青+SBS改性热拌沥青+瓜米石,同步碎石封层工艺施工。工后做到清扫不掉粒、施工不粘轮。

(5)桥面改性乳化沥青透层施工前,桥面应清洁、干燥、无浮浆并已完成裂缝等缺陷处理。对于桥面浮浆等薄弱部分,宜采用抛丸法处理。

(6)透层、黏层、下封层及桥面防水层施工时,要采取措施遮挡路缘石、护栏、水沟(电缆沟)盖板及低矮标志标牌等,避免污染。

(7)透层、黏层、下封层以及桥面防水黏结层正式施工前,须进行试验段试铺。试验段宜选在主线上,长度不小于200m。考虑连续施工,可由监理单位组织相关单位对试验段先进行现场检查初评,初评合格后施工沥青面层试验段,再与其上的沥青面层一并总结评定。如初评不合格应再次进行试验段施工,直至合格。

5.3.7 沥青面层

(1)沥青面层应选用反击破轧制的碎石,严格控制针片状含量,确保粗集料质量。有条件时,沥青上面层优先采用玄武岩或辉绿岩等优质石料。

(2)细集料应坚硬、洁净、干燥、无风化、无杂质并满足级配要求。矿粉宜采用石灰岩等碱性石料磨细加工,建议采用水泥作为抗剥落剂,替代部分矿粉,以提高集料与沥青的黏附性。

(3)热拌沥青混合料应采用工艺先进、品牌成熟的间歇式拌和楼。调试时,完成热料仓系统的计量认证和拌和楼沥青标示用量与实际用量的复核标定;施工时,生产废粉须进行湿化处理,并及时运出场地,以免对料场集料造成二次污染。

(4)沥青混凝土生产配合比应尽可能拟合到目标配合比的设计级配曲线,并加强细集料0.075mm通过率指标的控制检验。

(5)施工单位提交试验段铺筑方案,经监理单位组织各相关单位审查批复后,方可进行试验段的铺筑。如有必要,可外委技术实力强的检测中心或科研院所对沥青混合料配合比进行优化。

(6)正式开工前,应铺筑路面面层试验段,试验段宜选在主线直线段,长度不小于200m。试验段完工后,施工单位提交试验路施工总结报告,试验检测中心提交检测报告,监理单位提交监理总结报告。监理单位组织相关单位并邀请专家召开试验段评审会。经评审合格后方可大面积开工,如评审不合格应再次进行试验段施工,直至合格。

(7)定期对拌和楼计量、控制系统进行校核、检查。在施工期间,应加强热料仓集料筛分试验,以校核生产配合比。同时,要不定期检查拌和楼筛网有无破损、堵孔等情况,并同步检查除尘系统。

(8)运料车装载时宜采用3次或多次卸料法,以减小混合料离析。运输过程中须采取保温措施,建议采用“两布一被”方式保温。

(9)沥青面层施工时,摊铺机前方应至少有5辆运料车等候卸料。摊铺下面层时应采用挂线法施工;中、上面层采用非接触平衡梁或浮动基准梁装置施工;在桥头过渡段应增加挂线辅助施工。

(10)沥青面层应选用功率大、性能稳定、初始压实度高的摊铺机铺筑。建议进行必要的防离析工艺改进:加装反向螺旋叶片;螺旋布料器距边部物料挡板距离应小于30cm;前物料挡板底部加装活动式胶皮挡板。

(11)严格按照试验段总结确定的碾压工艺进行压实,不应片面追求低空隙率造成集料压碎,破坏混合料骨架结构。压路机转弯和调头应在已碾压成型或冷却的路段进行。

(12)施工、监理单位应设专人检测摊铺和碾压过程中的混合料温度。

(13)相邻两台摊铺机应相互紧跟、梯队作业,后摊铺机应跨缝20~30cm摊铺。一般情况下,上、下层的纵向热接缝错开至少15cm以上,表面层热接缝宜设在路面行车道标线部位;横向冷接缝采用平接缝垂直接口形式,上、下层横向接缝部位应至少错开1m以上。

(14)沥青路面每天施工完成后,设备停放宜采用土工布进行有效隔离。其中,双钢轮压路机复工前,应先进行除锈后再进行碾压作业。

(15)施工过程中应加强对路面离析检测,发现问题及时分析解决。对离析严重的路段,须返工处理。

(16)监理单位牵头制订沥青路面抽芯检测和修补专项方案,实施时控制抽芯污染并及时清理。

(17)在沥青面层施工期间,管理处要督促检查相关参建单位落实交通管制。在施工便道出入口实行"门岗+通行证"管理的基础上,要在主线范围动态调整禁行和转向标志,引导车辆按规定行驶。对于造成路面污染的,按照"谁污染、谁负责"进行清理,并采取必要的措施惩戒。

(18)在施工过程中,生产配合比原则上不得变更。如因材料变化等原因确需调整的,应重新进行配合比设计及试验段铺筑等相关工作。

(19)管理处督促监理单位、试验检测中心根据沥青路面施工进度统计沥青用量、拌和站出料量、实际摊铺面积等数据,反算校核路面的材料用量(尤其是沥青用量)和摊铺厚度。

5.3.8 水泥混凝土面层

(1)水泥抗折强度、抗压强度等物理力学性能应符合《公路水泥混凝土路面施工技术细则》(JTG/T F30—2014)及招标文件的技术要求。水泥进场时应附有化学成分、物理、力学指标合格的证明材料。

(2)粗集料应选用质地坚硬、耐久、洁净的碎石,碎石应采用三级破碎设备生产,严禁使用不分级的统料。

(3)细集料应采用质地坚硬、耐久、洁净的天然砂,符合《公路水泥混凝土路面施工技术细则》(JTG/T F30—2014)Ⅱ级的技术要求。

(4)水泥混凝土面层采用土建工程拌和楼的,路面施工单位须重新标定并报批。

(5)施工前应对水泥水泥混凝土拌和楼、摊铺机等各种施工机械和设备进行调试,对机械设备的配套情况、技术性能、传感器计量精度等进行检查校核,完成料仓计量系统的计量认证和水泥指示用量和实际用量的标定。

(6)施工单位应根据原材料试验结果进行配合比设计,试验检测中心进行平行试验复核,试验结果应满足规范及设计文件要求。

(7)主线及隧道水泥混凝土路面应采用滑模摊铺机摊铺,其他路段水泥混凝土路面可采用三辊轴进行施工。

(8)正式开工前,应铺筑水泥混凝土面层试验段,长度为100~200m。如有条件,试验段宜选地方连接线进行。试验段铺筑完成后,施工单位提交试验段施工总结报告,试验检测中心提交检测报告,监理单位提交监理总结报告。监理单位组织相关单位及专家召开试验段评审会,经评审合格后方可大面积开工,如评审不合格应再次进行试验路施工,直至合格。

(9)水泥混凝土路面铺筑完成后应采"一布一膜"方养生,在养生期间内进行交通管制。

(10)管理处应高标准、严要求进行水泥混凝土路面平整度控制,加强检测评定,持续改进工艺、工法,提高路面平整。

(11)隧道路段宜采用纵向硬刻槽,普通路段应采用横向硬刻槽。

(12)项目参建各方应加强水泥混凝土路面清缝、灌缝专项施工质量管理,加强检查,严格填缝料材料检验和准入审查。

5.3.9 小型预制件

(1)新泽西护栏、路缘石、超高段纵向水沟盖板等小型构件宜采用工厂化预制,纳入项目临建标准化管理。

(2)小型预制件模板实行准入制。路缘石、纵向水沟盖板宜采用高强塑料模具预制,新泽西护栏应采用定型钢模、倒模工法预制。

(3)小型预制件应进行专项配合比设计,实行首件验收制,经验收合格后方可大面积预制施工。

(4)小型预制件运输装车、卸车时应做好保护工作。如预制构件出现破损,应视情况采取废弃处理。

(5)路缘石和新泽西护栏安装时应采取钉桩拉线等措施,力求线条平直,曲线圆顺。

(6)超高段纵向水沟盖板安装时,其顶面高程宜略低于成型的沥青路面顶高程,以利排水。

5.4 南粤公司典型项目绿色路面实施经验

5.4.1 路面工程施工标准化

1)项目部建设标准化

一个合同段原则上设置一个项目部,路线长大于50km的合同段宜设置一个项目部和一个项目分部,项目分部在项目部的统筹安排下,基本具备独立项目部功能,分段管理所辖路段工程建设。项目部管理由项目经理负责,项目部办公室负责牵头实施,项目的选址必须满足安全和便于管理的要求。

(1)场地选址要求

项目部(包括项目工区)的建设必须满足如下要求:

①项目部的选址必须满足安全和便于管理的要求。项目经理部办公区、生活区及车辆、机具停放区等功能设置科学合理,环境整洁,必须分区设置。场地必须硬化,铺15cm厚C20混凝土,场区道路下面尚需铺10cm碎石垫层。并设立完善的排水系统。

②项目部的面积应满足如下要求：占地面积不能少于 12000m^2（项目分部不少于 6000m^2），办公面积不能低于 3000m^2（项目分部不少于 1500m^2）。

③项目部公共场所应设置功能分区平面示意图及指路导向牌。

④项目部硬件设施必须满足“三室”（会议室、资料室、试验室）和“五小”（宿舍、食堂、厕所、淋浴室、办公活动室）要求。

⑤房屋之间的间距原则上不能少于 7m，条件有限时不能少于 5m。

⑥项目部建设完成后，报验收合格后，方能启用。

（2）硬件设施要求

项目部建设标准见表 5.4-1。

项目部驻地建设标准 表 5.4-1

编号	名称	配备标准	备注
1	会议室	不小于 120m^2	地面应采用混凝土硬化
2	资料室	不小于 20m^2	
3	试验室	不小于 200m^2	
4	宿舍	人均 3 ~ 4m^2	
5	食堂	高峰人数 70% 1m^2/人	
6	厕所	现场平均人数 0.1m^2/人	
7	淋浴	现场平均人数 0.07m^2/人	
8	办公用房	人均 5 ~ 8m^2	

2）试验室建设标准化

一个合同段原则上设置一个工地试验室，工地试验室应取得部质监总站或省级交通质监机构颁发的《公路工程试验检测机构综合乙级以上等级证书》的试验检测机构（母体试验室）在工程项目现场设立，母体试验室对工地试验室的试验检测工作负责。

（1）试验室应合理选址，可设在项目部，也可以设在集中拌和站，周围无高频、高压电源，无工业震源及其他污染。试验室大门口挂“××合同段试验室”标牌。

（2）试验室内仪器设备布局合理，并根据需要砌筑牢固凭证的试验操作台，每台仪器设备应配备专用电源插座，各室面积及配电要求见表 5.4-2。

工地试验室各室面积标准 表 5.4-2

序号	各室名称	面积(m^2)	备注
1	土工试验室	20 ~ 30	总功率 6kW
2	集料室	20 ~ 25	总功率 6kW
3	留样室	15 ~ 25	
4	水泥室	10 ~ 15	总功率 11kW
5	混凝土配比室	18 ~ 20	总功率 12kW
6	沥青原材料室	18 ~ 20	总功率 6kW
7	沥青混合料室	25 ~ 40	总功率 20kW

续上表

序号	各室名称	面积(m^2)	备　注
8	力学室	20～30	总功率3kW
9	标养室	20～30	配置5匹冷暖空调一台
10	办公室	15～20	
11	主任室	15～20	

(3)试验室应建立以下各项管理制度及操作规程(0.6m×0.8m),并悬挂上墙:

①样品管理制度;

②试验检测工作程序;

③部门职责及人员岗位职责;

④试验室管理制度;

⑤设备管理制度;

⑥试验检测报告审核、签发制度;

⑦试验检测原始记录填写、计算、复核、分析制度和资料档案保管制度;

⑧安全管理制度;

⑨事故分析报告程序。

(4)试验间配备4kg干粉灭火器2个,灭火沙1m^3,铁锹2把,铁桶2只,环境卫生满足试验要求。

(5)试验人员佩胸卡作业,持证上岗,规范操作,记录清晰。

(6)仪器设备挂标识牌(0.15m×0.1m),标明名称、规格、型号、状态。

(7)仪器设备按时自检送检,专人维护保养,有记录可查。

(8)试验室切割作业时,有防噪声、防尘措施。

(9)试验废弃原材料回收或存放符合环保要求。

(10)实验室的牌子按照业主制定的统一格式制作。

3)拌和场建设标准化

为实现公路建设管理"五化"(即"发展理念人本化、项目管理专业化、工程施工标准化、管理手段信息化、日常管理精细化"),打造项目路面工程建设管理标准化,重点推行"沥青拌和站、水稳拌和站、水泥搅拌站"(即"三站"建设标准化)。

拌和站应按照"工厂化、集约化、专业化"的原则建设,施工单位进场一个月内必须明确拌和站设置规模及位置,并编写建设方案,内容包括位置、占地面积、功能区划分、场内道路布置、排水设施布置、水电设施设置及施工设备的型号、数量等。

(1)拌和站场地建设要求

①沥青混凝土拌和站的占地面积不少于35000m^2,单处沥青拌和站最大供应里程不宜超过20km,即路线里程超过40km的合同段宜设置2处沥青拌和站;

②水稳拌和站的占地面积不少于15000m^2,单处水稳拌和站最大供应里程不宜超过10km;

③水泥混凝土拌和站的占地面积不少于3000m^2,单处水泥混凝土拌和站最大供应里程不

宜超过 45min 运输里程。

(2)场地硬化

①沥青混合料拌和场、水泥混凝土拌和站堆料场地按 20cm 水泥稳定级配碎石基层+15cm厚 C20 水泥混凝土硬化;水稳层拌和堆料场、碾压混凝土堆料场、上料平台等按 20cm 碎石垫层+20cm 的水泥级配碎石基层(水泥含量为 3%);所有料场场区道路按 15cm 碎石垫层+20cm 的 C35 水泥混凝土进行硬化。

②拌和场外 300m 及高速公路进出口 300m 范围内的便道要求用沥青混凝土进行罩面处理,并由专人负责养护,以确保路面平整,防止扬尘和积水,使运输车辆的轮胎尽量保持干净,若不干净,应有专人负责冲洗干净。

(3)沥青混凝土、水泥混凝土细集料、沥青拌和楼工作储料仓用粗集料搭棚

沥青混凝土、水泥混凝土、碾压混凝土所有细集料以及沥青拌和楼正常工作区(即沥青粗集料按 5 天正常工作备料面积)、沥青拌和楼用储料仓必须搭设钢棚。

钢棚需采用抗风、耐腐蚀的钢结构雨棚(顶棚须经过有建筑工程设计乙级以上资质的设计单位设计后方可施工),统一高度 8m,顶棚雨水,采用 PVC-U 管集中排至四周的排水沟中,两端的储料仓外侧面与端面设置封闭围挡,防止雨水在风力作用下进入料仓内。

(4)沥青混合料用粗集料水洗

为了减少集料含泥量,拌和场(站)必须设置水洗装置。路面面层所用碎石需采用水洗工艺处理。水洗厂应设置完备的排水系统,厂内保证排水畅通。对于油面料加工的粗集料采用水洗(引用石料中性)。通过水洗和安装大功率的除尘设备,以保持粗集料的洁净与级配稳定。水洗工艺中还要求设置大容量的蓄水池和多级(至少 5 级)沉淀池,确保干净用水的循环利用,满足环保要求。对沥青混合料粗集料采用水洗,每台沥青拌和楼配备 2 台产能为 150t/h 的滚筒洗石机,沉淀池至少采用五级沉淀,沉淀池面积不小于 $300m^2$。

在拌和场内单独区域设置集料水洗区,水洗区应满足下列条件:

①远离拌和楼等产生粉尘的工作区,并位于其上风向。

②场地硬化标准同材料堆放硬化标准。

③场内不得积水,特别是水洗后的临时储料区应按照“中间高、四周低”原则进行硬化,四周开明沟排水。

④沉淀池池底采用 10cm 厚的 C20 水泥混凝土硬化,并设计成不小于 1% 的单面坡,便于清理。侧壁采用 15cm 厚的浆砌片石铺砌。

⑤沉淀池的四周必须采用金属隔离栅封闭,外人不得进入沉淀池,并树立安全警示标志牌。

⑥水洗设备的选择应满足操作简单、生产效率高、水洗干净、节能环保等要求。

沥青拌和料场平面布置见图 5.4-1。

5.4.2 化湛高速公路路面施工标准化典型措施

1)路面施工标准化

水泥稳定层采用“防水土工布+透水土工布”组合养生方式(图 5.4-2):底基层、基层覆盖养生时,先在距中分带或超高段外侧 1m 的范围内铺设透水土工布,再在其他区域铺设防渗土

工布;补水时,直接将水洒在透水土工布上,使养生水通过透水土工布渗入防渗土工布下面。该组合养生方式不仅可以确保了底基层、基层表面水分充足,提升养生效果,还能避免养生水直接冲刷底基层、基层表面而造成的表面松散(养生期内混合料黏结强度低,表层水泥易被稀释或冲走)。

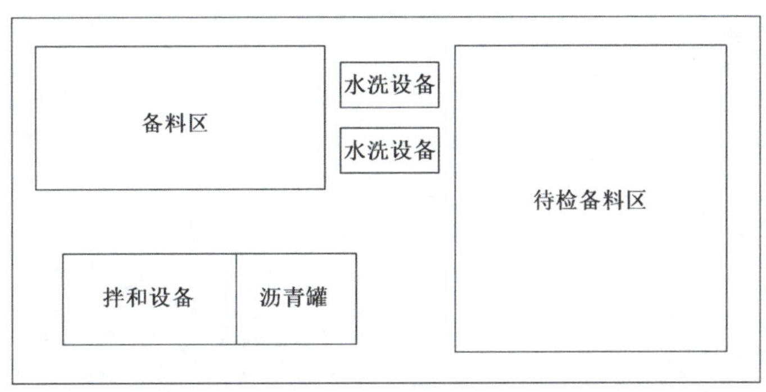

图5.4-1 沥青拌和料场平面布置示意图

养生土工布应用“引线缝接”工艺:相邻养生土工布之间引线缝接,代替预制块,不仅可以使接缝密实,提升保水效果,还可以避免因预制块破损或乱扔带来的施工污染。同时,相比较传统预制块压制接缝的方式,缝接的方式减少了“进风口”,锁水效果好,整体性强,不易被强风整体掀开。

推广“S”形碾压法:在稳压(初压)前,以“S”形压出碾压接头界限,起始和终端部位与摊铺方向平行,“S”形主体部分与摊铺方向形成45°~60°夹角;后续压路机碾压不超过“S”形接头界限,从而减小碾压过程中的推挤、拥包,大大提高了垫层、底基层、基层平整度(图5.4-3)。

图5.4-2 路面养生

图5.4-3 路面碾压

沥青混合料运输车自动覆盖篷布:料车配备自动覆盖装置,可边送料、边收篷布,不仅可以有效减少水分散失,还避免了人工高空作业,提高施工安全性。二级干法除尘:路面各合同段安装反击破生产线,自行生产中、下面层碎石材料。反击破生产线加装二级干法除尘装置,除尘效果好,有效控制碎石材料的含泥量。“自动擦油”:胶轮压路机上加设一套自动喷淋装置,在胶轮压路机工作工作中,使得防粘油物自动无死角的喷洒,实现“自动擦油”。这样,不仅保证了擦油效果,还消除了配合工在碾压工作面上穿行带来的安全隐患。

2)附属施工标准化

推广小型构件采用自动化数控生产工法:自动化生产线、自动化安装行走系统、操作控制系统、振捣系统、顶升传送系统等组成;同时,采用了自动喷淋系统进行养生。该工法提高了施工工效及质量水平。改进中分带填土工艺:现将土方运输车一侧挡板进行改装,在侧挡板前后端外延部分增加护板,在侧挡板边部接上橡胶块使其能够刚好搭入护栏顶部内侧,护栏另外一侧用小型挖机将土直接勾入护栏内侧,小型挖机与运土车延主线同步前进,使得运输车能够直接将运到现场的土填入中分带护栏内侧,也省去了中分带用土来回周转而带来的污染(图5.4-4、图5.4-5)。

图5.4-4 路缘石安装

a)

b)

图5.4-5 路肩土施工

5.4.3 施工准备及附属设施的绿色创新工艺

1)主线梁场硬化层利用路面基层技术

龙连高速公路全线共有24个预制梁场设置在主线路基上,预制梁场产完梁后按照传统的方法须拆除硬化层,再将路基整平处理后移交路面标,浪费大量的人力、物力,同时会影响工期。而且拆除硬化层会造成大量弃渣,弃渣堆放不仅占用土地,也造成环境污染,造成不良的社会影响。为此,从保护环境、节约资源、缩短工期、降低成本等角度出发,龙连高速公路提出预制场硬化层作为路面结构层进行再利用,进一步提升梁场在主线路基上建设所带来的经济及社会效益。

(1)精心设计再利用方案,确保路基路面质量达优

龙连高速公路管理处为使梁场硬化层再利用方案能够切实可行,保证路基路面施工质量达优,特引入预制梁场硬化层再利用专项课题研究,组织相关专家计算分析并确定梁场硬化层再利用设计方案,并明确了相关验收标准,为预制梁场硬化层再利用能够有效实施提供了技术支撑。

预制梁场硬化层再利用的基本思路为:在预制梁场建设时须将硬化结构层进行特殊处理,将路基回填或开挖至路基顶面设计高程以下10cm后(标准路面垫层厚度为15cm,底基层为20cm),先铺筑20cm未筛分碎石,再采用25cmC25水泥混凝土进行硬化(图5.4-6、图5.4-7)。预制场梁体预制吊装完成后,拆除台座,整平场地,将20cm未筛分碎石作为路面结构层中的垫层使用,25cmC25水泥混凝土硬化层作为路面结构层的底基层使用。

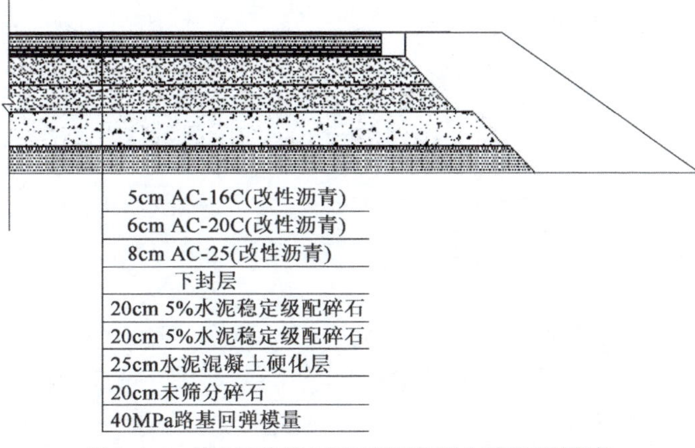

图5.4-6　填方及挖填交汇区预制场硬化层再利用结构

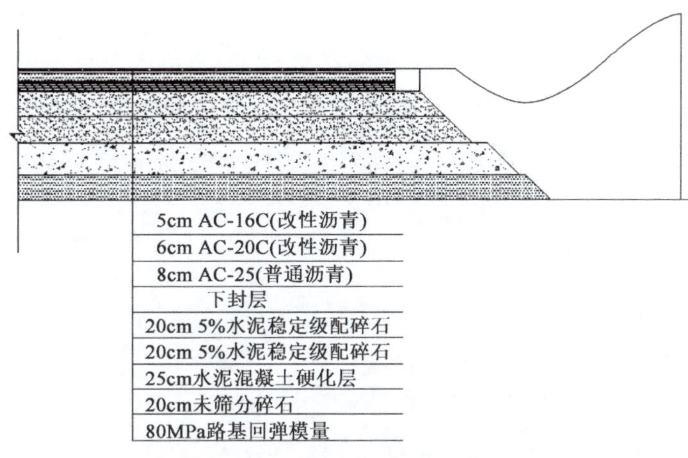

图5.4-7　挖方区预制场硬化层再利用结构

同时为加强质量控制,采取两阶段验收方案,并明确了验收标准。在施工硬化层前对该段路基的路床、垫层施工分别组织进行交验,确保弯沉、高程、横坡、平整度满足相关要求后,方可进行梁场硬化层的施工(图5.4-8),预制梁场硬化层首先应满足梁板的预制和运输需要,其次作为路面结构层再利用。预制梁板施工完后凿除台座,修整混凝土硬化层,最后要再次对混凝土硬化层进行验收检测,确保满足后续路面结构层施工的指标要求。

图5.4-8　预制梁场硬化层施工

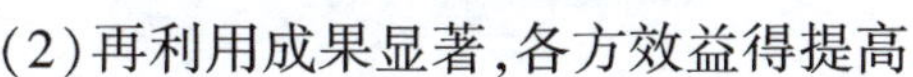

(2)再利用成果显著,各方效益得提高

①质量效益

经过预制梁场硬化层再利用方案的有效实施,采用20cm未筛分碎石+25cmC25混凝土替代原设计标准路面15cm未筛分碎石垫层+20cm水稳底基层,经过力学结构计算不仅承载力满足要求,同时预制梁场在路基主线上设置,起到堆载预压作用,可消除部分路基填方路段工后沉降,加快路基及边坡稳定。经过两阶段验收检测,各结构层相关弯沉、高程、横坡、平整度等均满足设计及规范要求,确保了路基路面质量。

②经济效益

按照传统做法,预制梁场场地恢复涉及场区拆除、弃渣场征地、复绿等问题,往往时间长、成本高,采用预制梁场再利用方案不但可以节约以上问题所带来的费用,同时也节约了相应路面垫层及底基层费用,综合全线 24 个梁场可节约相关费用共计约 3600 万元。

③工期效益

采用预制梁场硬化层再利用方案,可节约破除场区硬化层的时间,大幅度缩短预制梁场路基的移交时间,节约工期约 30 天。同时总体上可加快路面施工进度,减少交叉作业施工周期,减小雨季对龙连项目路基施工的影响,减轻龙连项目全线预制梁场在主线上设置所带来的工期压力,为确保龙连项目总体工期创造了有利条件。

④环保效益

预制梁场硬化层再利用减少了施工弃渣的产生,大大降低了对环境的破坏和污染。全线可节约弃渣场地约 50 亩,减少占用农田,减少弃渣对环境造成污染,符合我国可持续发展的战略目标。

2)土路肩滑模填土工艺

(1)工艺背景

土路肩滑模摊铺机,采用摊铺机主机,通过自卸车运土喂料,在喂料斗侧面加装整形模具,整形模具后面装置有两个液压平板夯,保证喂料口传送过来土,通过整形后的坡度符合要求(图 5.4-9),土路肩压实能够满足要求,使土路肩填土基本一次到位,有效地提高了土路肩填土压实及外观质量,可以减少污染源,确保"零污染"措施落地。

(2)应用效果

①质量提升效果。有效地提高了土路肩填土压实及外观质量(图 5.4-10);有效较少污染源,能确保"零污染"措施落实。

图 5.4-9 土路肩滑模填土设备

图 5.4-10 土路肩滑模施工效果

②劳动力优化。可连续作业,自动化程度高,减少人工操作。

③工效提高。采用滑模施工、填土无须多次倒运,多点施工,与后续附属及交安绿化的施

工交叉干扰少；滑模机械施工效率高，基本一次成型，后续基本无须修正。

3）纵向排水沟滑模施工工艺

（1）工艺背景

英怀高速公路研发了纵向排水沟滑模施工工艺。纵向排水沟通常与路面纵坡保持一致，并与横向排水管相连，构成整个路面排水系统。采用滑模施工工艺进行纵向排水沟的施工，每个工点配备一台滑模摊铺机，可通过传感器进行线形控制，需6名工人即可施工，施工效率高，有效控制水沟线形，养生后的水沟表面光洁美观，质量提升效果明显。施工设备为美国高玛科牌滑模摊铺机，施工过程包括基准线打设、钢筋绑扎及滑模摊铺机浇筑成型（图5.4-11）。

a)

b)

图5.4-11 纵向排水沟滑模施工及施工效果

（2）应用效果

①质量提升效果。纵向水沟线形极易控制，质量提升效果明显，养生后的表面光洁美观。

②施工安全改善程度。对比传统的人工预制、安装，滑模施工工艺可减少不必要的人力及机械运输，减少安全风险。

③劳动力优化程度。可实现机械化操作，减少人力作业，节约劳动力。

④工效提高程度。仅需一台滑模摊铺机、一套模板即可实现流水作业，施工效率高。

⑤利于推广程度。该设备购买途径较多，利于推广。

⑥环保程度。可减少模板使用，降低对钢材的需求，节约资源。

⑦成本投入情况。该设备购置费用较高，一部滑模摊铺机约400万元；但与人工预制相比较，人工预制、运输安装成本费用高达680元/m^3，采用滑模施工成本相对有所降低，每立方米成本降低约30元，且机械周转使用更具备优势，多个工地多次使用可达到设备费用的均摊。因此，滑模摊铺是技术进步的方向，经济效益和社会效益高。

4）混凝土护栏及路缘石底座基础滑模工艺

（1）工艺背景

如何使“零污染”措施落实，加快沥青面层施工进度及摊铺工作连续性，是沥青路面施工生产过程普遍关注的问题。针对此问题，仁博高速公路中铁十二局TJ14项目部创新地采用在下基层上滑模施工混凝土护栏及路缘石底座基础，使附属工程可提前施工。很好地解决了沥青路面施工交叉污染的问题。

该工艺在下基层上采用滑模施工混凝土护栏及路缘石底座基础（图5.4-12），改变以往传统路面施工工艺的顺序,下基层完成后接着施工底座基础及预制件安装,利用上基层施工过程中时间间隙,与上基层施工不产生交叉影响。待护栏、路缘石等安装完成后施工上基层,一次成型,施工工效较高,且能够很好地保证底座线性,基本可以实现“零污染”。

图 5.4-12　混凝土护栏及路缘石底座基础滑模施工

(2)应用效果

①质量提升效果。滑模施工与人工现浇施工对比,采用滑模施工能够很好地保证底座线形;基本可以实现“零污染”。能确保“零污染”措施落实。

图 5.4-13　中分带填土车改造

②劳动力优化程度。可连续作业,自动化程度高,减少人工操作。

③工效提高程度。滑模机械施工基本一次成型,无须装模和拆模,施工进度较快。

5)中分带填土专用车

在路面施工中,按工艺顺序中分带填土一般都在基层全部施工完成后进行,为保证基层不被污染,云湛高速公路在 LM7 合同项目中分带填土施工中采用对拉土车进行改造(图 5.4-13),配合挖掘机直接将土卸至中分带护栏内,保证了施工进度的同时未对基层造成任何污染。

6)小型构件预制厂混凝土布料机

(1)应用背景

仁新高速公路TJ2合同段中交二公局项目部率先研发采用小型构件预制厂混凝土布料机。小型构件预制厂混凝土布料机由组合式小漏斗、行走电机、轨道、振动台等构成,小漏斗下方设有可控制间歇布料的操作杠杆,可根据预制块体积大小控制混凝土入模,从而快速生产小型构件(图5.4-14~图5.4-16)。

图5.4-14 小型构件预制厂混凝土布料机现场布设及生产

a)

b)

图5.4-15 胎具上绑扎钢筋图模具刻字

(2)应用效果

①生产效率高。该工艺简化了混凝土中间运输环节,实现了流水施工,生产效率较传统工艺高。

②生产能力强、产量高。其布料机轨道沿拌和机出料口轴线布置,振动台在轨道之间一字排开,可设置3~4个振动台;根据拌和机每盘料方量及预制块体积大小,还可以延长轨道增加振动台,提高拌和机与之间的匹配度,可最大程度利用生产能力以使产量最大化。

③操作简易,人工成本低。通过机械化操作替代传统的人工铲料入模,省工省力并便于操作。

a)

b)

图 5.4-16　小型预制构件混凝土浇筑及成品

5.4.4　路面材料制备与运输的绿色创新工艺

1)隧道洞渣利用路面材料技术

(1)应用背景

山区公路建设中隧道的开挖将产生大量的废弃洞渣,其随意丢弃将造成区域内生态破坏和水土流失。仁博高速公路积极推行隧道弃渣在工程建设、工程防护,建筑材料等方面的综合利用,实现资源节约、环境友好合理化配置。

洞渣加工利用的主要优点有:

①环境方面:大量弃方会占用大量土地进行堆放,对环境也是一种考验。减少弃方,可以将环境破坏降到最低。

②质量方面:目前环保要求严格,外部碎石场逐渐减少。洞渣加工碎石,施工单位可以从源头来控制碎石的质量。

③经济方面:洞渣加工经济成本较外购低。

仁博高速公路的仁新段(仁化至新丰段)在公路建设过程中,采用隧道弃渣综合循环利用技术,最大程度地将其尽用于隧道衬砌混凝土集料、桥梁等结构物集料、沥青路面结构粗集料。此外,与当地乡镇充分沟通,了解乡镇建设需要,将隧道弃渣用于当地政府的建设工程。隧道弃渣综合循环利用如图 5.4-17 所示。

该项目为达到隧道洞渣直接用于路面施工的目的,将路面施工与隧道施工捆绑招标。将部分可利用洞渣加工成碎石和机制砂后应用于路面施工,部分可利用洞渣片石应用于护坡、挡土墙、排水沟等砌体圬工结构,缓解施工过程中的地材供应压力;加工生产线采用二级引风除尘、废粉集中排放等措施,减少场区粉尘污染。

部分可利用洞渣破碎后用于路基填筑、软基换填和涵台背回填等,使洞渣资源得到充分利用,减少土方开挖量和洞渣弃方量,最大限度减小了对自然环境的破坏,实现了资源节约、环境友好合理化配置。

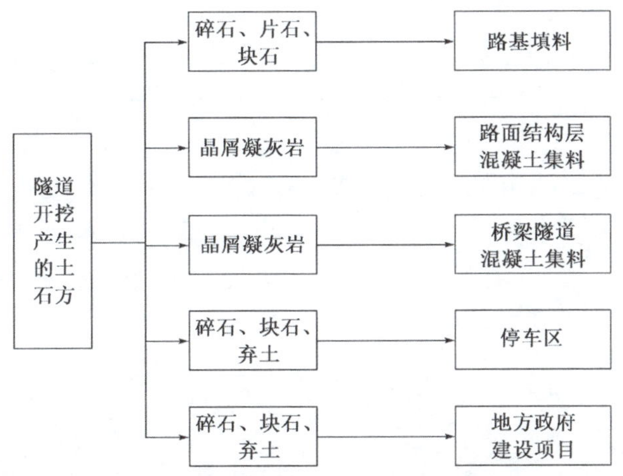

图 5.4-17 隧道弃渣综合循环利用图

隧道洞渣岩性主要为花岗岩、砂岩、板岩、石英砂岩等，对于中—微风化及新鲜的花岗岩、石英砂岩等可利用于路面工程中，主要用于路面垫层、基层、底基层，部分可利用于中下面层用料。具体加工技术要求应满足有关技术指标要求。隧道洞渣加工场如图 5.4-18 所示。

a)

b)

图 5.4-18 隧道洞渣加工场

(2)实施效果

TJ7 合同段含笔架山隧道(3820m)、坪田隧道(2865m)，TJ14 含李洞隧道(1946.5m)、青云山特长隧道(5955m)。其中，项目 TJ14 合同段即为土建标与长大隧道标捆绑招标的典型，含青云山隧道(单洞长度 11910m)和李洞隧道(单洞长度 3893m)两座隧道。青云山隧道和李洞隧道的洞渣共约 201 万 m^3，可利用的洞渣加工成碎石约 62 万 m^3，其中应用于路面底基层、基层约 52 万 m^3，应用于路面面层约 10 万 m^3。

2)碎石加工生产线金属检测器应用

(1)应用背景

公路隧道施工开挖过程中会产生大量洞渣，为减少弃渣对土地环境的影响，应充分利用洞渣加工生产碎石用于公路施工。

在隧道洞渣里混有施工过程中产生的各种金属杂物，如粗的钢筋头、槽钢、角铁、挖机牙齿等，这些金属杂物很难用人工或者机械完全挑拣出来，一旦进入碎石生产线的破碎设备就有可能造成设备的损坏停产。尤其是当出现有较大金属物进入圆锥破碎机或反击式破碎机后，将产生严重后果：一是“破碎机”被卡死；二是转动齿轮被损坏，齿轮更换困难，同时维修成本高。因此，解决洞渣中的金属杂物进入破碎机很关键，而金属检测器能很好地解决该问题，它可将金属异物探测排除，以提高整修台座检查台座产品质量、确保设备的安全运行。

金属探测器主要利用设备通电后强力的高频电磁场产生的磁力吸附夹杂在碎石中的金属杂物，从而达到挑出金属物目的，如图 5.4-19 所示。

a)

b)

图 5.4-19　数字金属检测器应用

该设备安装简便，金属检测器控制箱安装在相对固定平台位置，传感器及电磁铁安装在碎石生产线头破（颚破）下料口输送皮带机架位置，距离控制箱不远方便检修，电磁铁正面距离输送皮带面留有一定的间距便于输送头破下来的碎石。设备通电后将 220V 交流电转换成直流电源，通过数字电路将高频电流供给传感器，形成高频强力磁场，当输送皮带上有金属区通过时，电磁铁将吸附走金属物。生产线皮带停止运转后，通过金属探测器控制箱的开关关闭电磁铁移除金属杂物。

（2）实施效果

①去除金属杂物效果好，对碎石生产线破碎机起到很好的保护作用。

②可实现机械化、自动化操作，可减轻劳动强度，大大提高工效。

③可提高洞渣利用率，减少对周边环境影响，利于环保。

④设备简单、安全，易于购置，使用、养护成本低，利于推广。

3）沥青粗集料滚筒加振筛水洗设备

（1）应用背景

沥青粗集料必须二次水洗后方能进入备料仓，而沥青路面施工一般工期较短且工程量较大，备料仓不可能无限大，势必存在施工过程中石料边洗边用。经过水洗的碎石含水量大，即使经过短时间晾晒区的晾晒，也仅为表面石料干燥，中间底部含水率较大，在拌和过程中易造成石料加热温度忽高忽低,混合料温度不均匀甚至不合格,现场摊铺易形成质量缺陷;同时由于石料含水率大,拌和楼生产时必须降低产能并提高滚筒内燃油的油压,经济效益低。有鉴于此,在水洗过程中必须考虑石料如何尽早脱水、晾晒,减小石料含水率。

将滚筒式洗石机与振筛式洗石机组合在一起,充分结合两种设备的优点,可同时解决振筛清洗式设备水流冲洗时间短、产能提高后清洗不干净的问题;并解决了滚筒清洗式设备碎石附带水较多,易造成石料下滑皮带下常堆料的问题。该设备在水洗滚筒端头安装大功率振动筛,水洗过后的石料进入振动筛,经过振动脱水,然后在晾晒区摊开晾晒,使上下部位含水率尽可能均匀,倒入备料仓存储使用。

(2)实施效果

①质量提升效果。对粗集料水洗效果好,有效保障了沥青用混合料质量及路面施工质量。

②施工安全改善程度。结构简单、安全。

③劳动力优化程度。水洗及脱水连续作业,自动化程度高,无须人工操作。

④工效提高程度。振筛脱水后,降低含水率,可减少晾晒时间,有利于施工进度,提高产能,降低能耗,设备维护费用低,利于推广。

⑤环保程度。水洗用水采用六级沉淀池循环利用冲洗水,环保经济。

⑥成本投入情况。滚筒式洗石机与振筛式洗石机购置及安装费用合计约40万元,其余无额外设备购置投入。

4)拌和站备料区钢板隔料墙技术

(1)应用背景

公路工程路面施工机械化程度越来越高,施工合同段里程及工程量也相应增加。为了工程能够按期完工,前期的碎石原材料储备至为关键;由于需要的碎石原材料数量较大,储备碎石材料的场地规划相当重要。以往碎石备料场地基本都采用混凝土隔料墙分档备料,使用完成之后混凝土隔料墙基本上要破除掉,废弃,浪费较大,而且破除的混凝土很少能够再利用,影响环境。本着合理、环保、节约的原则,可将拌和站备料区采用钢板隔料墙,钢板隔料墙利用钢板与植入混凝土基础的钢管焊接而成(图5.4-20),以对原材料作支挡、分隔。

a)

b)

图5.4-20 钢板隔料墙

(2)应用效果

①质量提升效果。使用钢板隔料墙,拌和站场地整洁干净,线形直顺,视觉效果好,并钢板隔料墙可随着料仓堆料高度的增加而继续加高,确保料仓不混料、不窜料,保证原材料质量。

②工效提高程度。工序简单,钢板隔料墙仅需人工焊接,无混凝土隔料墙立模、绑扎钢筋等复杂工序,提高工效,实用性强,利于推广。

③环保程度:钢板可回收再利用,不留废渣,利于环保。

④成本投入情况。钢板隔料墙的成本低于传统混凝土隔料墙,传统混凝土隔料墙约 1080 元/m,而钢板隔料墙约 850 元/m。

5)拌和站整体式全封闭料仓技术

料仓与配料仓都采用彩钢瓦进行全封闭,配料槽和皮带均采用彩钢瓦进行封闭,形成一个整体。采用全封闭料仓降低了粉尘和噪声污染,减少天气对砂石料含水率的影响。

(1)机械配备

全封闭料仓、整体式大棚传输带,如图 5.4-21 和图 5.4-22 所示。

图 5.4-21　全封闭料仓

图 5.4-22　整体式大棚传输带

(2)工艺流程

场地硬化→料仓隔墙施工→料仓棚安装→整体式大棚传输带安装。

(3)工艺要点

①料仓与配料仓都采用彩钢瓦进行全封闭,配料仓和上料皮带均采用彩钢瓦进行封闭,连同拌和楼,形成一个封闭整体。全封闭料仓大棚两侧各设一个宽 8m、高 6m 的推拉大门,平时大门敞开,方便砂石料运输车辆进出。料仓大棚设 10 个料仓,料仓长 30m,宽 7.5m,高 2.5m,隔墙宽 50cm。

②在隔墙上标出清仓线和堆料线,严格按照堆料线进行堆料,决不允许超过,铲料时不允许低于清仓线。在料仓隔墙上设置样品盒,来料与样品对比。在料仓的后墙位置设置水龙头,可以用来对集料进行喷水降温,或清洗集料。为了便于采光,在大棚顶部每隔 5m 设一道透明采光瓦。为了引导装载机准确上料,在配料斗之间设置引导柱,以防止装载机上料造成窜料现象。

(4)应用效果

①传统的料仓、配料斗均为三面封闭一面敞开,雨天会有雨水进入到料仓和配料斗,使砂、

石的含水率发生变化且不均匀,容易造成混凝土的实际用水量,影响混凝土质量。

②可免雨水的影响砂、石料的含水率,保证混凝土的质量。增加混凝土拌和可控性,提高工程质量。

③全封闭料仓极大降低了粉尘污染,使临近环境指标达到2级标准。

④全封闭料仓极大降低了噪声污染,对临近居民不造成影响。

⑤全封闭料仓将砂石料的含水率受天气的影响降到了最低,使工程质量有显著的提高。

⑥全封闭料仓隔热作用,在夏天施工时,解决了因砂石料受太阳直射温度升高的问题,有利于混凝土质量的提高。

6)材料二维码识别系统

仁博高速公路在路面施工中研发了材料二维码识别系统。通过扫描料仓标示牌下方二维码,可识别料仓材料型号、进场材料指标、使用结构部位、材料筛分、使用结构层配合比等信息。

(1)机械配备

使用的互联网+、二维码,如图5.4-23所示。

图5.4-23　材料二维码系统

(2)工艺流程

互联网+服务平台→后台基础信息录入→二维码生成→二维码打印→二维码标牌制作与安装→原材料进场及检测→原材料报验审核→信息后台更新→扫二维码实时查询。

(3)工艺要点

①生成具有项目特征标识logo的二维码个性化图案。

②录入jpg格式的信息化数据,单张照片不超过2MB。

③二维码打印成15cm×15cm标牌,并具有防水、防晒、耐候、美观等特征。

④严格按照材料技术标准进行检测与入场报验。

⑤按每批次材料检测情况及时更新后台信息(图5.4-24)。

(4)应用效果

现场所有原材料进场后,统一悬挂标识牌,标识牌内附二维码,扫描显示原材料厂家、规格、型号、合格证编号以及是否送检、是否可以使用等信息,原材料信息公开透明,现场材料使用一目了然。

图5.4-24　后台更新系统

7)水泥稳定层拌和数据监控信息化管理系统

(1)应用背景

连英高速公路根据对水稳料的质量控制目标和相关要求,运用互联网+、云服务等物联网信息化技术,对水稳拌和站及其工控电脑所产生并按要求保存的数据,进行实时采集、无线传输、计算分析,并实时反馈,如图5.4-25所示。

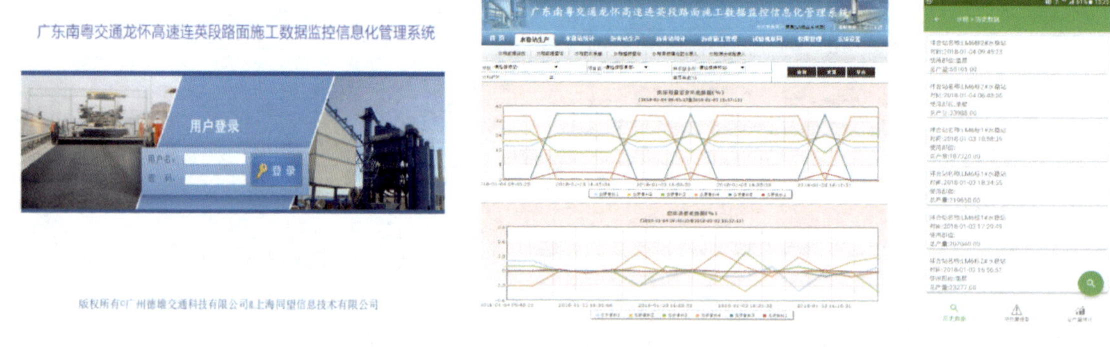

图5.4-25　连英高速项目水泥稳定层拌和数据监控信息化管理系统界面

(2)应用效果

针对水稳料生产过程中影响施工质量而又不易被发现的因素和环节实行实时监控,以供工程管理人员对水稳料的生产过程进行动态有效管控,使水稳料的生产基本实现按设计的目标配合比保持均衡、稳定的受控状态,从而大幅减低了水稳料的离析,从混合料的源头上最大限度地减少了基层、底基层的不规则开裂问题,为确保沥青路面质量打下良好基础。

8)沥青拌和站LNG加热技术

(1)应用背景

改变沥青混合料生产方式,实现广东省公路绿色环保、节能降耗已势在必行。沥青混合料的生产和运输过程需要消耗大量的燃油、电力等能源。国外有研究机构对道路修建中所涉及的各阶段产生的碳排放进行计算后发现,建设材料生产和制备所产生的碳排放占整个施工工程碳排放量的73%,24%的碳排放由场地运输所产生,运输材料至施工现场及施工现场产生的碳排放仅分别占2%和1%。长期以来,公路沥青路面建设和养护依靠强制式拌和楼生产沥青混合料,拌和楼以燃重油、煤为主,能耗高、污染大,燃烧过程中产生的黑烟和有害气体对环境造成一定的污染,也影响工作人员及周边人群的身体健康,既是高耗能,又是强污染,已经不符合当今绿色交通的要求。

天然气具有热值高、燃烧产物少、能够减少二氧化碳和粉尘排放量等特点,使用天然气作为沥青混凝土搅拌站加热燃料有以下优势:

①加快工程进度、保证工程质量

搅拌设备生产效率的高低在一定程度上取决于加热系统和燃料的热值。天然气热值高、洁净、无杂质,作为搅拌站加热燃料相对于黏度相当高、杂质含量多、流动性差的重油来说,无论是从搅拌站启动点火还是加大火力的速率均高于重油,所以搅拌站用天然气作为燃料比重油和柴油作为燃料在点火、火焰上升速率略高一筹,生产效率要比重油和柴油高一些。

天然气作为加热燃料,它燃烧值高,残留物少,可以保持石料在加热过程中不被任何物质所污染,石料表面清洁,开口空隙全部张开,增加沥青与高温状态下的石料的吸附力,提高沥青混合料的搅拌质量,保证工程施工质量。

②减少机械设备故障率

天然气燃烧后没有任何残留物,搅拌设备在一级和二级除尘系统中,大量的粉尘经脉冲式除尘布袋排出,粉尘干燥、无杂质,干燥的粉尘与布袋没有吸附力,对布袋污染较小,减少对布袋的清洗次数和更换频数,除尘系统畅通无阻。

③体现企业对社会的责任,减少环境污染

天然气燃烧充分,残留物少,二氧化碳和粉尘排水量几乎为零,对空气环境污染小。

沥青拌和站改造成天然气加热后,有效减少了污染物的排放,有利于周边环境和工作人员的健康。另外,煤或燃料油的供应受市场影响较大,沥青拌和的时短时间需求量较大,施工的进度受燃料油的供给影响较大,相比而言,燃气的市场供给相对充分,价格波动受市场影响较小,在节能的同时也能更好地保护环境,这种既节约资源又降低污染提高效益的做法,在当今社会是更加需要提倡的做法。

(2)实施情况

仁博高速公路沥青混合料采用间歇式拌和机拌和,全线路设置沥青搅拌站至少3个,原设计以重油作为加热能源。重油黏度过大时雾化很差,燃烧不充分并出现浑浊黑烟,燃烧后残炭较多,使用重油作为燃料的沥青混凝土站一直面临着严重的空气污染问题。随着天然气的普及,特别是压缩天然气(CNG)、液化天然气(LNG)的推广和应用,天然气已经成为最清洁并且价格合适的燃料,选用天然气供应沥青混合料搅拌站不仅效果好、安全性高、管理方便,而且成本较燃油低。

仁博高速公路丹霞互通到康熙互通示范区第五合同段开展了路面施工沥青拌和站LNG加热技术应用(图5.4-26)。

a)

b)

图 5.4-26　仁博高速公路沥青拌和楼采用高速天然气加热

广中江高速公路路面施工 LM1 合同段沥青混合料均采用天然气作为燃料,其运输、储存及拌和楼如图 5.4-27 ~ 图 5.4-29 所示。根据统计,LM1 合同段共消耗液化天然气 1903.34t。

图 5.4-27　广中江高速公路天然气运输

图 5.4-28　广中江高速公路 LNG 天然气储存

图 5.4-29　玛连尼 4500 沥青拌和设备

9)沥青拌和楼湿法除尘技术

(1)技术背景

沥青拌和楼粉尘排放和减少污染,是施工生产过程普遍关注的问题。新博高速公路中铁十二局 TJ4 合同段项目部针对此问题,对原有的湿法除尘加以改进,很好地解决了沥青拌和楼回收粉排放污染的问题。

该工艺在沥青拌和楼湿法除尘现有的粉尘排放设施终端增加一小型中转罐(图 5.4-30),粉尘首先排放到中转罐,其底部装有螺旋将干粉输送到搅拌缸,搅拌缸内装有高压雾状喷水水管,搅拌的同时喷水,然后末端排出直接装车,可解决粉尘排放量与加水量不同步的弊病,排出的粉尘干湿均匀,不扬尘,不成流体状。从而有效预防了粉尘对周边环境的污染,亦防止了对水洗沥青集料的污染。

a)

b)

图 5.4-30 沥青拌和楼湿法除尘设备

(2)应用效果

①质量提升效果。有效地减少了对成品混合料及水洗沥青集料的污染,提高了沥青混凝土质量。

②施工安全改善程度。无须装载机配合装车,避免了空间小装载机作业带来的安全隐患。

③利于推广程度。设备安装简单,实用性很强,利于推广使用。

④环保程度。减少扬尘,利于环保。

10)沥青拌和站废粉回收利用系统

在仁博高速公路项目中,广东冠粤路桥有限公司(LM5 合同段)对沥青拌和楼回收粉尘处理系统进行改造,加装回收粉及存储设备,通过螺旋输送器及提升机将粉尘回收至存储罐设备,并将回收的粉尘收集成批后由砖制品厂家回收利用,从源头控制了一个重大污染源,同时降低了设备故障率,提高了操作人员工作效率,取得了良好的环保效果。

(1)机械配备

所使用的除尘器、粉尘过渡罐、螺旋搅拌器、粉料提升机、废粉回收罐等设备如图 5.4-31 ~ 图 5.4-34 所示。

(2)工艺流程

废粉→除尘器→过渡罐→螺旋搅拌器→粉料提升机→废粉回收罐。

①沥青拌和站回收的粉尘经由输粉管的输料入口进入输粉管,经输料出口进入废粉过渡罐,实现粉尘的收集。

②废粉过渡罐设计成漏斗形,顶端设封盖以避免粉尘扬尘,在封盖中央开口作为入料口。

③废粉过渡罐在上部安装高料位计,用于检测废粉过渡罐的废粉是否到达上限位置;下部安装低料位计,用于检测废粉过渡罐中的废粉是否到达下限位置。废粉过渡罐下部安设振捣器,用于防止废粉板结或湿粉流量不稳定影响除粉效果。

图 5.4-31　废粉回收利用系统

图 5.4-32　螺旋搅拌器

图 5.4-33　废粉过渡罐

图 5.4-34　废粉回收罐

④废粉过渡罐与螺旋搅拌器之间用柔性管等软连接相接,螺旋电机和与之连接的螺杆组成螺旋搅拌器,在螺杆的两端分别设置废粉进料口和废粉出料口。

⑤废粉过渡罐中的回收粉尘经废粉进料口进入粉料提升机,通过粉料提升机提升到废粉回收罐,通过水泥罐车运走。

(3)工艺要点

①螺旋搅拌器有长 11m 和 6m 两种,功率分别为 7.5kW 和 5.5kW。

②粉尘过渡罐高 5.5m,容积 10t。

③粉料提升机高 19m，电机功率 15kW，废粉提升能力 20t/h。

④废粉回收罐高 18m，容积 100t。

(4)应用效果

①连接拌和站和过渡罐的螺旋输送器作用是把拌和站的回收粉输送到本装置，为避免螺旋空转现象，设置了过渡罐。

②粉料提升机每小时的提升能力要远大于每小时废粉产生量，确保废粉回收装置正常运转，正常生产。

11)料车自动覆盖篷布装置

料车自动覆盖篷布装置是利用电机、齿轮链条传动实现篷布的自动收放。在车厢前端安装小型电机，电机下方安装端头带齿轮的传动杆，通过端头齿轮带动车厢两侧链条实现料车篷布的自动收放，在车辆前后端装有限位传感器，保证篷布收放到端头电机即自动停止。可用于材料运输过程中对材料的保水、保温，效果良好，并且从根本上防止了工人跌落风险。

(1)机械配备

料车自动覆盖篷布装置的配备包括运输车、帆布、液压系统，图 5.4-35 所示。

a)

b)

图 5.4-35 料车自动覆盖篷布装置

(2)工艺流程

拌和站装料→液压帆布自动覆盖→运输至摊铺现场→液压帆布自动收缩(图 5.4-36)→运输车卸料→摊铺。

(3)工艺要点

液压帆布尺寸为宽 4m、长 6.5m，运输车装料前，帆布由自动电机卷起，液压杆收起；料车装满料后，液压杆扯拉帆布打开，覆盖车厢，完成车厢帆布覆盖。

(4)应用效果

①质量提升。自动覆盖篷布装置可及时覆盖及打开，有效防止混合料中的水分、温度的损失。

②施工安全改善。自动覆盖篷布可避免驾驶员因攀爬货箱人工操作而带来的安全风险。

③劳动力优化。自动覆盖篷布有效地用机械作业代替了人力操作，节约劳动力。

④工效提高。自动覆盖篷布无须料车停车以操作覆盖或打开，在行进中即可实现，节省时

间,提高工作效率。

a)

b)

图 5.4-36　自动液压帆布收缩与覆盖

⑤利于推广。自动覆盖篷布材料购置方便,安装简单,实用性强,利于推广。

⑥成本投入情况。每台料车购置及安装自动覆盖篷布装置的费用约 4000 元。

5.4.5　路面摊铺与桥面铺装绿色创新工艺

1)水泥稳定基层 3D 摊铺施工工艺

仁博高速公路 LM6 合同段水泥稳定基层施工中,广东省长大公路工程有限公司项目部采用 3D 数字化摊铺技术,利用全站仪自动测设和摊铺自动控制三维参数来实现无桩化、数字化道路摊铺的自动控制技术。

(1)机械配备

水稳 3D 摊铺系统的配备包括水稳摊铺机 2 台、全站仪 2 台、接收器、棱镜 2 套、感应传感器 2 套,如图 5.4-37 所示。

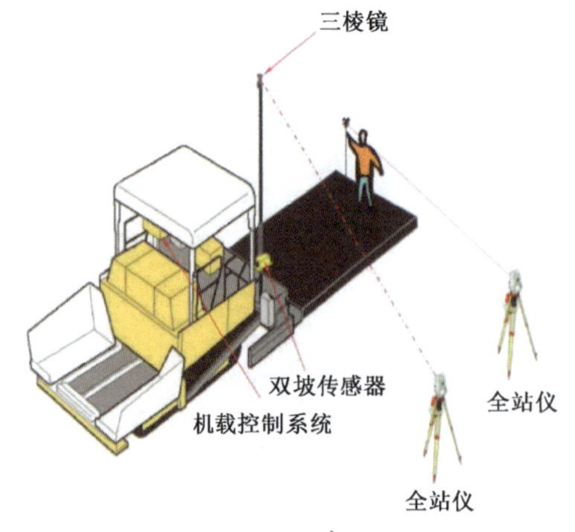

a)

b)

图 5.4-37　水稳 3D 摊铺系统

(2)工艺流程

全站仪定位→摊铺机安装→高程及坐标信息采集→工作指令→摊铺机的姿态调整→高程及坐标信息采集→工作指令→直至符合设计要求。

(3)工艺要点

3D 数字化自动控制系统的施工中,系统利用全站仪连续对摊铺机进行自动跟踪测量和数据采集,系统控制器通过对比摊铺面的高程和平面位置,不断发出摊铺机可识别的工作指令对摊铺机的姿态进行纠偏控制,使现场摊铺高程和位置符合三维数字模型的设计要求,现场实现无桩化、自动化摊铺,实现路面工程的 3D 打印。

(4)应用效果

①减少了测量放样、挂线等系统误差,避免错误数据发生。避免施工车辆和施工作业人员等在施工过程中对导线桩、铝合金导线梁、挂线等的碰撞以及对测量标记点的破坏。

②通过减少测量人员、挂线工人数量降低人工成本;通过精准的控制各结构层的厚度降低材料费用的浪费,通过减少施工环节提高效率。

③减少摊铺设备的作业人员数量,降低安全事故发生概率。

④可适用于各类型水稳、沥青摊铺机,也可适用于水泥面层或其他摊铺设备的施工。

2)全自动水泥净浆洒布车应用

(1)应用背景

为保证上下基层之间的有效黏结,提高水稳基层整体受力的完整性,应在上下基层之间洒布水泥净浆。水泥净浆采用与基层一致的水泥,即 P. C32.5R 级缓凝型复合硅酸盐水泥。

仁博高速公路项目中,为提高施工效率与精度,中铁十二局 TJ14 合同段项目经理部采用全自动水泥净浆洒布车(图 5.4-38)进行上下基层之间水泥净浆的洒布。可精确控制水泥净浆的洒布速度及质量,提高水泥净浆洒布的施工精度及质量。

图 5.4-38 全自动水泥净浆洒布车

全自动水泥净浆洒布车底盘主发动机提供洒布行走动力,同时通过车速传感器将行走车速传输至全自动水泥净浆洒布车控制系统,由副发动机带动液压油泵,通过比例阀调节,为输料电机和计量电机提供动力。

根据施工需要,在控制系统内设定每平方洒布质量,控制系统通过车速、洒布宽度、设定的洒布量、称重系统实时质量、输料固定值 A 及计量固定值 B(根据洒布车机械结构设计,每一套输料系统运行一周的出料量为固定值 A,每一套计量系统运行一周的出料量为固定值 B)进行智能运算,输出控制信号,控制输料系统比例阀及计量系统比例阀的开启量,进而控制输料系统电机和计量系统电机转速,通过均整器将物料均匀洒布在施工路面。输料系统电机及计量系统电机分别装有转速传感器,可以实时将输料系统电机转速及计量系统电机转速反馈至控制系统,控制系统接收到转速传感器反馈的信号,结合称重系统传递的物料质量信号与实时车速信号,智能换算并发出控制指令至输料电机比例阀及计量电机比例阀以实现精准控制洒布量。

洒水部件是设置在均整器前后的不锈钢立板,表面焊有均匀平整的小立板。通过精密控制,喷水落下形成水幕,灭尘润湿的同时能更好地把洒布水泥黏合成浆。此设计巧妙地将节水、灭尘、泥黏结合在一起,洒水与水泥洒布同步进行,形成优质的水泥净浆。洒水分两部分,洒布车水泥洒布装置前后各装一个洒水部件,先洒一遍水,紧接着洒布水泥,最后再洒一遍水,以保证水泥和水掺和形成浆。

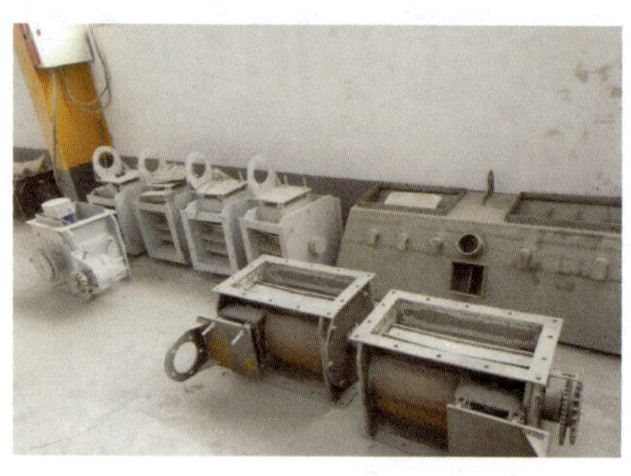

图 5.4-39　计量器

全自动水泥净浆洒布的均整器可自动调节角度,洒布的出料口可直接接触结构层面并以10cm 高出料。自动计量装置的出料口落料到各自对应的接料口,均整器和计量装置的壳体之间密封良好,可避免飞扬粉尘,起到环保作用。并可通过增加计量器(图 5.4-39)个数,减小体积,加密格子,使控制质量的精度得到进一步提高。

(2)应用效果

①质量提升效果。可精确控制水泥净浆的洒布速度及质量,提高水泥净浆洒布的施工精度及质量。

②施工安全改善程度。机械化作业,可有效提高施工安全。

③劳动力优化程度。水泥净浆撒布、除尘、喷水全过程均为机械化操作,节约人力成本。

④工效提高程度。施工效率高,一名操作手驾驶即可完成施工任务。

⑤利于推广程度。设备供应厂家较多,并可根据实际需要深化定制,利于推广。

⑥环保程度。具备符合环保标准的脉冲式及吸尘式双除尘系统,设计独特,可保证整个上料过程及施工洒布过程无粉尘污染。

⑦成本投入情况。成本投入高,购置、改装费用将近 100 万元。

3)运输料车倒车影像设备

(1)应用背景

目前我国路面施工混合料的运输一般采用重型卡车,而重型卡车体积庞大、货箱较长,货箱后面一般都存在盲区,在倒车过程中稍有不注意可能酿成危险。而且目前路面摊铺施工都是采用摊铺机,料车在倒车过程中碰撞摊铺机也是造成路面结构层平整度较差的主要原因之一,而平整度是路面质量的重要指标之一。

传统工法为,在料车倒车时对摊铺机喂料过程中必须设专人指挥,料车须于距离摊铺机30cm 处停车,再由摊铺机接上。

仁博高速公路路面施工项目中,考虑到安全、工程质量及提高工效,TJ14 项目经理部对料车统一安装倒车影像设备(图 5.4-40)。安装该设备后,料车倒车时行驶系统自动接通位于车尾的高清倒车摄像头,将车后状况清晰显示于车内安装的倒车液晶显示屏上,使驾驶员对车后的状况一目了然。减少了料车与摊铺机撞击,利于路面结构层平整度控制。既避免了危险,又可保证工程质量,节省了喂料人工指挥,经济实用。

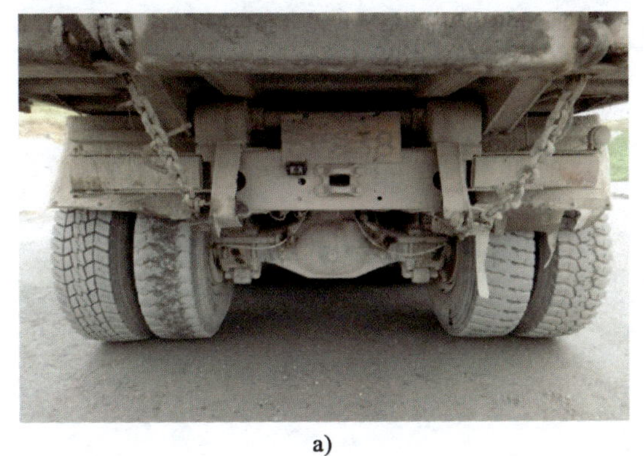

a)

b)

图5.4-40 运输料车倒车影像设备

(2)应用效果

①质量提升效果。倒车影像设备可令驾驶员实时掌握好料车与摊铺机之间的间距,避免撞击摊铺机,解决了因料车撞击摊铺机而引起的路面结构层平整度差的问题。

②施工安全改善程度。倒车影像设备可令驾驶员对车后的状况一目了然,很好地消除了料车的盲区,消除安全隐患。

③劳动力优化程度。使用倒车影像设备,无须人工指挥,优化了劳动力。

④工效提高程度。提高了摊铺机装料效率。

⑤利于推广程度。购置安装方便,利于推广使用。

⑥成本投入情况。成本较低,每台料车购置并安装倒车影像设备的费用约600元。

4)沥青摊铺机螺旋布料柔性兜网工艺

(1)应用背景

仁博高速公路LM1合同段水泥稳定基层施工中,广东省长大公路工程有限公司项目部通过在摊铺机螺旋布料器后侧挡板上设置柔性兜网,保证摊铺机螺旋布料的后侧粗集料不滚落,从而提高沥青面层的摊铺质量,进而提高整个面层的施工质量。

工艺应用过程:首先按照摊铺机的螺旋布料器两侧的宽度计算需要柔性兜网的横向长度,长度以覆盖两侧挡板为宜,两侧均匀分布,一般控制在5~7cm为宜;按照正确的下料长度制作柔性兜网后,在摊铺机拼装时,开始安装柔性兜网(图5.4-41)。粗料在柔性兜网的作用下,未出现大面积滚落的情况,沥青面层摊铺的均匀性得到保证。

(2)应用效果

①质量提升效果。沥青面层的底部粗细集料分布均匀(图5.4-42),对于沥青摊铺时的质量具有相当好的提升效果,可以减少沥青面层底部的离析。

②施工安全改善程度。能够减少人与沥青料的接触,柔性兜网增设后,不需要人工反复清理摊铺机后挡板,只需在收工后及时清理,可降低人工劳动强度。

③劳动力优化程度。可减少人力作业,节约劳动力。

图 5.4-41　安装柔性兜网后挡板

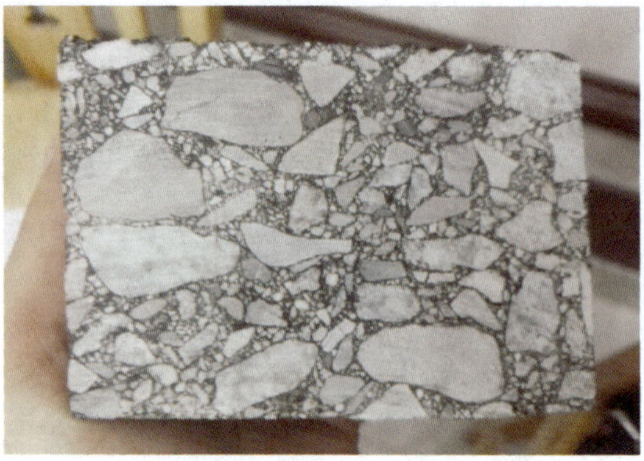

图 5.4-42　施工完成后芯样

④利于推广程度。易于安装使用,利于推广。

⑤环保程度。不用反复清理后挡板下的废料,可以减少废料的产生,降低沥青面层施工对周边环境的影响。

⑥成本投入情况。以周田沥青施工点为例,正常配置 2 台福格勒 2100 - 3L 沥青摊铺机,需要拼装 2 套柔性兜网,每套柔性兜网约 3000 元,2 套总计为 6000 元;柔性兜网约每 1 个月更换一次,工期 120 天,需要投入 2.4 万元;正常施工时,每台摊铺机需要配置至少 1 名工人进行不定时清理后挡板,只计算人工费,单个工日至少投入 250 元/天,按照周田沥青站施工日期进行计算,至少需要 120 个工作日,总费用约 3 万元;采用柔性兜网能够节约费用投入约 0.6 万元。

5)桥面整体化层钢筋保护层控制技术

(1)应用背景

为提高桥面整体化层施工质量,提高整体化层钢筋保护层厚度合格率,仁博高速公路 TJ12 合同段项目经理部中铁二十局一公司于施工现场采取有效控制措施实现。

该施工工艺重点是标准带横向钢筋的施工质量控制,其绑扎质量直接影响桥面整体化层的质量。具体施工流程如下:

①实测梁顶高程,确定桥面顶位置,标准带横向钢筋利用加工的卡槽齿板与梁体预埋的剪力钢筋进行控制,以保证标准带横向钢筋间距及设计净保护层厚度(31mm),如图 5.4-43 所示。

②利用梁顶预埋的剪力钢筋(间距 50cm),每 150 ~ 100cm 的间距设置一道保护层横向定位钢筋,定位钢筋的高度根据实测梁顶高程、标准带高度、拉通长线绳的办法综合确定,利用预埋的剪力钢筋和混凝土垫块进行固定。以单孔梁为单位,根据上述原则先完成定位钢筋的临时安装,重新测量,对定位钢筋的高度,尤其是桥面中部进行加密检查,防止因采用拉通长线绳的办法进行定位时中部产生下挠,以保障定位钢筋顶到桥面整体化层顶的净距满足要求(经计算设计净距为 51mm),从而确保桥面整体化层的钢筋净保护层厚度。横桥向定位钢筋(图 5.4-44)验收合格后,对其焊接固定。

③利用横桥向定位钢筋,按设计间距等分绑扎纵向钢筋;随后利用已安装的标准带横向钢筋绑扎桥面整体化层横向钢筋,形成整体化层钢筋网片。

图 5.4-43 标准带横向定位钢筋

图 5.4-44 横桥向定位钢筋

④调整梁顶剪力钢筋,利用混凝土垫块加密支垫钢筋网片,确保保护层厚度。采用泵车进行混凝土浇筑,三辊轴整平振捣梁配合施工,磨光机一次磨光收面,人工二次收面、修整、拉毛,完成桥面整体化层施工。成型后整体效果良好。

该工艺从开始施工标准带横向钢筋时进行相关位置控制,综合利用梁顶已有的护栏钢筋、剪力钢筋,较为有效地提高了桥面整体化层钢筋间距及保护层厚度的合格率。实测钢筋间距合格率 92% ~98% ,保护层厚度合格率 88% ~95% 。

(2)应用效果

①提高桥面整体化层钢筋间距合格率,提高钢筋保护层厚度合格率,提高桥面整体化层质量。

②提高桥面整体化层的钢筋绑扎施工速度,从而提高整体化层施工效率。

③操作快捷简易,易于推广。

④成本投入情况。较传统施工工艺,新增绑扎保护层定位钢筋工序,同时投入钢筋间距定位卡槽齿板设备,需增加人工成本及卡槽制作成本每孔 25m 箱梁约 5000 元,并卡槽可循环使用,投入成本较低。

6)桥面整体化层“四机”联动施工技术

仁博高速公路 TJ19 合同段中,中交一公局第六工程有限公司研发了桥面整体化层“四机”联动施工工艺。

“四机”联动是将振捣梁、全自动桁架式辊轴摊铺机、驾驶型抹光机、电动铣刨机组合的一种桥面整体化层施工工艺,在施工中将各机具在各个工序中良好的处理效果相结合,使得整体化层的整体质量大幅提高。

(1)机械配备

使用的设备包括全自动桁架式辊轴摊铺机、驾驶型抹光机、小型电动铣刨机。

(2)工艺流程

测量放样→铺设绑扎钢筋网片→安装设备行走轨道→轨道高程复测→混凝土搅拌及运输、浇筑、摊铺、整平→驾驶型抹光机抹面→覆盖洒水养生→桥面铺装高程及平整度验收→铣刨机刻槽(图 5.4-45 ~ 图 5.4-50)。

图 5.4-45　钢筋网片及轨道安装

图 5.4-46　全自动桁架辊轴摊铺机振动摊铺整平

图 5.4-47　摊铺整平后效果

图 5.4-48　驾驶型抹光机收面

图 5.4-49　铣刨机刻槽

图 5.4-50　铣刨效果

①在桥梁两侧布控了三角网,以便控制桥梁的平面位置高程,采用全站仪、水准仪对桥面位置、高程进行测量。

②利用钻孔设备在桥面控制点位置上钻孔,纵向间距 5 ~ 6m,每个点处钻两个孔,孔的直

径要满足钢筋能够植入。采用铁锤敲入法植筋，钢筋可采用 $\phi16$ 钢筋，如有缝隙则事前灌满水泥浆，再楔入钢筋，保证钢筋固。

③通过测量的高程在植入的一对钢筋上焊接横向钢筋，钢筋顶面即网片底面的高程。控制点处横筋焊接完成后，通过"拉线交叉法"将两控制点之间按照50cm为间距进行加密，植筋和焊接横筋。

④桥面钢筋采用带肋钢筋网。

⑤网片初步铺设完毕后，在轨道支架上安置槽钢，槽钢的顶面高程为设计铺装顶面高程。槽钢与支架之间采用绑丝绑扎牢固，安装完毕后复核高程，对超限的部位进行调整。轨道安装完毕后进行端模安装，在预留钢筋位置按布置间距设开口，开口处用泡沫剂封堵严密，防止漏浆。

⑥混凝土用泵车粗摊在梁板上，注意施工方向为由低向高，根据后续机械的施工速度确定布料距离，一般控制在10m左右。布料完毕后，由振捣梁进行混凝土振捣及粗平，振捣梁行进速度不可过快，避免出现混凝土振捣不密实情况，对边部振捣不到的位置采用平板振动器进行补振。

⑦混凝土表面初凝之后，在保证不因机器自重影响产生裂纹时，由驾驶型抹光机按铺装的顺序进行抹面。

⑧抹光机收面完成后，及时覆盖土工布进行洒水养生。

(3)工艺要点

①振捣梁行进8m左右，开始采用全自动桁架式辊轴摊铺机对混凝土进行整平、除浆及二次振捣；摊铺机要反复整平、除浆，正常每8m往复3～5遍，并保证先后行走段落有2米左右的施工搭接；全自动桁架式辊轴摊铺机施工时及时清理平整时产生的浮浆，防止打滑而影响外观质量。

②全自动桁架式辊轴摊铺机行驶速度要控制合适，行驶过快或过慢都将影响铺装平整度，一般行走速度控制在3～5m/min。

③按照驾驶型抹光机按铺装的顺序进行抹面，行走顺序先横后纵，由低向高，行走时为保证平整度及美观度。抹面需要搭接30cm左右，收面过程中使用3m直尺检测平整度。

④养生时间至少7天，过程中始终保持表面湿润，严禁车辆通行。

(4)应用效果

①经济效益

"四机"联动工艺较传统工艺经济效益对比情况如表5.4-3所示，表中数据是25m长、19.5m宽桥梁铺装施工配置。

桥面整体化层施工经济效益对比 表5.4-3

传统工艺		新工艺	
混凝土浇筑	30人左右，约0.5天	混凝土浇筑	12人，0.25天
收面压光	10人，0.5天	收面压光	2人，0.25天
桥面刻槽	人工凿毛，一般6人，1天	桥面刻槽	2人，0.25天

按照传统工艺施工约耗费26工日,人工费按200元/工日计算,每施工1m²整体化层费用为10.7元;按照新工艺施工约耗费4工日,人工费按200元/工日计算,每施工1m²整体化层费用为1.6元,与传统工艺相比每1m²节约9.1元。

②工程质量

“四机”联动桥面铺装施工的混凝土表面无浮浆、裂缝,平整度比传统工艺施工效果较好,龙门北互通白沙河大桥整体化层平整度现场实测合格率达到99%。

③工程进度

联动桥面铺装可以实现机械化施工,节省人力且工人易于操作。施工进度快,减少了工程建设时长,降低了对地方的影响。

7)桥面超高侧改性沥青防水层

广中江高速项目途经广州、中山、江门三市,属于典型的亚热带海洋气候,年平均温度22℃,降水量高达2150mm,夏秋季节常伴有台风、暴雨等强对流天气。

广中江高速项目为了减少突如其来的降水对路面结构层寿命的影响,减少层间水对沥青路面的腐蚀,在桥面沥青混凝土超高段较高侧(桥面超高侧沿护栏内侧)中面层上撒布50cm宽SBS改性沥青,如图5.4-51所示。

8)隧道路面施工移动式射流风机应用

(1)应用背景

隧道路面施工过程中,存在通风困难,作业条件差的情况。仁博高速路面施工中,广东长大LM1合同段项目部通过在运输车上加装发电机及射流风机,根据隧道路面施工点转移随时移动,提供流动的空气以提升隧道内空气质量。

移动式射流风机由2台15kW的射流风机(直径1250mm,转速2900r/min,4叶片,通风量33.9m³/s)、2个配电箱及一辆6m的平板车装载组成,并配置150kW发电机组作为临时供电系统。2台射流风机采用工字钢架紧固,防止移动过程中滑落,如图5.4-52~图5.4-54所示。施工过程中,平板车需要根据施工前进方向及时移动,为了既不影响卸料,又能起到通风的作用,平板车距离施工点距离以50m左右为宜。

图5.4-51 桥面超高侧改性沥青防水层实景

图5.4-52 隧道内射流风机

(2)应用效果

①质量提升效果。摊铺机及压路机的动力均为柴油发动机,其排放的主要成分包括一氧化碳、氮氧化合物、碳氢化合物、二氧化硫、烟尘微粒等,并且产生大量的热量,对提升水泥混凝土及沥青混凝土施工质量也极为不利。使用移动式射流风机可以减少施工现场的废气和热量,对保证水泥混凝土及沥青混凝土施工质量有一定作用。

②施工安全改善程度。有效提高隧道内通风效果,改善施工作业条件,降低作业工人患职业病的概率。

③劳动力优化程度。1 台移动式射流风机需要配备 1 名驾驶员和 1 名操作手,人力成本低。

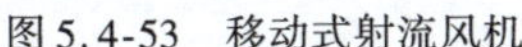

图 5.4-53 移动式射流风机

图 5.4-54 隧道沥青路面施工中使用移动式射流风机

④利于推广程度。设备组装简易,利于推广。

⑤成本投入情况。成本主要由平板车的租赁和电箱及钢架的费用组成,按 5 个月的使用期限计算,一台移动式射流风机费用为 17.6 万元。

5.4.6 路面压实与养生的绿色创新工艺

1)阳化高速公路路面智能压实监控系统

(1)传统工艺缺点

压实作业是沥青路面施工过程中最重要的工序之一,沥青路面的充分压实对于保证其结构强度,避免路面发生早期损坏,提高路面使用性能具有重要的意义。但是,目前沥青路面压实质量管控存在四大难题:压实工艺控制客观性不强;质量评价指标准确性欠缺;质量缺陷处理难度大;质量监控效率低下,管理成本虚高。

(2)路面智能压实监控系统介绍

为提升沥青路面施工质量,解决路面压实作业全过程、全面监控的难题,阳化高速公路应用路面智能压实监控系统,对沥青路面压实作业工序严格把关,加强施工过程质量管控,实现施工标准化,施工管理专业化、信息化和精细化,加大路面质量管理力度,降低施工管理成本。

公路路面智能压实监控系统综合利用现代传感器、三星精确定位、物联网、移动通信等技术,构建了压实作业全过程中"人、机、场景"之间的无障碍连接,能实现路面压实作业工序严格把关、压实过程智能管控、压实数据信息化应用三大功能,很好地解决了沥青路面压实作业全过程、全面监控的难题,可变革和升级路面质量管控模式,节省管理成本,提高路面施工质量,延长路面使用寿命,降低路面后期维护成本(图 5.4-55)。该系统最方便之处在于各参建单位人员可通过手机 app 实时查看沥青面层碾压结果,进行实时过程管控,确保路面碾压质量,如图 5.4-56 所示。

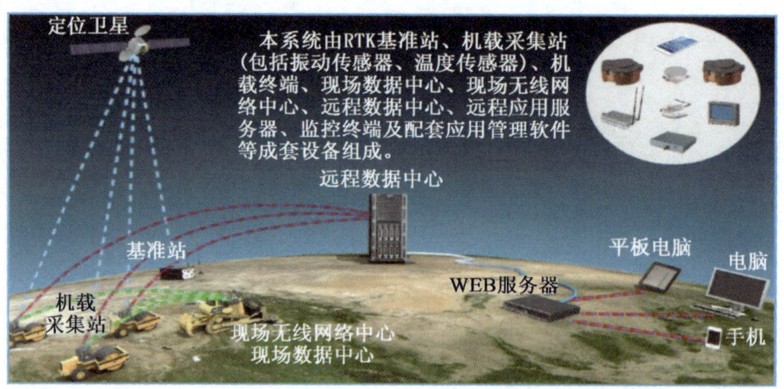

图 5.4-55　路面智能压实监控系统概况

(3)应用效果

①业主单位应用效果

颠覆了传统质量管理模式,将事后管控提升到全过程管控;实现远程信息化管理,通过手机实时掌握沥青路面压实作业现场动态信息,及时获得压实质量等相关报表;精细化管控路面压实质量,由点抽样变革到全面覆盖实时监控;可建立工程质量问题追溯机制,为路面后期维护提供施工碾压大数据平台,也可为科学研究提供数据分析。

②监理单位应用效果

实现了远程信息化管理,实时掌握压实作业现场动态信息,按时获得压实质量结果,加大管理力度,提高管理效率;对施工人员、设备、现场实现全面、无间隙远程监管,发现质量问题及时发布工作指令,降低管理成本。

③对路面施工单位应用效果

为标准化、精细化施工管理提供了新手段,对施工人员、设备和施工现场实现全面、无间隙管理;施工过程中可实时引导多台压路机协同碾压作业,避免超压和漏压,保证检测合格率,提高压实质量验收合格率,缩短检测周期,节省能耗;碾压过程实时连续管控,保证施工质量一致性,降低对机手技术水平的要求,夜间施工时可进行实时过程管控,有效消除机手疲劳对施工质量的影响;便于施工单位对其下属施工班组路面碾压质量进行管控,减少返工损失,节省施工成本。

2)连英高速公路路面智能压实监控系统

在连英高速公路中,为了更方便、全面、实时地了解现场施工情况,施工单位湖南致同工程科技有限公司于 2018 年 4 月在连英高速公路第 4、5、6、7 合同段安装完成智能压实监控设备(图 5.4-57)。

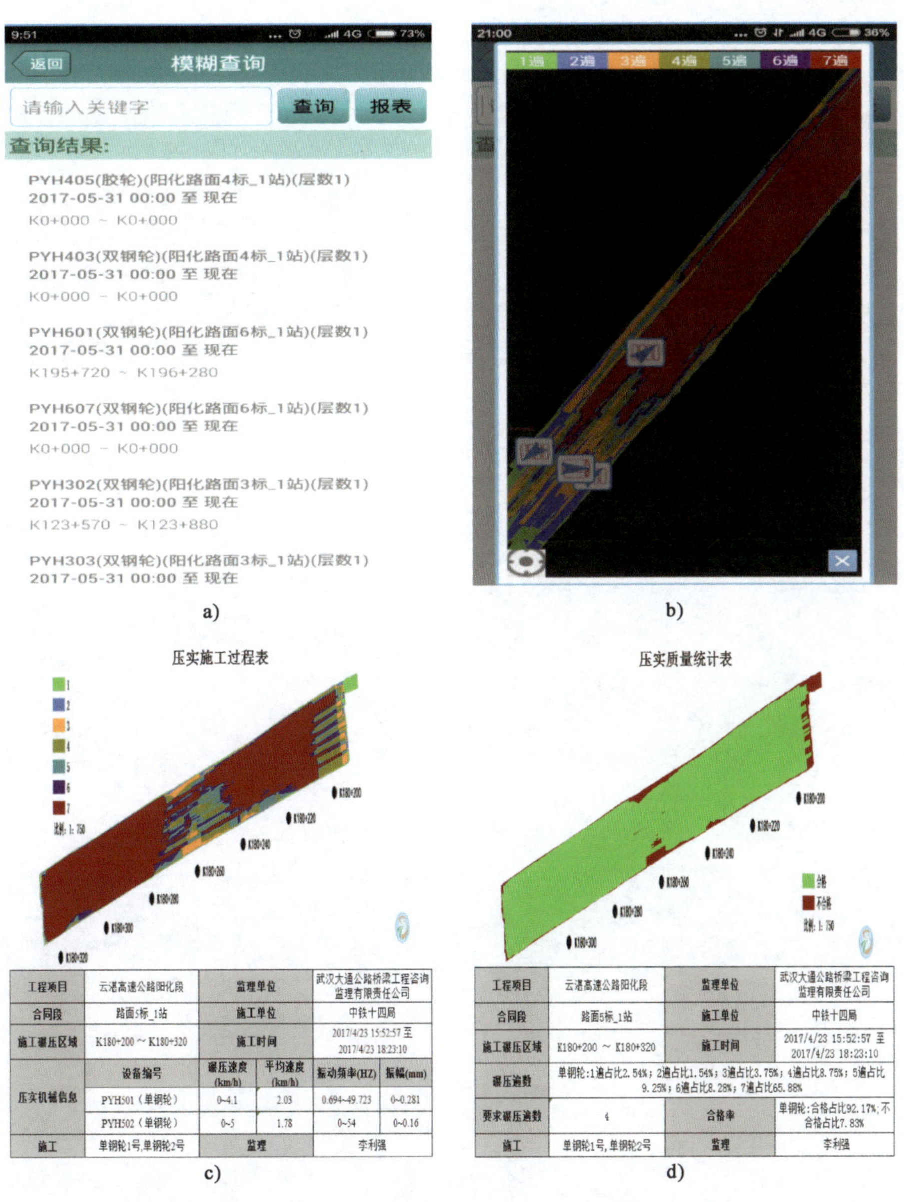

图 5.4-56 通过手机 app 实时查询碾压结果

(1)系统介绍与工作原理

该系统采用三星座 GNSS 定位模块通过网络 RTK 技术精确定位压路机的实时三维坐标，采用微机电传感器实时测量压路机的振捣状态(静压、弱振和强振)，综合利用现代传感器、三星精确定位、物联网、移动通信等技术，构建压实作业全过程中"人、机、场景"之间的无障碍连接。采集的数据通过移动互联网或现场无线网络发送至远程或现场数据中心；服务器实时计算当面工作面的碾压状态；车载终端、监控终端实现向服务器请求碾压状态或碾压结果；压路机手、质量监管人员可通过车载终端、监控终端的信息交互轻松融入压实作业监控的业务流程并实时查看当前的碾压状态或碾压结果(图 5.4-58)。

a)　　b)

c)　　d)

图 5.4-57　智能压实设备现场安装图

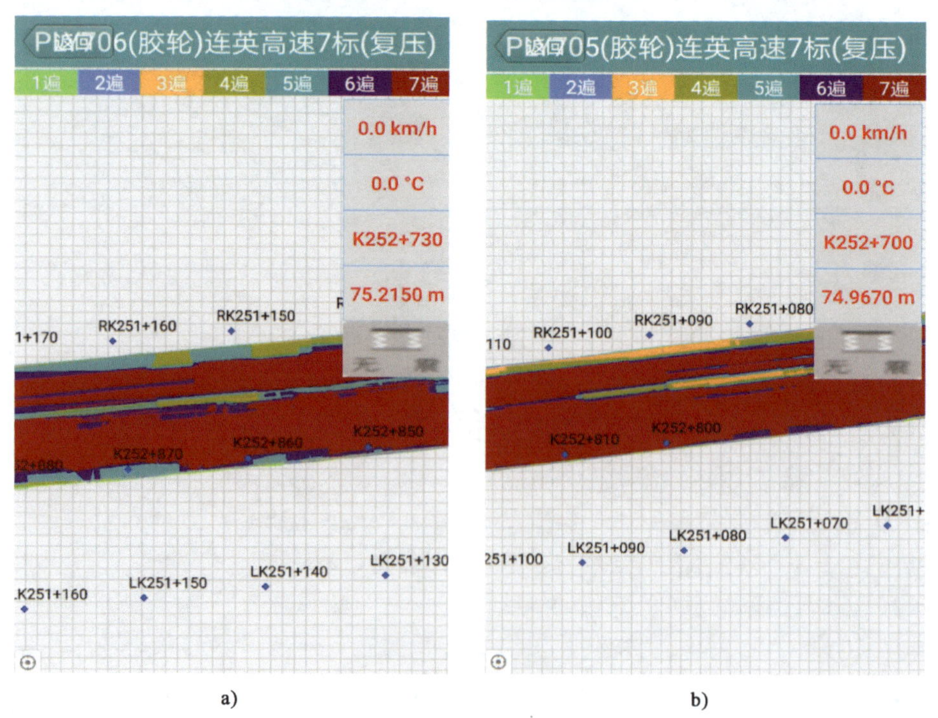

a)　　b)

图 5.4-58　压实监控数据

(2)系统的技术与优势

该系统自主研究,技术先进,精准采集压实施工过程参数,对碾压工艺实时连续控制,可有效指导压路机手压实作业,增强规范性、提高效率,保证施工质量的一致性,并可实时引导路面多台压路机协同作业,降低了操作难度。

施工管理者、监理人员通过手机可实时掌握压实作业现场动态信息,按时获得压实质量结果,及时发布工作指令,提高了工作效率,实现远程监管,降低了管理成本。

智能压实监控系统是标准化、精致化施工管理的新手段:对施工人员、设备、现场可实现全面、无间隙管理,减少返工损失,降低返工率,节省管理和施工成本;避免超压和漏压,保障检测的合格率,提高压实质量的验收合格率,缩短检测周期。

项目管理者或质量监督机构实现了远程信息化管理,降低管理成本加大管理力度,把以前的事后控制提升到全过程控制,同时由点抽样变革为全面覆盖实时监控。

(3)智能压实监控系统试验段过程

目前智能压实设备已覆盖连英高速公路第4、5、6、7合同段两个工作面,能更方便、全方位地实现信息化施工管理。工作面安装有车载采集站,车载平板,RTK基准站。

(4)智能压实系统对连英高速公路路面施工的改善实现

①加强了施工管理力度;

②有效地提高工作效率;

③提高工程质量意识;

④改善了人员的管理;

⑤有利于对监理人员的监督;

⑥有效地提升了连英高速路面管理者对智能压实系统的了解。

(5)智能压实系统的工程意义

可提高工程质量,延长使用寿命,降低后期维护成本;变革和升级连英路面质量控制模式,节省管理成本,提高工作效率;提高连英高速公路路面质量验收合格率,减少因质量问题返工造成的损失;提高路面质量的保证;

使连英高速公路的路面管理者、监督人员能够更有效地、实时地、全面地对路面施工情况的管理与监督。

3)水泥稳定基层边部洒水泥浆施工工艺

(1)工艺背景

水稳基层施工过程中,边部碾压一直是施工的重点、难点,由于水稳基层施工时边部需要立模,压路机碾压时不能过于靠边,过于靠边极易造成模板变形错位,导致拆模后边部出现“塌边”且线性不直顺。

在仁博高速公路路面施工中,为保证边部压实度,中铁十四局TJ7合同段项目经理部采用自制水泥喷浆机对水稳基层边部进行洒水泥浆施工(图5.4-59),从而避免了因边部压实不足造成的质量缺陷,大大提升了水稳基层边部施工质量及边部线型外观。

(2)应用效果

①质量提升效果。极大地提高了水稳基层边部的压实度,防止了因边部压实不够引起的“塌边”质量缺陷。

a)

b)

图 5.4-59　边部洒水泥浆施工现场

②劳动力优化程度。施工方法简单,劳动强度低,配备一名喷浆机操作手即可完成喷洒施工任务。

③工效提高程度。水泥喷浆机体积小可置放于摊铺面上,摊铺行进过程中就可完成喷洒,减少了设备转运,节省了时间,提高了工作效率。

④利于推广程度。水泥喷浆机由铁皮桶或塑料桶、塑料水管、喷浆机构成,制作材料普通方便采购,制作简单、实用性强、利于推广。

⑤成本投入情况。边部水泥喷浆机制作成本每套 38000 元,可循环使用,成本较低。

4)水稳基层节水保湿养护膜养生工艺

(1)工艺背景

该水稳层的养生技术采用高吸水性节水保湿养护膜为覆盖物,结合砖块或砂袋覆压。可以用较少的资金投入,节水环保,同时能提高水稳基层养生效果,养生后的水稳基层成型后无麻面、无明显微裂缝。

施工时把节水保湿养护膜紧贴覆盖住水稳基层,再使用砖块或沙袋覆压在养护膜上,如图 5.4-60所示。利用该养护膜保湿、保温、透光率高、可随时吸附或释放养生水及水泥水化热挥发出蒸发水等功能,结合使用砖块或砂袋覆压,施工速度快、覆压效果好、对环境污染少,达到提高施工效率、确保并提高水稳基层养护质量的目的。

a)

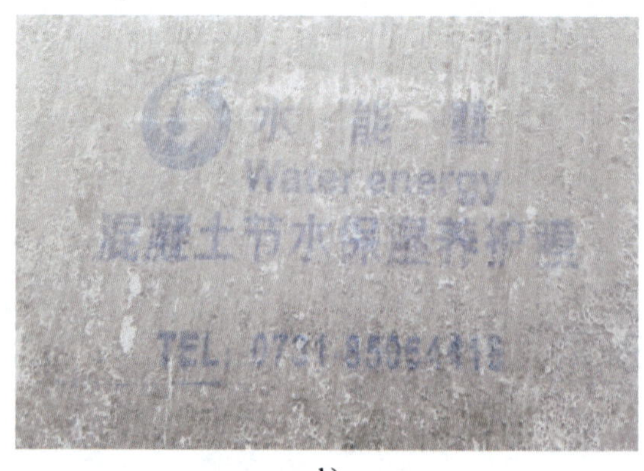

b)

图 5.4-60　水稳基层节水保湿养护膜养生

(2)应用效果

①质量提升效果。高效保湿、良好保温、促进早强、抑制微裂缝、降低磨耗,养生后的水稳层成型后无麻面、无明显微裂缝,确保并提高水稳层养护质量。

②劳动力优化程度。施工方法简单,劳动强度低。

③工效提高程度。施工速度快、养生效果好,提高了施工效率。

④利于推广程度。易于使用,利于推广。

⑤环保程度。节约大量养护用水,省工节能,绿色环保。

⑥成本投入情况。传统工艺养生成本为 0.60 元/m^2,而使用该工艺养生成本约为 0.55 元/m^2,节省了成本。

5)水泥稳定基层养生帆布罐砂扎袋工艺

(1)工艺背景

传统养生用以覆压养生薄膜的工具主要为砖块或石块,但经常出现因覆压工具因大小不一、重量不等,导致在刮风天气局部养生膜被风吹掀开失去养生效果。用砖块或石块覆压整体外观不美观,且在外力的作用下造成随处滚落存在安全隐患以及污染环境。

在仁博高速公路路面施工中,为保证在刮风天气养生工作正常开展,中铁十四局 TJ7 合同段项目经理部采用帆布扎袋灌砂进行覆压,砂密度高质量较重具有优秀的抗风效果,帆布扎袋按统一规格制作并在布袋两面印制项目 LOGO,摆放置养生工作面时整体外观效果较佳,从而避免了因刮风天气养生膜被吹掀开造成质量缺陷,极大提升了养生质量。

(2)应用效果

①质量提升效果。极大地提高了水稳基层养生效果,防止了刮风天气养生不到位引起基层强度的质量缺陷。

②工效提升程度。帆布灌砂扎袋易摆放,回收快,养生效果好,提高了养生施工效率,如图 5.4-61所示。

③环保程度。帆布灌砂扎袋不易滚落,减少了环境污染。

④利于推广程度。帆布灌砂扎袋采用帆布袋内灌砂(图 5.4-62),制作材料普通方便采购,制作简单,使用方便,利于推广。

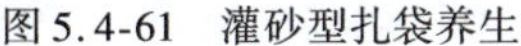

图 5.4-61 灌砂型扎袋养生

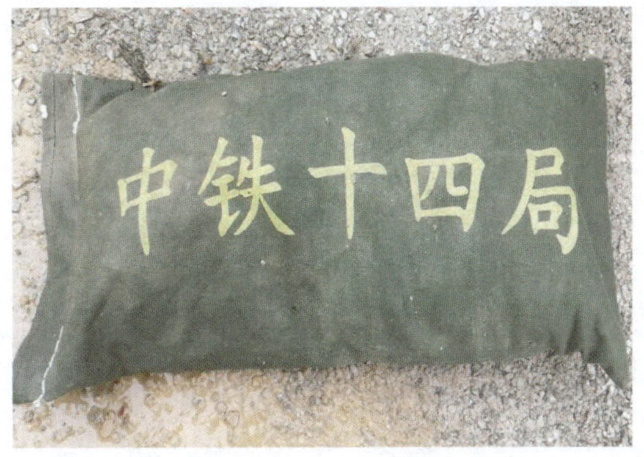

图 5.4-62 灌砂型扎袋

⑤成本投入情况。帆布灌砂扎袋制作成本每个2.75元,可循环使用,成本较低。

6)胶轮压路机自动喷油工艺

(1)工艺背景

传统沥青路面施工过程中工人作业环境较差,尤其是配合胶轮自动喷油的工人,需要不间断配合胶轮的行走喷油,劳动强度大。仁博高速公路路面施工中,LM1项目部结合施工实际情况,研发了一种附着于胶轮之上的自动喷油装置(图5.4-63),能够极大地改善劳动环境,替代繁杂的人工劳动。

a)

b)

图5.4-63　胶轮压路机自动喷油及安全防护系统

该装置由发动机、气泵、储气罐、电磁阀、储油罐以及喷注组件等组成,发动机驱动气泵产生的压缩空气经过干燥器过滤后进入储气筒,通过电磁阀控制压缩空气推动储油罐中油液沿管路与喷注组件喷洒到轮胎上。

(2)应用效果

①质量提升。能够显著提高胶轮碾压的均匀性,提高沥青面层的施工质量。

②劳动力优化程度。能够减少沥青路面施工过程中对于工人的依赖,降低由于工人疲劳带来的安全隐患。

③工效提高程度。能够精确控制喷油量,减少多油或者少油对沥青面层碾压的影响。

④利于推广程度。易于使用,利于推广。

⑤环保程度。能够提高植物油的利用效率,能够相对精确地进行控制喷油量,节省植物油用量,对于环境保护具有积极意义。

⑥成本投入情况。以康溪或周田沥青施工点为例,正常配置3台30t胶轮压路机,需要研发拼装3套自动喷油设备,每套设备约1.5万元,3套总计为4.5万元。

正常施工时,每3台压路机需要配置至少2名工人进行喷油,只计算人工费,单个工日至少投入500元/天,按照康溪沥青站施工日期进行计算,至少需要120个工作日,总费用约6万元,采用自动喷油工艺能够节约费用投入约1.5万元。

7)桥面沥青铺装层振荡压路机

(1)工艺背景

以往考虑到共振对结构影响大,施工中产生异常振动会对结构带来损害,因此对桥梁不宜使用振动型的振动压路机。而振荡压路机使用过程中的振荡压实对周边上下的振动传导很小，因此对于桥梁路面的压实施工亦非常有效。

仁博高速公路TJ7合同段中铁十四局项目经理部创新采用了桥面沥青铺装层振荡压路机。与传统振动压路机通过钢轮在地面上弹跳获得压实度的方式不同，振荡技术确保钢轮始终与被压材料接触，对热沥青混合料施加了一个水平剪切力，钢轮始终不离开被压实材料，此"揉搓"的压实方式有效地提高了压实的密实度和平整度(图5.4-64)。

a)

b)

图5.4-64 沥青碾压振荡压路机

(2)应用效果

①质量提升。振荡压路机使用前轮振荡、后轮振动，均采用双频双幅设置，可实现单振动、单振荡、复合振动振荡、静碾等多种工作模式；大直径压轮结构，轮边叉脚离地间隙大，易于在路沿和护栏地带等进行有效碾压，从而有效提高了压实的密实度和平整度，从而提升施工质量。

②劳动力优化程度。机械化作业节约了人力成本。

③工效提高程度。提高了桥梁路面压实效果，提高了施工效率。

④利于推广程度。采购、租赁方便，利于推广。

⑤成本投入情况。振荡压路机采用外租方式，每台压路机租金大约为60000元/月。

5.4.7 路面施工管理绿色创新工艺

1)英怀高速公路路面零污染技术

(1)路面施工防污染措施

①附属工程尽量提前施工，避免路面污染。

②路面清扫将废料装运到弃渣场，不得随意丢弃。

③在各互通匝道出入口，设置岗亭路卡进行专人值班(图5.4-65)，限制进出，并设置车轮冲洗设备，清洗车轮，保证进入路面的车辆不带入污染物。

④机械修理或停放必须垫设土工膜或彩条布。

⑤需经常清除钢轮压路机的钢轮水锈，碾压前需使用土工膜垫设进行喷水除锈。

⑥对于未交验的间断路基，需尽快进行交验并施工水稳层(图5.4-66)。

图 5.4-65 互通匝道出入口管控

a)

b)

图 5.4-66 路面水稳及沥青层采用全幅摊铺机进行全断面摊铺

⑦对于水稳施工车辆，砂石施工车辆漏料的问题，需严格限制装料数量，限制车速，尤其是转弯和桥头位置的速度，并将桥头等台阶位置使用沥青料垫顺。

⑧绿化施工时需在填土 1.5m 范围内垫设彩条布，并设专人进行清扫和冲洗，避免污染路面。

⑨对路面造成污染的必须立即进行清扫冲洗。

(2)路基施工防污染措施

①弃土场路口必须设置洗车轮设备，进行车轮清洗，如图 5.4-67 所示。

②路基施工断点与路面交接处设置土工布等防污染措施，如图 5.4-68 所示。

③对路基使用的路口进行管制和防污染防治。

④严禁在路面拌制砂浆或水泥混凝土，所有使用砂浆的需使用土工膜或铁板进行垫设，垫设尺寸至少需达到 2m×2m，或超过砂浆边缘 50cm。

⑤对于使用大货车或混凝土搅拌车进行水泥混凝土运输的，运输车上路前必须检查封水性，尾板须密封，并使用防水布进行兜底，防止水泥浆撒漏到路面。

a)

b)

图5.4-67 路面污染及时清扫冲洗

⑥对于易漏油的机械，如发电机等，必须在底部使用防渗布兜底。

⑦严禁带履带的机械设备直接在基层或面层上行走，必须垫设铁板或木板。

⑧严禁对沥青路面造成柴油等油渍污染，造成污染由路面进行切除重新铺筑，发生的费用由路基单位承担。

⑨对路面造成污染的必须立即进行清扫冲洗。

(3)附属工程施工防污染措施

①严禁在路面拌制砂浆或水泥混凝土，所有使用砂浆的需使用土工膜或铁板进行垫设，垫设尺寸至少需达到2m×2m，或超过砂浆边缘50cm。

②对应路面使用材料的包装等施工垃圾需集中收集，拉到场外指定地点。

③沥青施工后，交安工程在进行波纹板、门架等卸车时，必须在路面垫放轮胎等防止对沥青路面造成冲击，破坏沥青路面。

④对于附属工程填土、植草或植树施工或涉及基坑开挖、土方施工的，需在工作面沿线垫设1m宽土工布，土工布需覆盖路缘石(图5.4-69)。

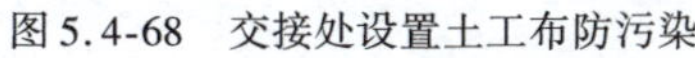

图5.4-68 交接处设置土工布防污染

图5.4-69 附属工程施工防污染

⑤对于使用大货车或混凝土搅拌车进行水泥混凝土运输的，大货车上路前必须检查封水性，尾板须密封，并使用防水布进行兜底，防止水泥浆撒漏到路面。

⑥对于易漏油的机械,如打桩机、发电机等,必须在底部使用防渗布兜底。

⑦严禁带履带的机械设备直接在基层或面层上行走,必须垫设铁板或木板。

⑧对路面造成污染的必须立即进行清扫冲洗。

⑨严禁对沥青路面造成柴油等油渍污染,造成污染由路面进行切除重新铺筑,发生的费用由路基单位承担。

(4)统一零污染管理制度

①明确谁污染,谁负责的思想

②统一为高速公路施工车辆制作通行证,建立凭证通行制度。

③总监办作为“零污染”监管者,督导各标段明确自身责任和义务。

④总监办对违规行为作出公平公正的整治判定和处理整改措施。

⑤对非责任方处理污染问题的事件给予确认并支持其向责任方收取成本费用。

2)龙连高速公路路面零污染技术

龙连高速公路在路面施工前期即认识到路面施工“零污染”的重要性,采取多项具体措施和做法为路面“零污染”施工创造条件,同时在路面施工过程中加强管理,严格执行,确保路面施工“零污染”落到实处。

(1)全断面交验加快桥头搭板施工,大大减少交叉作业

龙连高速公路管理处制订了路基交验制度,确定了路基全断面交验的原则(图5.4-70),边坡及排水等土建附属工程未完工时不得进行路基交验,坚持路基、边坡、绿化及排水工程同步交验的原则,大大减少后期路面施工阶段交叉作业数量及频次,为路面施工“零污染”创造良好的前提条件。

图5.4-70 路基落实“全断面交验”、边坡成型及绿化效果好

同时,管理处提早部署土建单位进行桥头搭板及过渡板施工,为后续进行路面施工进一步创造良好施工条件,有效减少交叉作业。

(2)优化中分带枕梁设计,为后续交叉施工抢时间

通过优化中分带现浇枕梁设计优化施工工序,提前护栏安装并节约预制护栏存放场地,为路面施工早日实行交通管制创造条件(图5.4-71)。同时提早推进中分带填土及绿化,为后续合理组织机电、绿化等交叉作业创造了前提条件,大大减少了后期施工交叉污染,为路面施工“零污染”抢到了时间、创造了条件。

a)

b)

图5.4-71　优化中分带现浇枕梁设计、提早安装护栏,合理优化护栏施工组织

(3)滑模摊铺附属混凝土工程,高效推进路侧填土及绿化

路面工程附属混凝土工程推广采用滑模摊铺施工排水沟、路缘石等设施,一次滑模摊铺成型大幅提高施工效率、保证外形美观、线性顺直无错台。同时又节约了预制存放场地、减少二次倒运,大幅降低施工成本,一举三得。施工后及时切缝并采用复合土工布覆盖养生,保证养生效果避免裂缝(图5.4-72和图5.4-73)。

a)

b)

图5.4-72　中分带水沟滑模施工及养生效果

图 5.4-73　LM2 合同段中分带水沟及缘石滑模施工

(4)发“证”设“卡”,严格落实交通管制

路面工程施工开始后,组织路面合同段对所辖路段主要出入后及污染源设置“岗亭”“移动洗车槽”、混凝土护栏路障、“Z”形隔离墩及交通指引标志、向参建单位车辆发放“通行证”,保证所有车辆严格按照交通指引路线行驶,并杜绝污染物带至路面结构层。通过具体交通管制措施将“零污染”施工理念措施化,保证路面结构层施工质量(图 5.4-74)。

a)

b)

图 5.4-74　“零污染”施工措施及交通管制

(5)规划路面施工标准段,易交叉污染路段专项隔离

龙连高速公路管理处自从沥青下面层试验段施工前即对全线规划制订沥青路面施工标准段,通过制定各交叉作业完成时间节点等方式协调推进机电、交安、绿化等施工作业。根据全线施工工点具体情况,对个别病害边坡施工路段进行专项隔离,规避土建与路面施工的交叉作业,保证路面施工“零污染”。

3)化湛高速公路路面施工首件工程制

(1)化湛高速公路“合同段小首件,全线大首件”的管理方法

化湛高速公路项目推行“标段小首件,全线大首件”的管理方法,并制订了《汕(头)湛

(江)高速公路云浮至湛江段及支线工程化湛段"首件工程认可制"实施细则》。对每一个分项工程,开工前从技术培训、技术交底、施工工艺、技术要求、质量控制等方面进行分析、论证,制定施工组织设计。按施工组织设计中的工艺技术要求先完成样品工程,随后对样品的各项质量指标进行检测,并对检测结果进行分析、对比,再对施工组织设计进行修改完善后方可正式施工。

首件工程主要有:项目部施工的第一批桩基(5~10根),第一根墩柱,第一片预制梁,第一节防撞护栏,第一段软土地基处理(不同施工工艺要分开,如CFG、换填)、第一段路基填筑,第一节涵洞基础、墙身、盖板等分项工程,第一段垫层、底基层、基层、封层,第一段面层(分上中下三层),第一段混凝土护栏、波形护栏安装。全方位全过程实施"首件制"管理,适时开展专项检查,对于大面积铺开后质量下滑反复、管理变形走样的,要重新做首件,严厉打击"首件制"与全面施工"两张皮"现象。开展项目部内部首件施工认可制,部分分项对全线最早开工或施工水平较高的首件进行总结,召开全线现场技术交流会。

(2)沥青面层大首件

化湛段项目的上中下面层分别召开了全线"大首件"总结。"大首件"总结会是化湛段项目4个路面合同段均完成试验段施工且验收合格的情况下组织召开的。中面层首件大会南粤公司总工程师、路面专业技术小组现场指导,化湛段项目管理处也邀请了省内路面专家莅临项目并出席了总结会。

通过首件验收总结,发现了施工过程的若干问题,并提出了解决方案。

①问题:两台摊铺机纵向搭接处缝痕明显,需人工连续补料消除。原因:摊铺机设备原因,需进一步调整。解决方法:要求摊铺机设备厂家售后服务人员近期到场进行调整,使其消除缝痕,必要时进行人工细致处理。

②问题:胶轮碾压过程中自动喷油装置局部喷洒不均匀。原因:胶轮自动擦油装置安装不当及使用不当。解决方法:对胶轮擦油装置进行完善,并对机驾人员进行交底培训正确使用擦油装置。

③问题:在摊铺机中缝处存在小范围片状离析,需要人工补料处理。原因:摊铺机收斗次数过于频繁。解决方法:减少摊铺机收斗次数,必要时人工进行细致处理。

经过试验段及首件验收,施工方案的可行性得到验证,施工工艺、施工方法、机械配置、符合施工要求,生产配合比及检测数据得到验证,组织机构健全,岗位设置合理,质保体系完善,前后场配合密切,可以指导大面积施工。

第6章

桥涵工程

6.1 桥涵工程中的绿色交通理念

桥涵工程为公路建设的重要组成部分,桥梁布设应结合自然环境、人文环境及水利和通航要求,贯彻“安全、环保、舒适、和谐”的总体设计理念,在保证行车安全和结构安全的前提下,采取对环境破坏最小的桥型结构方案和施工方案,协调好周围景观,使桥梁充分融入自然环境,成为自然的一道点缀风景。南粤公司根据各个项目桥梁工程特点,从项目筹建开始全面深化绿色交通理念,注重设计与建设的前瞻性,从建、管、养多角度落实绿色交通实施措施。

桥梁建设与项目地域环境息息相关,南粤公司项目广泛分布于广东省境内各地,桥梁建设环境差异大,桥梁建设过程中需要因地制宜的选用合适的结构方案及施工方法,避免桥梁建设破坏自然环境的平衡。设计过程中选用对环境影响小的方案,桥位及桥型方案选择时充分考虑环境及资源利用效率,少占农田,避免大填大挖,水资源保护区尽量避免落墩,桥面径流水集中收集处理。施工期间注重环境保护,废水经过处理后排放、废渣统一清运,桥下地表和施工便道实施全面复绿。采用循环养生混凝土方法,提高水资源利用效率。积极推行设计标准化、施工标准化及管理制度化,提升桥梁建设的工业化水平。结合桥梁所在地区交通条件,因地制宜预留桥梁建成后养护维修通道,提高全寿命建设效益。桥梁建设过程中积极引进新材料、新工艺,提高桥梁建设的技术水平及建设效率,推动行业发展。

6.1.1 南粤公司桥梁工程概况

据不完全统计,截至 2018 年底,南粤公司在建或已通车项目桥梁长度已达 580km,工程项目广泛分布于广东省内各地。根据桥梁所处地域环境,南粤公司桥梁可分为三大类别:粤东、粤北山区丘陵地带桥梁、粤西低缓丘陵及沿海平原桥梁及珠三角地区冲积平原区。其中约 75% 桥梁位于粤东、北山区丘陵地带,15% 分布于粤西低缓丘陵及沿海平原区,剩下约 11% 分布在珠三角冲积平原区。

为方便施工,提高桥梁建设工业化进程,常规桥梁上部结构一般采用预制结构。考虑交通运输及施工设备起吊能力,预制结构跨径一般在 50m 以下。平原区桥梁高度较小,桥梁跨径一般选用 20m 及 25m 小箱梁。粤北山区桥梁跨越山区沟谷位置,由于地形的起伏,桥墩高度一般较高,以 40m 跨径居多。当桥梁有跨越要求或山谷地带桥墩墩高超过 70m 位置,综合考虑经济性及施工技术水平条件,桥梁结构形式一般采用预应力连续刚构结构形式,南粤公司最大跨径预应力混凝土连续刚构桥主桥跨径达到 195m。跨越等级航道的大跨径桥梁,一般采用斜拉桥或悬索桥。南粤公司最大跨径的桥梁为汕湛高速清云段的清云西江特大桥,其上部结构形式为 210m + 738m 双跨吊钢箱梁悬索桥。拱桥对基础的要求比较高,珠三角地区地基软弱层较为深厚,南粤公司尚无大跨径拱桥建设实例。

6.1.2 南粤公司桥梁工程特点

6.1.2.1 桥隧比例高、建设难度大

高等级公路因路线纵坡和平曲线半径的要求，难以通过展线爬升或下降的方式来避开山区沟谷，只能遇谷架桥，遇山设隧。南粤公司桥梁75%左右桥梁位于粤东、北山区丘陵地带，受地形地貌及地质条件的限制，山区桥梁桥隧比例相对较高。如武深高速仁化至博罗段，项目位于粤北山区，山区地形复杂、不良地质分布广，建设风险高，路线全长约270km，桥隧比例44.16%；汕昆高速龙川至怀集段，项目横穿粤北山区，路线全长约365.7km，经过多次优化后，桥隧比例仍然高达39.1%。

山区峡谷地带陡峭地形和不良地质地形条件给桥梁建设带来不小的挑战。如汕昆高速英怀段沟壑深切，山势巍峨，险崖陡峭的喀什特地貌，沿线地质条件复杂，岩溶发育，存在滑坡、崩塌、泥石流等不良地质现象，工程建设技术难度大。

对于广中江高速、港珠澳连接线等珠三角地区项目，沿线均为珠三角的经济发达地区，区域内人口密度大，城市化发展速度较快，沿线城镇、经济开发区、工业园密集，河网交错，项目基本以桥梁方式穿越，桥梁比例达到80%以上。

珠三角地区为海陆交互沉积平原，经地质钻孔显示，属于覆盖层较厚的软土区，桥梁、路基间变多，软基对桥梁、路基的施工质量产生较大影响。结合项目复杂的地质条件，广中江高速项目除采用钻孔灌注桩基础外，还大范围运用预应力管桩基础，在同类项目中存在较高的设计难度。同时，珠三角地区项目人口密度大，地方交通网发达，项目与沿线高速、铁路交叉频繁，互通立交密度高，建设受限条件较多，实施难度大。

6.1.2.2 项目区域水网密布，环保要求高

广东地区地处中国大陆最南端，雨水充沛，项目建设区域内水系发达，为减小桥梁建设对于水资源的影响，在水资源敏感区域，适当增加桥梁跨径，减少水中落墩。桥面径流、项目区水资源综合利用、施工及运营期的污水处理等技术均为绿色公路建设的重要内容。

武深高速仁博段区域属珠江流域北江水系，沿线跨越的河流有麻溪河、城口河、锦江、黄坑河、墨江、清化河、坝仔河、贵东河等。同时沿线冲沟、水库电站分布广泛。路线跨越麻溪河、锦江时为了减小工程建设对水资源影响，均采用一跨跨越河流方案，麻溪河大桥主桥桥跨采用(30+55+30)m，锦江大桥主桥桥跨采用(60+110+60)m方案。

大丰华高速项目线位经过区内主要的河流分属韩江水系、榕江水系；线路区蕉州河、黄坑河属于韩江水系一级支流琴江。项目区内的水库有丰顺县的揭岭飞泉水库及八乡山水库，五华县的桂田水库、岩前水库、三渡水水库等。其中对项目影响较大的有丰顺县的山顶水库、五华县的黄棉湖水库、三渡水水库。山顶水库位于K90+980～K91+370左300～370m处，长约300m，宽40～100m，深约20m；黄棉湖水库位于K92+600～K93+100右140m～左170m范围，长约620m，宽约100～250m，可蓄水高度约20m，目前基本干涸，蓄水量甚少；三渡水水库长约900m，宽60～300m，集雨面积22.5km^2，最大库容795万m^3，最大坝高45m，坝顶宽度6.5m，长270m。项目多次跨越榕江北河、蕉洲河等河流及三渡水水库。水资源的保护与利用

成为该项目建设重点关注内容。

6.1.2.3 路网密集，桥梁建设制约因素多

广东省内经济发达,特别是珠三角地区路网密集,多种运输方式并存,路线与等级高速公路、铁路等多次交叉,受既有线路营运及改扩建要求,桥型方案、施工方式选择制约因素众多。

连英高速英红特大桥上跨营运中的京广高铁,为国内首例高速公路上跨 380km/h 设计速度的营运高铁;建设过程中为避免对运营中的高速铁路造成影响,经过经济、技术等多方面的比选,选用 2 ×90m 转体施工方案跨越既有铁路。

汕湛高速公路云浮至湛江段茂湛铁路跨线桥跨越茂湛铁路,该铁路为双线客货共线铁路,考虑铁路营运要求跨线桥同样采用了转体施工方案。

仁新高速丹霞互通位置与韶赣铁路交叉,考虑韶赣铁路营运及复线改造需求,采用框构顶推下穿方案穿越既有铁路。

6.1.2.4 航道等级高，桥梁建设规模大

广东省河流众多,以珠江流域(东江、西江、北江和珠江三角洲)及独流入海的韩江流域和粤东沿海、粤西沿海诸河为主,集水面积占全省面积的 99.8% ,其余属于长江流域的鄱阳湖和洞庭湖水系。全省流域面积在 100km^2 以上的各级干支流 614 条(其中,集水面积在 1000km^2 以上的有 60 条)。独流入海河流 93 条,较大的有韩江、榕江、漠阳江、鉴江、九洲江等。区域内河流水面宽度大,通航条件良好,众多区段为等级航道,特别是进入海口及海湾地区河道,除满足内河通航要求外,尚有海轮通行需求。

广中江高速位于华南南部,项目区域水网密布,全线跨越多处等级航道。途经一级水道包括西江水道、小榄水道、洪奇沥水道、北街水道;三级水道包括鸡鸦水道等。还有古镇水道、凫州河、天沙河、大奎河等六、七级航道。此外,项目线位靠近多处一级、二级水源保护地,环境保护任务艰巨。全线主跨 300m 以上的特大型斜拉桥 4 座,170m、195m 主跨刚构桥各 1 座,桥型结构较复杂,类型多样,工程规模较大,桥梁景观和防撞要求高,全线桥隧比达 84.2% 。

清云高速西江特大桥跨越西江,桥址处河宽约 1.0km,水深在 0 ~32.7m,拟建大桥上游江心约 630m 为金鱼洲,金鱼洲把西江分成两汊,其中右汊为主航道,左汊为副航道,但左汊随着航道水深的改善,部分船舶也会选择该汊航行。通航论证结果显示,通航净空要求为 649 ×30m。经过桥型方案比选论证,西江特大桥主桥最终采用(210 +738)m 双跨吊钢箱梁悬索桥方案。

6.1.3 绿色交通特色

为全面推进绿色交通公路建设,南粤公司根据各项目的自身特点及建设绿色公路的要求,以运营中提需求、建设中加要求、设计中抓细节、规划中把方向为建设思路,从全寿命周期、绿色施工技术、信息化建设、生态环保、景观融合、施工标准化等多方面有针对性地实施绿色公路建设。在桥梁建设领域,主要从标准化、信息化、耐久性措施、景观设计及环境保护、资源利用效率等方面全面落实绿色公路建设要求。

6.1.3.1 全面发挥项目管理的导向作用

以南粤公司的“弘扬现代工匠精神 打造南粤品质工程”理念为指导,从全寿命周期、使用者满意的角度出发,将项目建设成为“设计用心、建设精心、管养细心、行者舒心、社会放心”的五“心”工程,努力实现优质耐久、安全舒适、经济环保、社会满意的建设目标。

项目管理上,注重管理过程的精细化。根据各项目质量管理的特点,有针对性地建立软基换填、台背回填、桩基终孔、钢结构、移动模架等专项质量管理办法,保证管理措施可操作。规范细化工程重点部位、关键环节的管理行为,全面实行质量台账管理,保证管理流程可追溯。推行业主代表管理手册,明确工作要点和检查频率,保证管理无死角。

制定详细的甲控材质量监管流程和相应的监管制度,做好甲供材质量监管。重要原材料加强管理手段。东雷高速项目为提高海上结构物混凝土耐久性,严格对疏水化合物使用进行监管。业主、监理、检测中心、施工单位四方全程跟踪疏水化合物配合比试验工作,现场浇筑试验柱,四方一起见证抽芯,见证试验柱检验过程,择优选择疏水化合物原材料。疏水化合物进场库存时,必须四方到场见证封存;使用时也须四方到场开封条方可使用疏水化合物。对使用疏水化合物部位的结构物建立跟踪台账。

鼓励创新,大力推广施工机械化、预制场张拉及压浆智能化,大桥及以上桥梁整体化层施工采用提浆整平机。强化施工信息化监控管理,对关键材料生产运输环节、关键施工环节及重大安全风险点要进行实时监控。

6.1.3.2 精细化设计

设计阶段采用全寿命周期成本、最小化资源占用等先进设计理念,全面实行标准化设计,统一结构外形,提高模板重复使用率,并提高施工效率。常规桥梁设计方面大力推进设计标准化,减少结构物种类,统一结构物构造细节,方便模板制造,提高使用效率。从使用需求、结构耐久性、建设适宜性等多方面进行精细化设计,推进绿色公路的建设。

为提高乘车舒适性要求,减少伸缩缝与车辆撞击产生的不适感,尽量减少伸缩缝数量,桥型选择时尽量采用桥梁连续结构、连续梁或连续刚构体系。在满足结构基本承载力的要求后,桥台位置也尽量采用桥面连续,减少桥头跳车。

桥梁建设材料的选择上充分利用当地的有利条件,缩短运距,就地取材。有条件的地区,尽量选择预制结构,以提高桥梁建设的工业化水平。在软土地区,大力推进预应力管桩的应用,以提高桥梁建设效率。

桥型方案及桥位选择上,考虑保护自然环境,因地制宜,与景观环境相协调。

加强桥涵结构物耐久性设计,全面运用广东省高速公路设计标准化成果,确定耐久性指标;从混凝土自身材料性能着手,采用高耐久性混凝土,增强混凝土密实度,提高混凝土自身抗破损能力;从构造措施着手,适当加大混凝土保护层厚度、加强构造钢筋设计,有效控制混凝土裂缝发展,降低有害物质的侵入;四是加强桥面排水和防水层设计,改善桥梁的环境使用条件。

贯彻行业指导意见,因地制宜,有序推进钢结构桥梁建设应用,提升公路桥梁品质和耐久性,降低全寿命周期成本。

规范地质勘察,对特殊地质构造提出有针对性的勘察要求,详细查明部分路段不良地质及特殊性岩土的分布和规律,以减少因地质原因导致的设计不确定性,减少设计变更,提高施工效率。

6.1.3.3 桥梁绿色施工措施

桥梁施工过程中,全面贯彻环境保护、资源节约集约利用、循环、低碳、高效的建设理念,实现绿色公路建设,从施工方案选择、钢筋加工、混凝土养护、施工期的环境保护等方面落实绿色公路建设措施。

结合当地建设条件,选择合适的桥梁施工方案,以减少桥梁施工对环境的影响。山区桥梁施工,应根据现场地形地貌,山体的自然坡度,结合边坡防护需求,综合考虑桥梁施工方案。摩擦桩施工,首先选择旋挖钻,以便提高施工效率,并减少施工过程中对环境的影响。

施工期间推行水资源重复利用,混凝土采用自动喷淋、循环养生的方式,提高资源重复利用率。废水经处理后统一排放、废渣集中清运,以减少施工过程中环境污染。施工期间减少大填大挖,施工便道及桥下边坡等及时复绿,减少环境破坏。

推进大型钢筋场的标准化建设(图 6.1-1)。大规模钢筋厂标准化建设,综合考虑了通风、防台、采光、隔声、场地使用效率、质量及安全文明宣传等多方面内容,通过集中管理在规模、功能分区上体现统一和先进,这种场地规划模式既能确保钢筋集中加工的进度,又能进行整齐规范的标准管理,使得整个钢筋加工过程安全、可靠。

图 6.1-1 东雷高速公路项目大型钢筋标准化建设场地

采用先进钢筋加工机械,实现自动化流水线生产,既能保证了钢筋加工质量的精准度,又能提高生产的效率。如:自动弯箍机、钢筋切割锯床、钢筋笼自动滚焊机等。

6.1.3.4 信息技术应用

为强化科研与设计施工联动,降低施工中能源、材料消耗,减少污染排放,保护生态环境,延长公路使用寿命,结合项目工程实际情况,积极采用新技术、新材料、新工艺、新创造,大力提倡推广微创新活动,强化用永不枯竭的“四新”及微创新驱动绿色公路建设。预制梁场信息化质量监控如图 6.1-2 所示。

推广小箱梁胎架法安装钢筋，自主开发钢筋笼自动滚箍机；为避免扎丝尾端不侵入混凝土保护层，采用手持式智能钢筋绑扎机；现浇边沟轻型模板施工工艺，防撞护栏及附属结构滑模摊铺等。

图 6.1-2　预制梁场信息化质量监控室

推广预制梁智能养生系统（图 6.1-3）。智能喷淋养生系统采用总体控制箱，通过布设地埋式管道，使用循环净化水源。利用温、湿度感应贴片及时间双控，既确保养生的功效，又节约了水资源。

图 6.1-3　预制梁智能养生系统

通过 BIM 技术的应用，实现桥梁建设的信息化管理。连英高速上跨京广高铁英红特大桥应用 BIM 实现基于实体的进度、质量、安全可视化管理，准确地把握桥梁进度，通过施工数据形成 3D 可视化模型，构建面向设计、施工养护全工程、一体化的管理系统（图 6.1-4）。

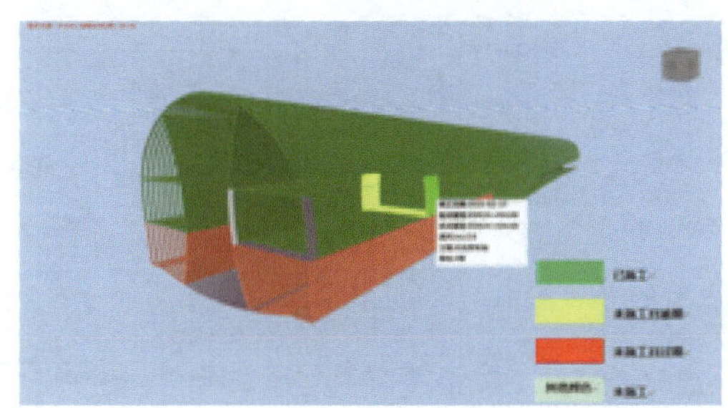

图 6.1-4　英红特大桥 BIM 系统

6.2 绿色桥涵设计

以“安全、耐久、适用、环保、经济、美观”为桥梁设计理念,综合考虑设计、建设、维护和运营,突出全寿命周期成本,强化结构设计与养护设施的统一。重视桥涵与自然环境、景观的相互协调,落实生态文明建设,重视低碳环保,落实绿色公路建设要求,积极响应桥梁标准化建设。充分听取当地政府和有关主管部门的意见,体现“以人为本,服务本地经济发展,改善区域交通”的设计思路。桥涵设置结合沿线地形地貌、地物、水文及地质情况,考虑当地地材、施工特点和使用要求等因素,遵行“技术可行,经济合理”的原则综合考虑。

1)突出全寿命周期设计理念

通过对现场详尽勘察,并充分了解当地环境条件,水文、地形、地貌、地质、交通特点等情况,从项目设计阶段提出全寿命周期设计理念。

2)多方案比选桥型结构形式、桥位

桥梁方案、桥位的选择从经济性及施工可行性多方面综合布局,充分考虑群众利益,少占农田,减少资源浪费。结合实际的工程地质勘察及水文地质条件情况,综合桥梁设置对周围环境的影响,与环境的协调性,经过全面分析,最终确定桥梁方案。

3)建管养一体化便利化水平

为保持公路及其沿线设施良好的技术状况,也为了进一步方便后期养护工作及减少高速公路运营成本,在设计及建设阶段,充分贯彻“预防为主,防治结合”的方针政策,大力推广和应用先进的养护技术及科学的管理方法,努力打造绿色经济高速公路。以科学养护为统领,注重公路设计与建设的前瞻性。

6.2.1 桥梁标准化设计

以绿色公路建设专项行动为依托,继续推进试点示范,打造公路建设新亮点。标准化设计对工程施工质量的控制、降低工程成本和加快工程施工进度都起到了重要作用。对于结构形式、受力结构简单的工程部位采用标准化设计能有效节约工程技术管理资源,减少不必要的重复劳动,提高技术人员的业务水平;同时在施工过程中,能提高机械、设备、材料的使用率。设计标准化工作针对项目区域特有的气候环境、材料指标、施工工艺水平及施工习惯,从安全、耐久、有利于施工方便、经济性等方面,优化构件的构造尺寸、配筋及材料要求、施工工艺,统一构件的设计、模板、工艺、材料要求,对提高施工效率、节约施工成本、提高实体工程质量从而实现施工工艺标准化,以达到减少能源消耗的目的。

6.2.1.1 广东省设计标准化的应用

为推进广东省高速公路施工标准化及桥梁建设发展需求,推进交通建设发展转型升级,广东省自 2012 年 6 月启动高速公路设计标准化,至今已完成了《广东省高速公路设计标准化管理办法》《广东省高速公路设计标准化标准图体系》《广东省高速公路工程设计标准化指南》等一系列成果，主要涵盖了桥梁工程、涵洞工程、隧道工程、路基路面工程、收费广场、收费岛及相关设施等内容，其中桥梁工程标准图包括预制空心板、小箱梁、T梁等结构，基本实现了桥梁上部结构设计标准化的主要目标。为实现"绿色公路"的建设需求，南粤公司在建设条件的许可下，常规桥梁上部结构优先采用预制梁。标准化的预制梁结构占建设桥梁90%以上，最大程度的实现了资源的节约集约利用。

结合具体项目的实际情况，南粤公司项目常规桥梁设计一般原则如下：

墩高 <15m 时，选用20m跨先简支后桥面连续小箱梁结构；

墩高15～25m时，选用25m跨先简支后桥面连续小箱梁结构；

墩高25～35m时，选用30m跨先简支后桥面连续小箱梁结构；

墩高35～45m时，选用40m跨先简支后结构连续T梁。

常规桥梁上部结构全部采用广东省交通厅推广的设计标准化成果，如图6.2-1所示。对于小于20m跨径的桥梁结构，由于基础费用占比较高，全桥经济性差，一般情况下较少选用。

积极推行设计标准化，在优化结构构造、配筋配束、附属设施设计、消除设计通病等方面成效明显，在推进施工装配化、工厂化、机械化发展方面成效显著。

桥梁下部结构设计，也沿用标准化设计思路，统一桥梁墩台结构形式，简少设计重复性，方便模板采用定型钢模（如图6.2-2所示）。尤其是柱模，规格较少，沿线桥梁施工模板较统一，实际施工中可减少模板的加工套数，有利于节约建筑材料，降低工程造价，提高工作效率及经济效益，并保证施工质量。

图6.2-1 上部结构标准化应用

图6.2-2 桥梁墩柱采用定型钢模施工效果

对于小型预制构件，其结构形式单一，可采用通用形式的标准化设计，比如防护工程里的预制块、护栏、水沟盖板等，均采用了标准化图集，不仅使产品内优外美，而且减少设计重复劳动，加强了模板利用率，节约了成本（图6.2-3）。

涵洞布设结合群众通行及沿线沟渠排水要求，减少建构形式，全部采用广东省标准化设计成果。小孔径圆管涵后期管养维护难度大，在条件许可情况下，尽量减少使用。同时，标准化设计有利于合理化建议方案的得到尽快落实。龙连高速公路原设计神告湖中桥跨越县道X166线现状路基宽度6m，混凝土路面，根据地方规划，该路拟升级为省道。桥梁0号台位置为船塘镇强记花木场苗圃，种植名贵植物，1号台为聚豪农家乐，征拆协调难度极大。标段提出了桥改通道的合理化建议，得到了管理处、设计单位的积极响应与支持，设计单位在最短的时间提出了标准化设计施工图纸（图6.2-4），不仅保证了施工进度，优化和改善了施工现场安全管理及环境保护条件,而且节约工程造价350多万元,具有良好社会效益及经济效益。

图6.2-3 按标准化设计施工的预制护栏

图6.2-4 神告湖中桥改双孔通道施工

6.2.1.2 广东省高速公路桥梁桩基设计标准化研究

广东省上部结构标准化的推广效果突出,但是下部结构标准化设计研究尚不完善,河惠莞高速项目率先开展了广东省高速公路桥梁桩基设计标准化研究。

1)研究背景

桩基础因其承载力大、沉降变形小、制作灵活方便等优点而被广泛采用。随着建筑工业化进程的加快,桩基础工艺日渐成熟,其中预制桩较为常见,但多应用于工业与民用建筑方面,与钻孔灌注桩相比,预制桩虽有着桩身质量高、施工快速等优点,但其对地质的适应性及连接部位的施工质量能否得到保证尚有待商榷,因此现阶段绝大部分项目仍采用钻孔灌注桩基础,据相关数据统计,我国目前桥梁工程中约95%的桥墩基础采用钻孔灌注桩基础。

由于以往存在"重上部、轻基础"的惯性认识,对其精细化设计重视不够,加之岩土参数的离散性较大,成孔工艺(特别是护壁泥浆夹层)对桩基承载力影响较大,桩基设计往往比较保守,且不同设计单位或设计人员在设计参数的选取方面差异较大,如桩数、桩径、桩长、配筋率、主筋段长度、嵌岩深度等。由于桥梁桩基础一般情况下工程量大,过度保守将导致不同程度的浪费,同时设计参数的选取对工程质量也有较大的影响。因此,桩基设计标准化研究对提高桩基础的经济性、保证工程质量具有积极的意义,同时对完善广东省高速公路设计标准化工作具有重要意义。"广东省高速公路桥梁桩基设计标准化研究"被纳入了广东省交通运输厅科技项目,是广东省高速公路设计标准化研究工作的延续与深化,重点研究地震动峰值加速度为$0.05g$区内的钻孔灌注桩标准化设计。

2)研究内容

(1)广东省地质与岩土参数调研

对广东省相关地质分布的调研,重点关注桩基设计岩土力学参数的研究。结合广东省以往桩基设计经验,细化桩基设计时岩土力学参数选取范围,降低桩基承载力计算的离散性,提高桩基设计的统一性。

(2)高速公路桥梁桩基设计标准化研究

主要通过对桩基设计、施工、使用中存在的问题进行调研,借鉴国内外桩基研究成果,结合广东省地质分布的特点，开展如下研究：桩径合理模数确定，合理桩长（最小桩长和有效桩长）及合理嵌岩深度，国内外规范中桩基计算方法对比研究，合理配筋方式（全筋段长度和半筋段长度以及箍筋加密方式），摩擦桩桩周摩阻力与桩端承载力比例关系等关键技术的研究，为桩基设计的标准化提供技术支持。

(3)钻孔灌注桩关键设计参数模型试验研究

主要采用桩基模型试验来研究桩基设计的关键设计参数（桩径、桩长、配筋率、纵筋截断方式、箍筋布置方式等）对承载力的影响，研究桩基荷载传递机理，桩周摩阻力与桩端承载力比例关系，与桩基设计工作标准化及已有设计方法得到的设计建议进行对比，为合理确定桩基设计参数提供依据。

(4)桩基标准化设计软件研制

在以上研究成果的基础上，研制桩基标准化设计软件，其总体设计路线如图6.2-5所示。该软件具备桩基计算和绘图的功能，包含地质资料及参数输入、钻孔柱状图的引用、群桩内力分配及桩基配筋计算、标准格式的桩基设计出图等，实现了桩基计算、绘图一体化。软件可提供岩土柱状图及参数接口、设计出图标准化接口，是单排桩、群桩提供简洁快速、方便实用的设计标准化工具，为桩基精细化设计提供有力保证。

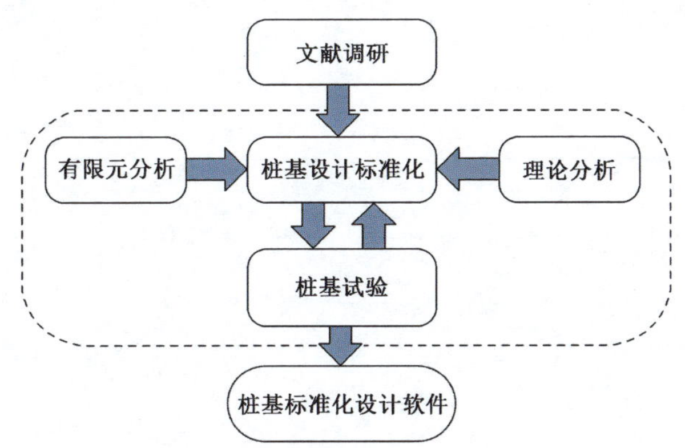

图6.2-5　标准化设计总体技术路线

6.2.2 人性化设计

在设计阶段融入人性化设计理念，充分考虑桥梁施工及运营需求，在保障结构安全的前提下，从细节上优化桥梁结构设计。设计过程中充分考虑运营养护要求，合理设置检修通道，做到可达、可检、可修、可换，提高日常监测维修便利与安全。考虑使用要求、项目地区的自然条件、材料来源、便于施工和养护等因素，在特殊结构预留检查人井。严格推广广东省标准化设计理念，结合建设条件及经济性评价，归并桥梁跨径及结构形式，减少设计重复性，降低施工难度，便于后续检修维护。

桥梁设计时充分结合当地有利条件，缩短运距，就地取材。桥位选择方面充分征求当地群众及地方政府的意见，并结合详细的调查和勘测，充分比选，确定合适的推荐方案。从有利于建设和施工实施的方面出发，选择合理的桥梁结构形式。结合工程所在的地理环境和施工条件进行多方案技术经济指标论证,获得最佳的方案,从而节约工程费用,获得良好的经济效益。

充分分析桥梁建设与环境的协调性,避免桥梁建设对环境造成破坏。对可能造成的影响的区域,进行多方案论证,选择合适的方案。或采用有效的预防措施,最大限度地避免对环境造成的影响。

除桥梁总体设计方面,经过多方位比选,做到以人为本,充分考虑各方面需求,在细节设计方面,开展各种专题研究及设计创新,提高建设效率。

对于墩高大于45m的桥墩,设计一般采用空心薄壁墩。以往设计中往往设置一至二道横隔板。为便于桥梁施工,仁新高速管理处联合华南理工大学依托仁新高速公路、汕湛高速公路、龙怀高速公路等项目开展了空心薄壁高墩横隔板设置的专题研究。研究成果显示,横隔板对于薄壁墩稳定性及强度作用较小,可忽略不计。为便于空心薄壁墩滑模及翻模施工,结合研究成果,取消了空心薄壁墩横隔板。

空心薄壁墩桥墩高度较大,考虑后期营运管养需求,空心薄壁墩设置检修踏步及检修人孔,预留施工及管养人员检修通道。

由于建筑垃圾及运营管理问题,桥台伸缩缝常常会被堵塞,为此桥台背墙设计成内倾式,以减少桥台伸缩缝堵塞并方便后期清理。

桥梁锥坡后设置检查踏步(图6.2-6),便于对桥梁结构进行日常检测维修,延长桥梁全寿命周期。

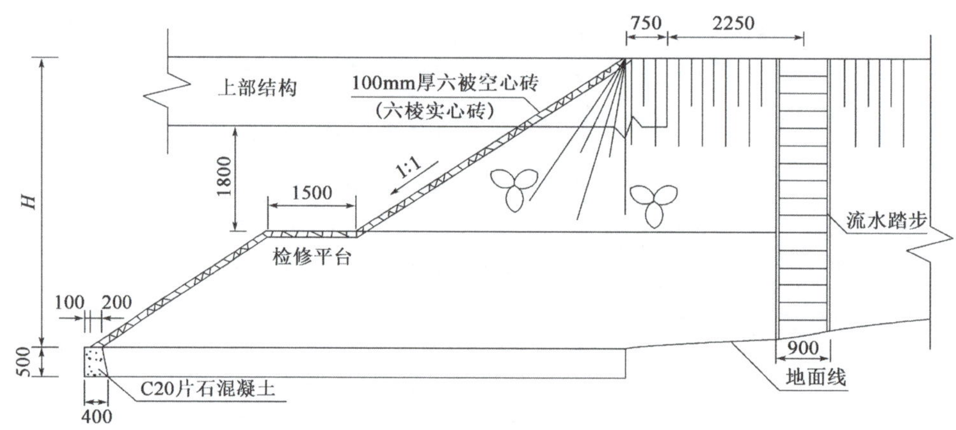

图6.2-6　桥台锥坡检修平台及踏步(尺寸单位:cm)

为减少桥头跳车,提高乘车舒适性,在低烈度区域桥台位置不设置伸缩缝,通过桥面连续过渡。

40m预制T梁一跨内设置5道横隔板,由于单片梁分片预制,等间距隔板布置时,施工时常常存在隔板不对齐问题。为减少现场连接难度,通过统一一孔内横隔板间距参数,减少施工调整难度。

涵洞布设贯彻"以人为本"的建设思想,原则上保持沟渠的自然状态,涵洞交角宜顺其自然沟渠走向,不得大面积强行改沟、改渠,增加工程量和协调工作量。圆管涵尺寸一般较小,不便于管养维护,加上广东省地区降雨多、强度大,为便于高速公路运营期间主线过水通道出现排水不畅、积淤等问题,在造价增加不大的情况下,优先选择盖板涵。

6.2.3 景观设计

桥梁方案拟定注重桥梁美学，特别是跨线桥注重美观，与自然景观协调。通过桥梁造型、细部装饰等手法，打造人、桥、环境和谐统一的“桥梁景点”。

桥梁景观提升主要抓以下三个方面：

(1)合理优化设计，上跨国、省道上部构造采用较为美观的斜腹板现浇箱梁，下部构造采用花瓶墩，预制箱梁外侧模板采用不锈钢提高平整度、光洁度；整体式路基桥梁错孔布置时将桥后路肩墙顶SA级防撞墙式护统一变更调整为与桥梁内侧SAM级护栏一致，提高了路桥衔接路段护栏线形统一、平顺和整体美观；加强桥梁墩柱、盖梁、预制梁、护栏等结构物的外观质量管理，确保结构物内实外美。

强调施工阶段桥衔接段、桥隧衔接段、跨线桥的护栏、灯柱等选型和施工质量，确保线性顺适；交工检测后，结合总体景观要求，对部分桥梁及其附属设施进行装饰、涂装、照明、立体绿化等景观装饰。

汕湛高速化湛段在桥梁中分带种植防眩景观树，改变以往桥梁中分带只能安装防眩板的做法。项目设计时桥梁中分带采用了新泽西护栏，在桥梁新泽西护栏内回填优质种植土，厚度达80cm，为防眩景观树提供一个良好的生长条件。桥梁中分带的防眩景观树不仅保障行车安全、提高驾乘人员舒适度，还大大改善了桥梁景观。

(2)组织行业内设计、施工、咨询专家开展施工图方案内审，合理归并减少墩柱、盖梁、预制梁板种类，使全线桥梁总体外观协调。

(3)对桥梁施工开挖边坡及平台、桥下便道完工后采取圬工防护及覆绿防护，以及利用桥下设置集中排水、沉淀池等措施实现安全、绿色、环保目标。借鉴微地形处理、海绵城市策略等方法，对桥底建筑垃圾进行再利用或景观化处理，做好桥下空间的生态恢复。

6.2.4 山区桥梁设计与环境保护

根据项目地理位置分布统计，南粤公司约有70%以上桥梁均为山区桥梁。山区桥梁的设计与环境保护密切相关，其建设应充分考虑山区地理地质和生态环境保护以及工程实际技术需求，避免因桥梁修建引起的对山体的大填大挖，从而导致植被的破坏和自然环境的平衡，特别对于环境敏感区，植被破坏后很难恢复，建设过程中应该特别注意。从设计阶段开始，全面考虑施工方式对周围环境的破坏、河流的污染，采取有效的措施加以避免。山区桥梁建设只有做到与景观环境相协调，尽量减少对自然界平衡的破坏，才会得到大自然的恩惠，造福子孙。

高速公路进山导致了结构物的增多，与平原区相比，大量的结构物导致了山区高速公路工程造价远高于平原区高速公路。山区桥梁设计除考虑技术可行性，经济指标是否合理也是相当重要的问题。山区桥梁应在初步设计阶段，根据工程所处的地理环境和施工条件进行多方案的技术经济指标论证，以期获得最佳方案，从而节约工程费用，取得良好的经济指标。

山区桥梁建设所处的地形、地貌、地物均较复杂，桥跨布设应全面考虑桥梁与桥梁所处环境的协调性，避免造成环境破坏及桥梁病害。跨越河谷路段，水中设墩难度大，同时水中墩施工对水体资源及水中生物生存环境造成较大,宜采用一跨过的方案。潮樟高速公路黄冈河大桥,黄冈河为内河Ⅸ级航道,单孔双向通航,通航净宽不小于20m,净高不小于3m。通航净空要求不控制桥梁设计,但是由于该路段黄冈河为水资源保护区,最终桥梁采用(65+110+65)m连续刚构一跨跨过河流,最大限度地避免了对资源的破坏。

山区桥梁桥型方案的选择,必须因地制宜,充分考虑施工的可行性,运输的便利性,所选的桥型应充分满足结构安全、使用舒适、经济性好、施工养护方便景观效果好与自然环境相协调的总原则。对中小跨径桥梁,为保证施工质量,加快设计速度,减少重复劳动,优先采用预制结构。南粤公司项目全面落实广东省标准化建设要求,一般路段中小跨径桥梁均采用了预制结构。

山区桥梁建设难度较大,特别是下部结构施工。桥梁下部结构设计时,应结合边坡防护方案,选择合适的墩台形式及基础顶面高程,减少工程临时措施造价并保障桥下边坡的稳定性。南粤公司项目建设期间,针对桥下边坡采用了一墩一方案,最大限度地减少了对资源的破坏。

桥梁建设期间,沿线弃土场、陡坡墩台桩基等位置采用绿色生态防护,增强弃土场及陡坡墩台边坡稳定性;桥下地表和施工便道实施全面复绿(图6.2-7),践行“绿色公路”建设理念。

a)新博高速公路桥下复绿

b)仁新高速公路丹霞立交桥下复绿

图6.2-7 高速公路的桥下复绿

6.2.5 钢结构桥梁应用

随着我国钢材产业逐渐由产能短缺进入产能过剩,为深入贯彻《国务院关于钢铁行业化解过剩产能实现脱困发展的意见》(国发〔2016〕6号)的有关要求,2016年7月1日,交通运输部发布了《交通运输部关于推进公路钢结构桥梁的指导意见》(交公路发[2016]115号),决定推进公路钢结构桥梁(包括钢箱梁、钢桁梁、钢混组合梁等桥梁)发展应用,加快低碳绿色环保公路建设。

积极推进钢结构的应用,积极的响应了交通运输部关于实施绿色公路建设的部署要求。

龙连高速公路元善枢纽D匝道采用耐候钢桥梁,解决了小半径下非标准跨径桥梁的难题,保证了结构的使用寿命。采用耐候钢材料免涂装设计,无涂装材料环境污染问题,并减少后期养护维修费用。

仁新高速公路结合项目情况,3座桥梁采用了采用钢混叠合梁方案,避免了正交异性钢桥面铺装耐久性问题，提高了钢结构桥梁的使用寿命。

6.2.6 波纹钢管涵洞

目前我国公路桥涵多采用圬工及钢筋混凝土结构，这类结构一般具有工程造价高、工期长、造型笨重、耗费自然资源、施工烦琐，以及存在涵顶、桥头跳车现象，受地形、地质、地基不均匀沉降等环境影响严重等问题。而作为具有钢结构良好的工程特性的钢波纹板桥涵结构而言，从材料与结构和功能的本质关系上分析，钢波纹板结构具有明显的优势，具体表现在强重比、抗破坏性、耐火性、耐腐蚀性，以及安装便利、无须养护，对各种环境的适应性强等方面。钢波纹板结构应用于公路桥涵，不仅具有适应地基与基础变形的能力，可以解决因地基基础不均匀沉降导致的破坏问题，而且钢波纹板结构由于轴向波纹的存在使其具有优良的受力特征，轴向和径向同时分布因荷载引起的应力应变，可以更大程度上分散荷载的应力集中，更好地发挥钢结构的优势。金属波纹板作为一种新型的公路桥涵构筑物不仅可以全面取代传统的钢筋混凝土涵洞和小跨径桥梁，而且由于其卓越的性能，在各种复杂、困难的环境下，金属波纹板桥涵也具有非常强的适应性。

波纹板桥涵强度高、耐久性好、外形美观、方便施工，在美国、加拿大等一些发达国家被广泛应用。但我国钢波纹板的应用，目前仅局限于管涵，对于应用更为广泛的桥跨结构的小桥、通道的应用方面，还没有系统、成熟的设计理论、方法，以及制造、施工等技术，阻碍了钢波纹板结构在我国公路领域更广泛的推广应用。通过开展其研究及应用，对促进我国公路建设的发展，对提高我国公路建设质量和效率具有重要意义。

钢波纹管涵洞因轴向波纹的存在使其具有优良的受力特征，轴向和径向同时分布因荷载引起的应力应变，可以更大程度上分散荷载的应力集中，更好地发挥钢结构的优势。尤其在软土、膨胀土、湿陷性黄土等不良工程岩土地区，利用钢波纹板结构修筑桥涵更具有优势，也更具有广阔的应用前景。汕湛高速公路部分路段路基高，应用钢筋混凝土结构作桥涵、通道等结构本身沉重、壁厚，混凝土材料的短缺及运输导致工程造价高，采用混凝土桥涵施工时阻止了原道路的通行，且存在刚性构造物与柔性路基的桥(涵)头跳车现象，应用柔性的钢波纹管涵洞则可以减轻或避免这些问题，而且节省工程投资。

汕湛高速公路云浮至湛江段及支线工程第 TJ12 标段 K143 +083 处采用直径 10m 钢波纹管涵洞。钢波纹管的波形参数为波长 400mm，波高 150mm，壁厚分为两部分：路基中部(管顶填土 >6m)区域厚度为 10 mm，边坡至管口端壁厚度为 8 mm。钢波纹管管材采用 Q345 钢板热轧加工成型，表面为热浸镀锌，镀锌量不小于 600g/m^2，平均厚度不小于 84μm。内外再增加热熔塑防腐提高钢波纹管寿命。钢波纹管采用分块波纹板搭接而成，波纹板采用 M24 高强螺栓紧固，密封垫密封。地基处理采用砂砾回填，采用压路机械对基底进行分层压实处理。钢波纹管涵洞的路基高度约为 11.6m。该项目率先在南方多雨地区高填方路基条件下对大孔径钢波纹管通道进行应用，并对其适用性及力学性能进行探索研究，具有首创性。通过波纹钢管涵洞的实施，节约了工程造价，极大地适应公路地基变形，改善涵洞、通道两侧的不均匀沉降程度，为公众提供一个良好的行车环境。应用该新型结构，一方面可以加快建设进度，另一方面可以提高服务性能，有利于提升高速公路的科技含量，为广东省乃至华南地区推广应用提供技术参考。除此之外,钢波纹管作为一种环境友好型材料,极大地减少了对天然路基及自然环境的破坏和干扰,最大程度地保持原有生态环境平衡,取得显著环保效益。

6.2.7 预应力混凝土管桩的应用

预应力混凝土管桩是由专业厂家采用先张法预应力工艺和离心成型,经高压高温蒸汽养护而成的空心等截面预制混凝土构件,具有单桩承载力高、适用地质条件范围广、施工速度快、穿透能力强、成桩质量可靠的特点。采用预应力管桩可以节约混凝土用量,减少现场混凝土浇筑带来的环境污染,在高层建筑基础、港口、码头基础、软基处理和桥梁桩基础等工程项目中得到了广泛应用。

广中江高速公路有84%以上的桥梁路段,为提高桥梁建设的工业化水平,部分区段采用预应力管桩基础。结合项目全线地质条件和桥梁布设情况,综合考虑交通运输便利和施工工期顺序等各方因素,该项目6个标采用管桩基础,实现了巨大的经济效益。

广中江高速公路TJ03标、TJ05标、TJ06标、TJ09标、TJ14标和TJ15标6个标段的藤泽大桥、东炮台河大桥、均安互通主线高架桥、天连大道高架桥、S268百安主线高架桥、均安互通L匝道桥、天连枢纽主线高架桥、通心河高架桥、龙溪主线高架桥、南山1号高架桥、海州1号高架桥、海州2号高架桥、沙龙口高架桥采用了预应力管桩基础(图6.2-8),共完成管桩总长度134250.5m,共4982个预应力管桩,总投资为5646万元。

图6.2-8 预应力管桩施工现场

6.2.8 新材料、新技术的应用

为积极推进绿色公路建设，南粤公司在桥梁设计方面积极推进新材料、新技术的应用，提升建设效益，推进行业技术水平的发展。

6.2.8.1 桥面径流收集处理与监测预警系统

针对危险化学品运输车辆事故导致的泄露风险，南粤公司多个项目采用桥面径流收集处理与监测预警自动控制技术，实现含酸类、碱类、油脂类及烃类危险化学品的自动监控与应急处置，保障了敏感水体水环境的安全。

1）技术简介

桥面径流收集处理系统设计包括排水收集系统、雨水处理单元和事故水应急蓄纳单元（图6.2-9）。桥面径流收集以危险品泄漏应急收集为核心目标，正常降雨的初期雨水收集及处理为辅助目标。根据当地降雨规律及最大降雨强度下形成的洪峰流量，计算不同危化品与雨水混合物的径流规律，从而确定截流管管径、隔油沉淀池与事故池的容积等参数，进行桥面径流收集处理系统的设计。

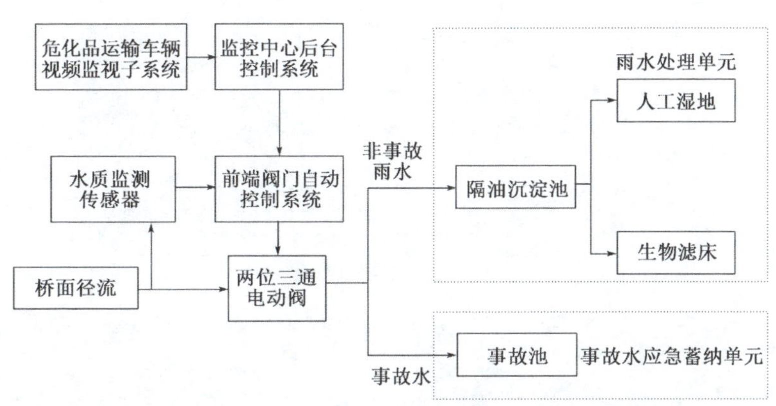

图6.2-9 桥面径流收集处理与监测预警系统工作原理示意图

桥面径流监测预警系统开发与软硬件集成包括前端径流收集监控子系统和后台监控系统，其中后台监控系统可纳入项目运营管理系统。系统功能要求包括以下几方面。

（1）危化品运输车辆危险监测：利用高速公路视频监控系统监视危化品运输车辆的翻车、泄漏、故障等状态，进行报警。

（2）桥面径流监测预警：对桥下排水管中径流成分进行在线监测，将监测结果传回后端监控中心，并进行危险状况报警。

（3）径流收集控制：当监控中心经过分析，判断桥面径流不适宜正常排放时，需自动控制前端径流收集装置的三通阀门将径流导入事故池收集，并报警。持续监测事故池状态，对事故池溢出进行预警。

2)技术来源

桥面径流收集处理与监测预警系统技术主要推广应用交通运输部科技项目《高速公路沿线水环境安全保障关键技术研究》的研究成果,项目由交通运输部公路科学研究所承担。

3)应用效果分析

桥面径流收集处理与监测预警系统能连续有效收集降雨初期径流;能及时有效处理桥面径流,并使之达标排放;具备进行桥面危险品运输污染事故应急处置的功能;设计的桥面径流处理系统与周围景观相协调。

采用"沉淀+应急控制"径流水处理技术,设置桥面径流收集系统,桥面雨水须收集后引至桥下沉淀池中,初期雨水经过沉淀隔油处理后,再排入附近自然沟渠中。当桥上发生化学危险品运输车辆翻车、危险品泄漏等事故情况下,危险品径流或消防水等将通过泄水管汇集后,进入沉淀池。此时,关闭沉淀池出水口阀门,将事故废水收集后,交由具有处理能力的污水处理公司进行处理(图6.2-10~图6.2-12)。

图6.2-10 实体工程图

图6.2-11 坪山大桥桥面径流防治

图6.2-12 桥下沉淀池

6.2.8.2 山区高速环保型桥台的应用研究

目前公路桥梁中经常采用的桥台形式(如U台、肋板台等)需要设置较大的锥坡,挖填土方量大,对地形的改造较大,且对植被也有较大的破坏。为了深入贯彻落实科学发展观,加大公路桥梁建设中对环境保护的力度,提高设计水平,武深高速公路仁博段开展了山区公路环保型桥台的应用专题研究和应用,并编制了环保型桥台的通用图,为今后山区桥梁桥台建设提供有力的技术支撑(图 6.2-13)。

环保型桥台是指无须很大土方填挖量、对原有地貌改动较小的桥台形式。经研究分析,当前有如下几种桥台形式可满足要求:桩基 U 台、柔性桥台、组合式锚定板桥台以及矩形耳墙桩柱式台。

桩基 U 台是指 U 台台身下接承台桩基组成的桥台。U 台台身是由前墙和两个侧墙构成的 U 字形结构,其优点是构造简单,不需要钢筋,且能就地取材;缺点是桥台体积与自重较大,侧墙间填土容易积水,结冰后冻胀,使侧墙开裂。所以宜用渗水性良好的土壤填夯,并做好台后的排水措施。一般采用扩大基础的 U 形桥台适用于填土高度在 8 ~ 10m 以下、跨度稍大的桥梁。采用桩基础的 U 形桥台可适用于地质状况较差的情况,并可以减小侧墙的长度,减小台前锥坡。

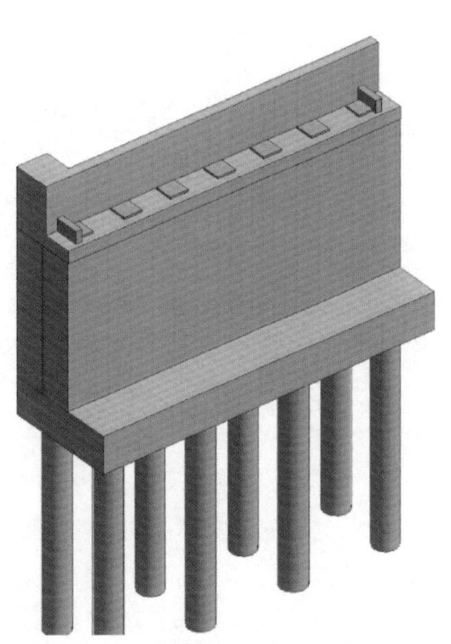

图 6.2-13　钢筋混凝土一字形轻型桥台构造图

柔性桥台是采用加筋土技术的一种桥台结构。柔性桥台实际是在土体中加入筋材,通过与土体的相互摩擦作用及栅格网眼所具有的特殊嵌锁咬合作用,限制上下土体的侧向变形,增加土体的稳定性,从而改善土体的力学性能。该结构能够有效改进路桥结合部不均匀沉降问题,同时减少桥台体积,节约成本,方便施工,经济环保。

锚定板桥台是在其后设置由挡墙、拉杆和锚定板组成的锚定结构来承受土压力,以达到自身轻型化的一种桥台。挡墙可用整体式或用预制的钢筋混凝土立柱与挡土板拼装而成,钢拉杆一端与立柱连接,另一端与锚定板连接。墙后土体的侧压力通过墙传至拉杆,拉杆的力由土体抗剪强度对锚定板所产生的抗拔力来平衡。它的台身与锚定结构分开,土压力全部由锚定结构承受,台身仅承受桥跨传来的竖向压力和水平力,相当于一个桥墩的作用。

矩形耳墙桩柱式台是耳墙为矩形的桩柱式台。一般的桩柱式台耳墙为梯形,需在耳墙斜边以上设置锥坡以平衡内侧土压力。将耳墙改为矩形后,挡土面积增大,锥坡体积也可相应减小。

经深入分析论证,应用轻型桥台这种环保型桥台结构方案,有利于提高地形适应性,缩减桥跨孔数,节省工程造价和安全性;有效减少桥台及锥坡部位的填挖方量,大幅降低对山区地表环境的破坏,环保效益显著。

根据课题研究成果,并结合项目地形地貌特点,武深高速公路仁博段对 A1、A2、A3 合同段 6 座桥适应轻型 U 台方案分析,在 A1 合同段 K201 +090 林场大桥、A2 合同段 K257 +022.000 大岭大桥、K283 +225.000 主线上跨匝道桥能够适应地形缩减桥梁孔数,有比较可观的经济效益;其他 3 座桥梁,在减少借方,不设锥坡及美观方面有一定的环保效益和实用价值,同等情况下,轻型 U 台造价相对肋板台或桩柱台造价高 20% 左右。

6.3 绿色桥涵施工

坚持以人为本、人与自然和谐发展,尊重自然、顺应自然、保护自然的生态文明理念,依据国家有关水土保持、环境保护的法律法规,南粤高速高速公路项目制定了《水土保持管理办法》《环境保护管理办法》,建立健全水土保持组织保证体系。摒弃"先破坏,后恢复"的陋习,使项目建设与环境恢复同步。根据项目特点针对性施工,对可能产生的污染事故进行风险分析,并采取应急措施,最大限度地减少生态破坏,保护原有植被和水资源,防止施工活动对周围环境的污染和破坏。委托第三方环境监测及监理单位分路基工程、路面工程、桥梁工程、隧道工程等不同施工阶段,对施工区域的水、气、声、生态等环境质量状况进行监测和调查,根据监测及调查结果指导现场施工,从源头上把控环保水保的监测及巡查要求。

通过合同、制度、现场管理等多方位约束,各参建单位能够做到文明施工,部分标段出现施工污染情况,依据管理处的相关要求及规定,能够做到及时、有效整改,整体保证了绿色施工。

贯彻文明施工的原则,勤洒水控制运输扬尘,减少夜间施工控制噪声,桥梁桩基施工泥浆池进行标准化建设防护,预防泥浆污染农田,施工杂物集中堆放处理。桥梁施工按标准化要求布置临时排水沟、沉沙池、泥浆池,锥坡和桥台边坡布设浆砌石排水沟和急流槽,跨越河流水源的桥梁设置油水分离池,保证桥面污水经洁净后排出。桥梁施工完成后,及时进行土地整治,撒播草籽绿化(图 6.3-1)。

a)

b)

图 6.3-1 施工便道水泥硬化、桥下空间及时复绿

将施工临时道路按照乡村道路技术标准修建,倡导资源循环利用并对临近的工程设施进行排水绿化完善,退场后将便道移交村民使用,具有积极的社会效应,提高村民生活水平。

预制梁场施工充分借鉴张拉、压浆工艺试验总结经验,采用智能张拉、压浆施工设备,推广钢筋绑扎及波纹管定位胎架、整编穿束、锚下预应力检测、压浆无损检测等先进工艺,提升工程耐久性。

循环利用全线预制场梁板养生用水,设沉淀池将经过沉淀的水循环利用于结构物的养生,以节约用水。

涵背、台背、挡墙背回填采用高速液压夯实机进行补强,确保回填密实,以有效解决运营期跳车问题。

6.3.1 桥梁施工标准化

采取规范化的管理,实现在施工过程中标准化的建设。实施“双标管理制度”,实现集中预制、集中拌和、集中加工的三集中管理,创建标准化工程和标杆工程。实施“双标”管理制度。执行广东省高速公路建设标准化管理指南,着重从工序、材料、工艺、技术和管理方面实行标准化的操作,实现有序管理。

推行施工标准化有利于统筹资源利用,实现施工阶段集约节约,减少能耗。在路基、桥梁、隧道、路面等关键生产设备的选型,大力推广机械化、智能化施工,坚持“以设备保工艺、以工艺保质量、以质量提品质”。标准化施工,严格落实了广东省“双标”管理的规定,全面按照“生产工厂化、驻地人本化”的原则,实施驻地建设、工地实验室、混凝土拌和站、钢筋加工棚、预制梁场等临建设施标准化建设。

立足标准工艺,突出高标准、机械化,推行流水化作业,加强现场人员管理,规范施工作业工人的操作行为,努力提高管理水平。推广胎架法绑扎钢筋,间距均匀可控,剪力筋及护栏预埋位置准确平直,绑扎效率高;波纹管定位准确,线性平顺;底腹板及顶板钢筋整体吊装,提高了工效,减少了人力投入,使施工效率大大提高。预制模板的重复使用,提高了钢板的重复利用率。所有桥梁、隧道及涵洞施工过程中,对钢模板及型钢的设计规划、储存运输、施工使用进行统筹规划、合理安排、防锈保养,对锈蚀的模板进行粘贴 1 ~ 2mm 的不锈钢板处理,以增强钢模板和型钢周转利用次数。

6.3.1.1 桥涵标准化施工内容

桥涵施工标准化内容包括:桥梁桩基成桩作业、墩台基础、立柱,盖梁等下构施工;预制和现浇箱梁施工与架设,桥面铺装等桥跨结构;包括涵洞相关施工等(图 6.3-2 ~ 图 6.3-4)。各项目通过制定科学合理的施工工艺,开展标准化施工,取得了良好效果。

图 6.3-2 涵洞反开挖施工

全面推行首件工程认可制,组织总监办及时对各项目部正在施工的涵洞、桥梁桩基、桥梁墩柱、路基填筑、沥青路面等单项工程进行首件制的验收与推广。从一处填方、一段边坡、一根桩、一片梁、一段绿化、一段面层等细节抓起,以点带面,以面带线,从工艺入手,加大质量控制力度,创示范、树样板,营造良好的建设氛围。

图 6.3-3　立柱、盖梁施工

图 6.3-4　连英高速公路连江大桥

桥梁标准化施工立足标准工艺,突出高标准、机械化,推行流水化作业,加强现场管理人员管理,规范施工作业工人的操作行为,努力提高管理水平。

全面推广胎架法绑扎钢筋(图 6.3-5),间距均匀可控,剪力筋剂护栏预埋位置准确平直,绑扎效率高;波纹管定位准确,线性平顺;底腹板及顶板钢筋整体吊装,提高了工效,减少了人力投入,使施工效率大大提高。

图 6.3-5　观摩预制梁场顶板钢筋绑扎胎具

桥梁关键生产设备的选型要大力推广机械化、智能化施工(图 6.3-6、图 6.3-7),坚持“以设备保工艺、以工艺保质量、以质量提品质”。

6.3.1.2　东雷高速自动化及现场装配化相结合施工

东雷高速公路位于广东省西南沿海地区,路线全长 36.528km。东雷高速公路推行标准化、工厂化、自动化及现场装配化相结合施工,提升工程品质,成绩显著,主要体现在以下几个方面:

图 6.3-6 应用焊接机械手进行钢筋加工

图 6.3-7 钢筋加工厂自动切割套丝生产线

1)钢筋标准化建设及自动化、工厂化生产

(1)大型钢筋场的标准化建设

大规模钢筋场标准化建设,综合考虑了通风、防台、采光、隔声、场地使用效率、质量及安全文明宣传等多方面内容,三者集中管理在规模、功能分区上体现统一和先进,这种场地规划模式既能确保整个钢筋集中加工的进度,又能进行整齐规范的标准管理,使得整个钢筋加工过程安全、可靠(图 6.3-8)。

图 6.3-8 钢筋标准化堆放

(2)用电标准化

钢筋加工厂内用电符合规范要求,满足"一机、一箱、一闸、一漏"规定(图 6.3-9)。所有电线埋地处理,以保证场内整洁。

(3)通明海特大桥主墩及过渡墩桩基钢筋笼工厂化制作

通明海特大桥主墩及过渡墩钢筋笼采用胎架长线法(图 6.3-10)制作,胎架采用型钢制作,有效地提高了桩基钢筋笼的制作精度。钢筋笼先在加工厂制作完后,再运至施工现场分节段吊装。

2)空心薄壁墩标准化施工

(1)概况

通明海特大桥西引桥空心薄壁墩施工过程中采用的是在墩身四周搭设施工脚手架或采用附着式支架+整体钢筋安装平台,设置转梯和操作平台,通过辅助平台或栈桥利用履带吊主要起重设备;采用混凝土运输车、混凝土泵车泵送混凝土入仓。

图 6.3-9 标准化电箱

图 6.3-10 胎架法加工钢筋笼

(2)标准化墩身支架

墩身施工分海上段和岸上段两头同时进行,分别采用两种不同的施工支架模式(图 6.3-11),岸上段采用水管落地式标准墩身支架,海上段采用附着式墩身支架。以这两种支架作为作业平台,利于现场钢筋定位、模板安装等标准化施工。

图 6.3-11 墩身装配式标准支架施工

(3)钢筋预制吊装施工

通明海特大桥西引桥墩身为空心薄壁墩,墩身分为直线段及花瓶段 。直线段钢筋采用箍筋整体预制吊装工艺(图 6.3-12、图 6.3-13)。具体施工流程如下:

采用型钢加工预制胎架,在胎架上预制箍筋笼。墩身按 6m 浇筑一次,考虑箍筋笼吊装稳定性,箍筋笼分两节预制,单节 3m。使用平板车将箍筋笼运输到现场,将箍筋笼整体吊装至墩身预埋主筋上,通过焊接机绑扎进行固定。箍筋笼安装完成后再逐根安装主筋及勾筋,最后安装保护层垫块。钢筋施工质量检查情况如图 6.3-14 所示。

图 6.3-12 钢筋箍筋整体预制

图 6.3-13 整体吊装

3)移动模架现浇箱梁分模块标准化施工

(1)概况

通明海特大桥西引桥上部结构为现浇箱梁,西引桥共有 142 孔现浇箱梁,其中最长施工梁段为 60m,浇筑量最大为 744m^3。

现浇箱梁施工采用的是 TM50 下行式移动模架移动模架,按照常规工艺进行钢筋模板散拼安装到混凝土浇筑,施工周期为 15 ~ 20 天/孔。采用整体吊装工艺以缩短工期。

(2)底腹板钢筋及内模分块预制、整体吊装

将现浇箱梁钢筋、模板等工序进行模块化分解,利用已浇筑桥面进行流水线作业,提前将下一跨的横梁钢筋、底腹板钢筋、内模等分块预制(图 6.3-15)。施工时采用桥面两台龙门吊进行整体吊装(图 6.3-16、图 6.3-17),有效地提高了钢筋绑扎质量,大幅缩短了底腹板钢筋绑扎及模板施工的周期。

图 6.3-14　质量检查

图 6.3-15　底腹板钢筋在胎架上预制

图 6.3-16　现浇箱梁底腹板钢筋整体吊装

图 6.3-17　现浇箱梁内模预制吊装

(3)桥面平整度机械化控制

桥面平整度控制主要采用整副式桥面振动梁(图 6.3-18),桥面振动梁支点设置梁模架上,通过测量放样调整支点的撑杆的高度,起到桥面高程控制的效果。

图 6.3-18 桥面平整机

6.3.2 自动化技术应用

6.3.2.1 钢筋加工自动化、工厂化

采用先进的钢筋加工机械实现自动化流水线生产,既能保证钢筋加工质量的精准度,又能提高生产的效率,如自动弯箍机、钢筋切割锯床、钢筋笼自动滚焊机(图 6.3-19、图 6.3-20)等。

图 6.3-19 钢筋笼自动滚焊机

图 6.3-20 钢筋切割锯床

6.3.2.2 预应力智能化张拉系统

采用智能张拉系统进行张拉,系统能自动控制并形成记录,可确保预应力张拉质量(图6.3-21、图6.3-22)。通过试压同等条件下养护混凝土试块,当混凝土强度达到设计强度的90%以上且弹性模量达到90%后,方可进行预应力钢束张拉。数字化控制张拉过程中钢绞线张控应力及伸长量,能确保张拉质量。

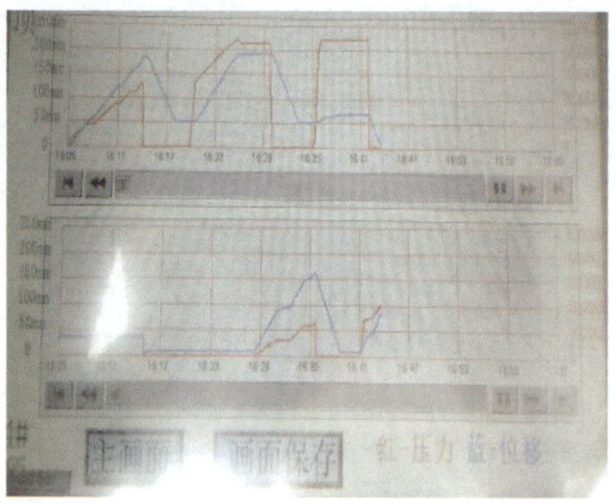

图6.3-21 智能张拉系统

6.3.2.3 预制场混凝土智能喷淋养生系统

预制梁智能喷淋养生系统(图6.3-22)采用总体控制箱,通过布设地埋式管道,使用循环净化水源,根据温湿度感应贴片及时间双控,在确保养生功效的同时又节约了水资源。

循环利用全线预制场梁板养生用水,设置沉淀池将经过沉淀的水循环利用于结构物的养生,可节约用水。

图6.3-22 预制场混凝土智能喷淋养生系统

6.3.2.4 高墩翻模自动喷淋养生系统

墩身越高、模板爬升循环次数越多、施工跨越周期越长,传统墩身养护方式耗时费力且成本较高,优化墩身养生系统显得十分必要。为提高施工生产效率,武深高速公路、汕湛高速公路等多个项目采用了"翻模自动喷淋养生系统",取得了显著的效果。

采用自动喷淋养生系统,可实现人为因素制约小、安装灵活、自动化程度高、养生效果高、施工风险低、节约用水、墩柱实体质量合格率100%的目标。

自动喷淋养生系统适用于高墩滑模、翻模施工,墩身高度要大于30m,施工温度高于5℃,普遍适用于南方地区的高墩施工。

一套闭合喷淋管道构成的自动喷淋养生系统包括:闭合喷淋管道、输送管道、蓄水池、一个高扬程水泵、一个时间继电器、

闭合喷淋管道采用外径25mm PVC管,安装前预先在外缘同一直线方向划线标识,每隔50cm接一多向喷头(图6.3-23),然后固定在翻模模板平台上。安装时喷头方向面向墩身混凝土方向,每次模板拆除后移到位随架体整体爬升到位即可通水喷洒。

输送管道采用外径25mm普通PVC管,PVC管预先加工制作成6m/节(注:模板每次爬升6m)并在端头加焊连接钢板随模板爬升逐节接长;垂直输送管道紧贴墩身外缘并采用直径12mm螺纹钢"U"形焊接固定在施工电梯附墙外露预埋件上。

时间继电器(图6.3-24)采用KG316T微电脑智能时控开关,设定时间继电器计时间隔后,继电器控制电磁开关接通或关闭高扬程水泵的电力供应。时间继电器专人设置,高温时段设置为20min喷淋一次,常温时段30min喷淋一次,每次喷淋5min,保证第二次喷淋时上次喷淋水分并未完全蒸发。

图6.3-23 多向喷头

图6.3-24 时间继电器

高扬程水泵采用150QJ(R)5-250型(图6.3-25),额定扬程250m,由于60%的效率值,扬程可达250×0.6=150m,可满足使用要求。

图6.3-25 抽水系统

蓄水池采用壁厚4mm铁皮自行加工制作,经测算同时结合现场实际蓄水池满载容量为$10m^3$,同时在水池内标注警戒水位线,水位下降至警戒水位线及时对蓄水池进行补水,保证蓄水池水量充足。

首先,应保证蓄水池的蓄水量能够保证连续喷淋作业条件。喷淋系统工作时,设定时间继电器的时间间隔和持续时间并开启喷淋系统电源,喷淋系统进入工作状态。继电器到达指定的喷淋时间后接通水泵开关,高扬程水泵从蓄水池内抽水送至输水管内,输水管连接喷淋管对需养护的混凝土面进行喷水养护,喷水达到预定的时间后,时间继电器关闭水泵开关停止喷水。通过自动化控制技术,精确控制养生用水时间和用水量,既实现了水资源循环利用,又有效解决了高墩养生困难的问题,保障了高墩混凝土实体质量(图6.3-26、图6.3-27)。

图6.3-26　墩柱自动喷淋养生

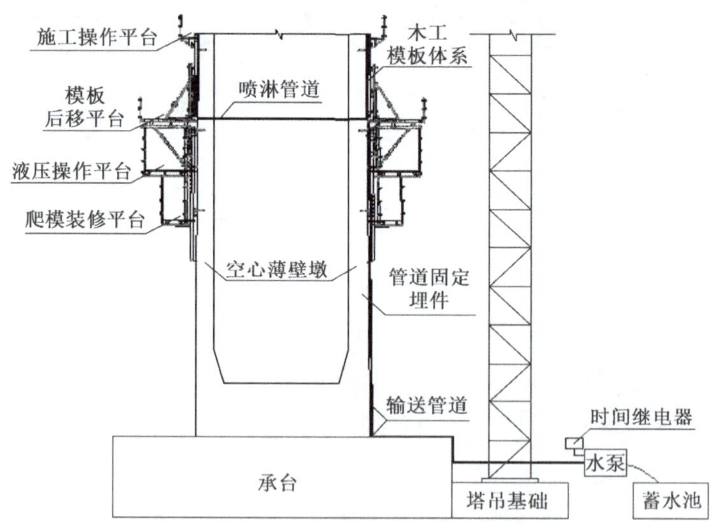

图6.3-27　自动喷淋养生系统构成

6.3.2.5　混凝土拌和站数据采集系统

混凝土拌和站智能数据采集系统能够对过程进行跟踪观测,并将观测结果与计划值进行比较,一旦发现偏差,则进行纠偏,防患于未然,可有效杜绝偷工减料,确保工程质量,真正达到全面质量管理的要求。南粤公司通过多个项目成功推广混凝土拌和站智能数据采集系统,保证工程质量,提高管理成效。

混凝土拌和站智能数据采集系统在混凝土拌和生产领域通过传感技术、移动通信技术、互联网应用和计算机软硬件开发技术等,把工程中各拌和站生产的混凝土每一盘生产数据进行采集、无线传输、存储,提供及时准确的质量数据跟踪和分析(图6.3-28)。

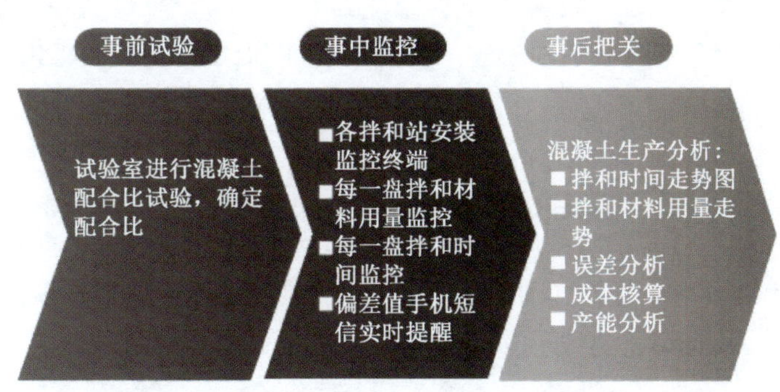

图6.3-28 混凝土拌和站动态分析图

混凝土拌和站数据采集系统主要包括:混凝土拌和站生产数据监控终端、中心数据管理系统、查询分析管理系统3个部分。

(1)混凝土拌和站生产数据监控终端,是一个集通信和数据监测功能为一体的检测控制系统。一般情况下混凝土拌和站采用的进口或者国产系统都具备逐行打印功能。生产数据监控终端就是安装在并口打印机之前的一种监控终端,无须在用户管理主机上安装任何软件,生产监控终端将逐行打印的数据信息进行检测和分析,并根据不同的厂家协议将数据上传到中心监控系统。

(2)中心数据管理系统是数据接收和解析,并存储到各个项目库中的中心的软件系统。具有多任务的操作特性,可以同时于处理100路混凝土拌和站监控终端的上传数据处理任务。

(3)查询分析管理系统的核心是基于互联的多级应用系统,支持项目经理部、监理单位、工程指挥部的3级查询应用。

混凝土拌和站智能数据采集系统,自动将混凝土生产线中的拌和时间信息、用料信息、任务信息、出料信息及其他操作信息通过无线或有线的方式汇聚到建设单位的数据库,以实现实时监控,确保工程质量,提高工作效率。

6.3.3 桥梁桩基无污染开挖及浆渣分离循环泥浆池技术

在施工过程中,冲击钻是基桩钻孔的常用设备,因其施工设备简单、操作及维修费用低,适用地域广泛,受到众多施工单位的偏好,但是这种设备功效一般,能耗较大。针对常规施工存在的不足,结合交通运输部《关于实施绿色公路建设的指导意见》和《广东省绿色公路建设技术指南》等相关绿色公路文件及工程经验,桩基施工桥梁桩基无污染开挖及浆渣分离循环泥浆池技术在河惠莞高速公路、武深高速公路仁博段、广中江高速公路等多个项目中展开应用,施工效率高,环保效果好。

桥梁桩基无污染开挖技术采用目前先进的旋挖钻桩基施工方法,具有高效、低噪、环保、成孔质量高以机械化程度高等优点。旋挖钻机是一种新型的钻孔设备,具有功效高、能耗低,施工过程中泥浆排放少等特点,在施工中得到广泛的运用。钻孔桩施工时采用泥浆钻渣分离箱(图6.3-29),将泥浆与钻渣实施分离,实现泥浆循环再利用,减少废弃泥浆的数量,筛除后的钻渣进行集中清运,避免污染周围土体及河道;钻孔桩施工时采用污泥脱水机处理泥浆,可使泥浆分离成泥块和满足排放要求的洁净水,有利于环境保护。桥梁桩基浆渣分离循环泥浆池技术主要应用于水环境敏感的跨河大桥桩基施工,在成孔过程中采用沉浆池+泥浆泵作为泥浆循环结构,实现冲孔过程泥浆不"落地",避免了泥浆污染河流(图6.3-30)。

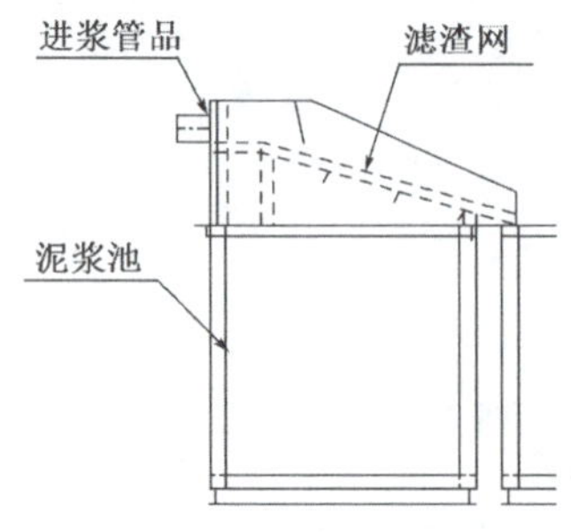

图6.3-29 浆渣分离循环泥浆池构造

图6.3-30 现场施工图

1)技术简介

旋挖钻施工成孔原理是在一个可闭合开启的钻斗的底部及侧边,镶焊切削刀锯,在伸缩钻杆旋转驱动下,旋转切削挖掘土层,同时使切削挖掘下来的土渣进入钻斗内,钻头装满后提出孔外卸土,如此循环形成桩孔。旋挖钻施工成孔质量好,具有自测斜装置,一定程度上可保证钻孔的垂直度,能减少对泥浆的破坏,对泥浆的质量有一定的保障性(图6.3-31)。

桥梁桩基浆渣分离循环泥浆池技术在成孔过程中采用沉浆池+泥浆泵作为泥浆循环结构,实现冲孔过程泥浆不"落地"。在泥浆循环过程中,通过泥浆泵将泥浆(携钻渣)排进泥浆池中,泥浆池中设滤渣网,钻渣被过滤至边上的泥浆池,过滤后的泥浆可通过回浆泵泵送至孔位,钻进过程中泥浆无须通过挖设泥浆槽进行循环,利于保护生态环境。

2)应用效果分析

桥梁桩基旋挖钻施工新技术的变幅机构建设灵活、工作效率高,旋挖钻机结构紧凑、操作方便、自动化程度高,节省人力和物力使用时间,建筑劳动强度低、低噪声、环保,可以采取降低振动的做法,克服钻孔和磨损需要泥浆护壁建设,可减少对环境的污染。

桥梁桩基浆渣分离循环泥浆池技术施工简便,能高效的分离出钻渣,对周围水体无污染,现场简洁有序,能真正做到环保文明绿色施工。

图 6.3-31 旋挖钻施工现场

钻孔桩施工时,采用泥浆钻渣分离箱将泥浆与钻渣实施分离,能实现泥浆循环再利用,减少废弃泥浆的数量,且筛除后的钻渣可进行集中清运,能避免污染周围土体及河道;钻孔桩施工时采用污泥脱水机处理泥浆,可使泥浆分离成泥块和满足排放要求的洁净水,有利于环境保护。

6.3.4 龙门吊电动液压夹轨器

随着公路工程项目的持续建设,龙门吊在预制梁场、钢筋加工场和大型运梁专用设施上均已广泛使用。但龙门吊作为一种高耸的特种起重设备,因其自重大、采用滑轮和轨道运行方式,极易在强对流天气、诡异大风和台风等侵袭时由于滑动发生整体倾覆事件,造成的后果也十分严重。

常规的龙门吊夹轨器均是采用人工机械式进行解、锁轨动作,该类夹轨器的使用会时常因操作人员安全意识不高、易遗忘,夹轨器的紧固和解锁操作不便等,容易形成事故隐患。电动液压夹轨器是一种“抗风防倾覆性能好、实际可操作性强”的新型龙门吊夹轨器。

通过对龙门吊手动式与电动液压式锁轨装置在可操作性和安全性能等方面的比较,电动液压夹轨器主要有以下几方面的优点:

(1)电动液压夹轨器结构紧凑,造型美观,在现有龙门吊上加装该装置简单易行,且成本较低。

(2)电动液压夹轨器夹钳座与支架采用浮动连接,钳腿与龙门吊轨道间的对中性能较好,可防止龙门吊在运行过程中跑偏。

(3)采用特殊的钳口设计可使夹轨器的钳口与龙门吊行走轨道间能紧密贴合,增强摩擦力,大大提高抗风能力。

(4)采用集成控制电箱可与龙门吊行走电路联锁,在龙门吊断电时可通过电磁阀控制,自动完成夹轨器钳腿的夹紧动作,能确保龙门吊运行安全可靠。

(5)操作简便,大大降低了因机械式夹轨器解、锁轨费时费力,从而减小人为失误。

电动液压夹轨器的运用极大地提升了设备自身的安全性能，简化了对操作人员的工作要求，能大幅减少人为因素造成的失误。

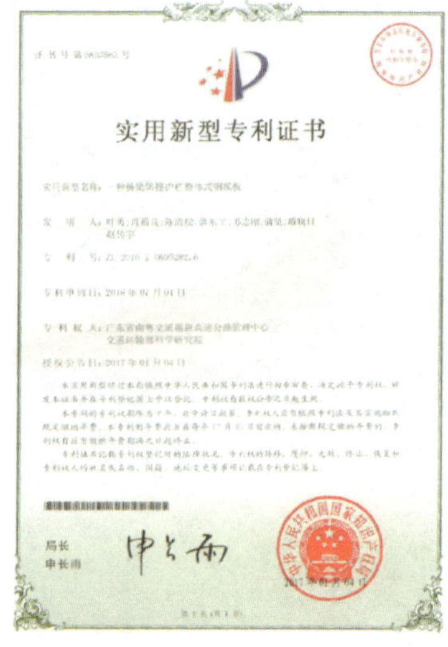
实用新型专利证书

局长
申长雨

图 6.3-32　桥梁防撞护栏整体式钢模板专利

6.3.5　桥梁防撞护栏整体式钢模板

桥梁防撞护栏为桥梁标准化的内容之一，揭惠高速公路项目为实现防撞护栏模板重复利用并提高施工质量，研究了整体式钢模板技术，并获得了国家专利（图 6.3-32）。

防撞护栏整体式钢模板主要由包括支架、挂钩、内模、外模和对拉螺栓五部分组成。支架由直角形支撑、斜撑和背撑组成；支架通过挂钩与外模连接，内模与支架背撑满焊固结；采用可调节对拉螺杆对模板进行固定，形成整体式模板。

其主要施工过程为：模板的组装→模板的定位→模板固定→混凝土浇筑→模板拆除→整体移模→循环使用。

整体式钢模板系统整体性强，安装拆除方便，可通过调节对拉螺栓，实现模板一次性安装就位，通过调节挂钩高度，实现整体脱模，施工整体性强，操作方便（图 6.3-33）。

图 6.3-33　桥梁防撞护栏整体式钢模板及台车使用情况

6.3.6　预制梁场主线建设降成本，增效，促环保

汕昆高速龙连段地处山区，受沿线途经区域限制，项目周边无法找到合适场地建设预制梁场。为尽可能降低施工单位临建成本，尽可能减少线外征地而破坏农田，避免线外建场造成植被破坏，龙连高速公路项目创新性地允许各施工单位将预制梁场建设在主线上（图 6.3-34）。这一要求虽然会带来相应的经济及社会效益，但对于工期如此紧张的龙连高速公路项目来说却充满了挑战。产梁进度滞后、架梁组织不力等均会对后续路基交验、路面施工带来相应的影响，而且预制梁场建设场地路基段必须要确保在 2015 年完成填筑。

龙连高速公路全线 24 个预制梁场全部设置在主线路基上，最大限度减少了线外征地，保护了生态环境和基本农田。而且通过梁场基础再利用研究,避免二次破除和投入,节约预制场、弃渣场、运输便道用地及用地复绿复垦共800余亩,节省施工和建设成本7000余万元,缩短了预制场清理时间,最大限度地保护了当地环境。同时,通过全线各参建单位的共同努力,积极组织梁场生产,加快运梁通道打通,因此在路基上建设梁场基本没有对主线路基交验及路面施工造成影响。

图6.3-34 预制梁场在主线路基上

6.4 典型桥梁建设纪实

6.4.1 化湛高速茂湛铁路跨线桥

6.4.1.1 桥梁工程概况

茂湛铁路跨线桥,位于茂湛铁路塘缀站与黄略站之间,是化湛高速的重点工程和全线的控制性工程,也是广东省高速公路建设史上首座转体桥(图6.4-1)。

桥位处地貌属塘缀河冲积平原,且地势平坦,周围为水田和耕地居多。勘察成果及区域地质资料显示,桥位区为混合花岗岩侵入地区。

跨茂湛铁路跨线转体桥为(75+75)m T形刚构桥,桥梁总宽34m,跨铁路联桥跨布置75m,跨越铁路股道数2股,桥承台边至铁路桥外缘的水平净距大于等于22m,梁体至轨顶垂直距离为9.8m。公路桥跨铁路采用分幅(67+67)m T构桥转体法施工,转体角度为83.6°,T构中墩与梁固结。上部结构连续箱梁采用单箱双室设计,0号块截面高度6.5m,17号块截面高度2.6m,截面横向尺寸为18.5m,跨铁路部分在外侧翼缘板增设1m检修通道,截面横向尺寸达19.5m。转体施工中空心薄壁主墩采用4×5ϕ180cm群桩基础;承台分上下承台两部分,下承台高5m,上承台高2.8m,球铰设置于上、下承台之间,为提高上承台整体刚度及抗扭受力性能,上承台在设计上采用竖向、纵向、横向三向预应力(图6.4-2)。

图 6.4-1　跨茂湛铁路 T 形刚构转体桥

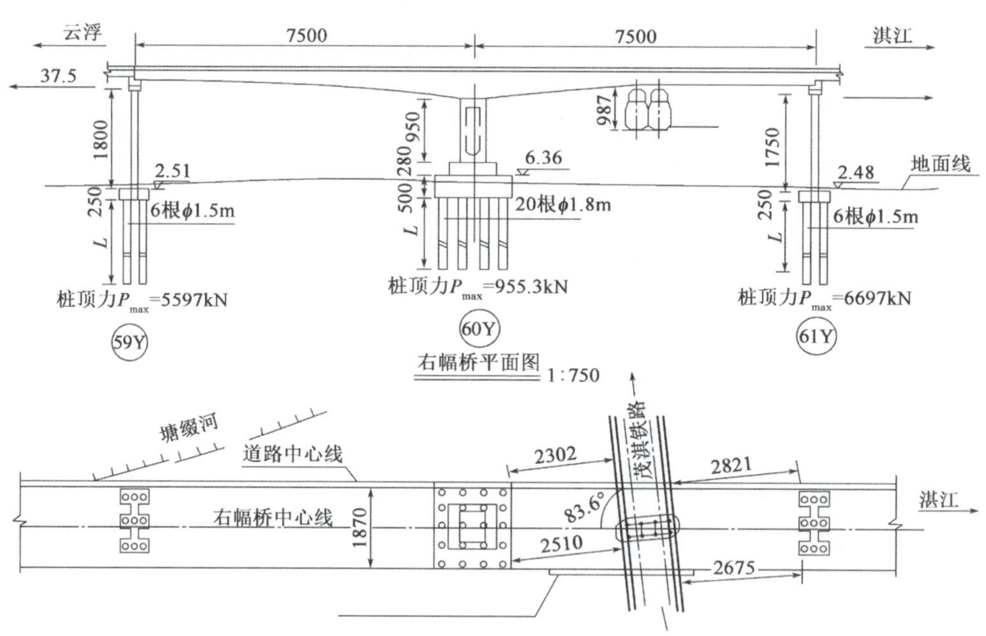

图 6.4-2　桥型布置图(单位:高程为 m;其他为 cm)

6.4.1.2　转体施工技术

1)转体施工工法介绍

桥梁转体施工是指将桥梁结构在非设计轴线位置制作(浇注或拼接)成形后,通过转体就位的一种施工法。它可以将在障碍上空的作业转化为岸上或近地面的作业。转体施工适用跨越深谷急流、难以吊装的特殊河道,具有节省吊装费用,安全、可靠、整体性好等特点。由于转体施工功法对桥下构造物影响小、技术可靠,近来越来越多的跨铁路以及跨公路桥梁都开始使用转体施工方法。既不影响铁路或公路的正常运输又有大量节省支架木材或钢材、安全、可靠、减少施工难度的特点。

2)称配重实验

转体施工的关键部件是承载整个转动体重量的转动球铰,而转动球铰摩擦系数的大小直接影响转体时所需牵引力矩的大小。转体桥梁在沿梁轴线的竖平面内,由于球铰体系的制作安装误差和梁体质量分布差异以及预应力张拉的程度差异,可能导致桥墩两侧悬臂梁段质量以及刚度分布不同,从而产生不平衡力矩。

为了保证桥梁转体的顺利进行,及时为大桥转体阶段的指挥和决策提供依据,有必要在转体前进行转体称重试验,测试转动体部分的不平衡力矩、偏心距、摩阻力矩及摩擦系数,并进行配重。

称重试验假设梁体可以绕球铰发生刚体转动,通过对梁体施加转动力矩,并测试球铰的切向转动位移,得到二者的关系曲线,当位移发生突变时,所对应的状态为静摩擦与动摩擦的临界状态。因为转动力矩与竖向顶力,切向转动位移与竖向位移之间存在固定的比例关系,因此,可以直接绘制顶力—位移曲线,找出临界点。

为了保证配重卸载的安全,配重应设置在非跨铁路孔一侧,配重的大小应保证配重后的偏心距满足 $5\text{cm} \leqslant e \leqslant 15\text{cm}$ 的要求。

配重的目的是使转动体达到平衡状态,提高转体过程的稳定性。常用的配重方案有如下两种:

(1)梁体绝对平衡配重方案;

(2)梁体纵向倾斜配重方案。

绝对平衡配重会使梁体在转动过程中发生抖动,因此目前一般采用第2种方案。

该配重方案的思路是:在转体过程中转体梁应在梁轴线方向略呈倾斜态势,即梁轴线上桥墩一侧的撑脚落下接触滑道,另一侧的撑脚抬起离开滑道。这样做的好处是使转动体形成两点竖向支承,增加了转动体在转动过程中竖平面内的稳定性。

本桥采用边称重边配重的方式,保证球铰的摩阻力矩大于梁体的不平衡力矩,全部撑脚脱空、称重试验用千斤顶位置脱空,即球铰完全自由的情形下,球铰保持静止。这样不仅保证了撑脚的安全,也避免了由于可能的撑脚着地而导致的梁端起伏过大,减小了转体后精调工作的难度。

6.4.1.3 双幅同步水平转体施工技术

1)转体施工技术难点

该转体的设计背景及特点决定了该转体在技术方面存在以下难点:

(1)水平转体时间要求短。受铁路运输限制,转体施工要在有限时间内完成,本桥转体重量大,转体过程中可能出现非匀速转动或急起、急停所产生的惯性力会导致梁体越位,因此保持缓慢匀速转动是该桥转体施工的关键。

(2)转体悬臂长度达67m。长悬臂意味着在竖平面内不平衡力矩使球铰产生微小转动,悬臂端部会产生较大的竖向位移。因而在转体及主梁线形调整中,精确监控悬臂端高程、确保转动体系的受力平衡,是提高转动体系抗倾覆能力,确保转体顺利完成的重要环节。

(3)转体重量达 10500t。本桥转体总重量大,减小摩阻力,提高转动力矩是转体顺利实施的关键。

(4)自身不平衡。由于上跨铁路桥,为设置防落网,60 号墩大里程及 62 号小里程对跨线段加宽 1m,因此桥梁结构自身存在纵横双向不平衡。在施工支架完全拆除后以及在转体过程中,转动体的自平衡或配重平衡对施工过程的安全起着至关重要的作用。

2)转体系统

(1)牵引动力系统(图 6.4-3)。转体系统由 4 套 QDCL1000 型连续顶推千斤顶、2 台 YTB 液压泵站和 2 台 LSD200 主控台通过高压油管和电缆线连接组成 2 套转体动力系统。系统设置防超转限位装置。连续转体千斤顶分别水平、平行、对称布置于转盘两侧的反力墩上,千斤顶的中心线与上转盘外圆(钢绞线缠绕的地方)相切,中心线高度与上转盘预埋钢绞线的中心线水平,同时要求千斤顶到上转盘距离相等。千斤顶用高强螺栓固定于配套的反力座上,反力墩与反力座须承受至少 2000kN 反力作用。动力系统设备运到工地进行现场对位安装与系统调试,确保运行的同步性和连续性达到最佳状态。

图 6.4-3 牵引索及动力系统

(2)牵引索。每个转体上转盘预埋两束索引索,每束由 19 根 1860MPa 强度等级的 ϕ^{j}15.2mm钢绞线组成。预埋的牵引索逐根顺次沿着既定索道排列缠绕 3/4 圈后穿过 QDCL1000 型连续转体千斤顶。先逐根对钢绞线预紧,预紧力由 10kN 逐根降至 5kN,再用牵引千斤顶在 2MPa 油压下对该束钢绞线整体预紧,使同一束牵引索各钢绞线持力基本一致。

(3)微调系统。在转体过程中发生偏位超标时,利用微调系统进行调整,以使转体继续;在转体完成后,利用微调系统将相关技术参数调整到允许范围内。

(4)测量系统。转体桥测量内容主要包括球铰有关参数,如球铰启动矩、摩擦系数、转动体不平衡力矩等;转体过程中主要测量转动角速度、牵引力等;转体后主要测量梁体的轴线与高程。测量体系是大桥安全顺利转体的重要保证。

3)现场配重试验判断转体平衡状态

现场试验称重与配重流程如图 6.4-4 所示。

图 6.4-4 称重与配重流程图

在拆除砂箱前在 4 个反力墩上放置 4 个千斤顶，千斤顶上放置 3cm 厚的钢板，升千斤顶使钢板恰好与上承台接触（未挤压），清理撑脚及滑道，逐步对称解除支座处的临时支撑（砂箱），并观察撑脚是否随砂箱拆除连续向一侧下沉。在拆除砂箱的过程中为保证对称同步，由现场工作人员指挥施工人员保持拆箱速度同步，同时用综合测试仪测量各个千斤顶的受力情况判断摩阻力矩与不平衡力矩的大小，并根据千斤顶力的大小计算不平衡力的大小，判断转体体系的平衡状态。

4）试转与正式转体

在聚四氟乙烯板和牵引系统安装到位后，根据理论算得的牵引力，进行试转以获得实际牵引力，并控制牵引速度确定正式转体时的角速度。根据铁路部门要求，两幅桥同步逆时针转体 83.6°就位，转体总时间控制在 80min 内，上下标的允许偏差值为 2cm，轴线偏差允许值为 7.5mm，精准就位后马上锁定，然后进行转铰固结施工。2017 年 7 月 17 日上午 8 时 37 分，云湛高速茂湛铁路跨线桥梁端开始以 2cm/s 的速度转动，上午 9 时 23 分，转体顺利旋转到位（图 6.4-5），标志本次转体已按拟定旋转角度顺利旋转成功。通过数据显示，实际施工时上下标的偏差控制在 1cm 左右，轴线偏差控制在 5mm 以内，时间和偏差控制非常完美。

6.4.1.4 总结与提高

（1）本桥采用边称重边配重的方式，保证球铰的摩阻力矩大于梁体的不平衡力矩，全部 8 个撑脚脱空、4 个称重试验用千斤顶位置脱空，即球铰完全自由的情形下，球铰保持静止。这样不仅保证了撑脚的安全,也避免了由于可能的撑脚着地而导致的梁端起伏过大,减小了转体后精调工作的难度。

图 6.4-5 试转转体桥就位

(2)采用力和位移双重监控进行称重配重。两台综合测试仪时刻监控千斤顶力的大小,纵向对称布置的6个百分表时刻监控球脚的位移,并辅以梁端位移测量结果,准确判断T形构的力学状态,保证了梁体称重与配重的顺利进行。

(3)该桥为广东高速公路建设史上首座大吨位转体桥,双幅同步转体跨越铁路,施工难度、工艺和工法等有一定代表性,采用了科学、经济、高效的施工方法,可为同类桥梁施工提供借鉴。

(4)受铁路运输限制,水平转体时间要求短,同时桥梁结构自身存在纵横双向不平衡,转体施工要在有限时间内完成。本桥转体重量大,转体过程中可能出现的非匀速转动或急起、急停所产生的惯性力也会导致梁体越位,保持缓慢匀速转动并保持桥梁的自平衡或配重平衡是该桥转体施工的关键。

6.4.2 连英高速公路英红特大桥

英红特大桥位于广东省英德市英红镇红旗社区七组和仙桥七队附近,大桥跨越运营中的京广高速铁路,是连英高速公路上的一座特大桥,是国内首座跨越时速高达350km/h高速铁路转体施工桥梁(图6.4-6)。

6.4.2.1 桥梁工程概况

桥位区属于河流侵蚀堆积阶地貌,高出北江河床约20m,地势平坦,地形平缓,岩土体整体稳定。英红特大桥与京广高铁交叉点位于京广高铁马鞍山特大桥广州侧的115号和116号墩之间,其交叉的角度为78°。京广高铁的路基宽度为10.5m,交叉处铁路轨顶高程为43.4m。净高不小于8m。

桥梁跨越位置属于京广高铁武广段,交通繁忙、客流量大。为了不影响高铁的营运,经铁路部门要求,选择采用转体施工方法。该施工工法在铁路两侧施工完成桥梁主体结构后,转动桥体至轴线上合龙。合理控制转体合龙时间,几乎对跨越结构物不产生影响。

图 6.4-6 转体施工英红特大桥主桥

根据桥梁布置要求及下部结构墩台尺寸构造，英红特大桥主桥跨径约为 90m，适合的桥型有预应力混凝土 T 构桥和预应力混凝土独塔斜拉桥两种方案。

1)(90 +90)m 预应力混凝土 T 构方案

结合地形地物，在满足京广高铁通行需求前提下，考虑桥梁配跨等因素，本方案主桥采用(90 +90)m 预应力混凝土 T 构，引桥采用 25m 装配式组合箱梁和等高度连续箱梁。其中主桥为单箱三室，梁体采用三向预应力体系。

主桥桥墩采用矩形空心等截面，纵向宽 4.0m，横向上宽 21.0m、下宽 15.0m，内腔对应梁部箱室也分三室，墩高 11.0m(图 6.4-7)。

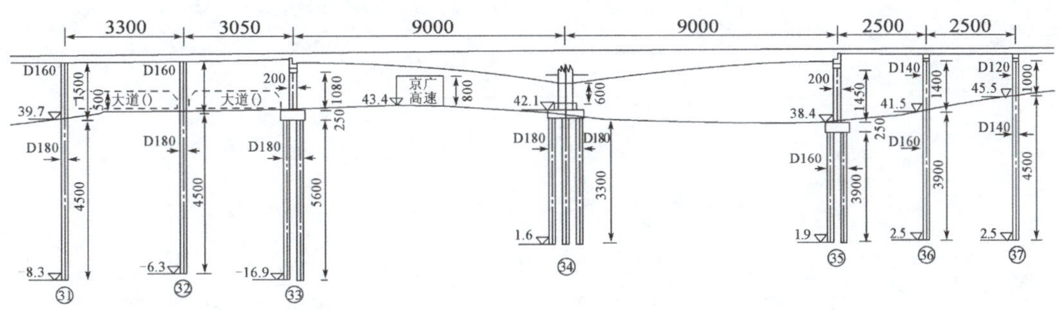

图 6.4-7 英红特大桥预应力混凝土 T 构方案立面布置图(尺寸单位:cm)

2)(90 +90)m 预应力混凝土独塔斜拉桥方案

本方案主桥采用(90 +90)m 预应力混凝土独塔斜拉桥(图 6.4-8)，引桥采用 25m 装配式组合箱梁和等高度连续箱梁。整幅桥宽 30.0m，为边箱式槽形梁，梁体采用三向预应力体系。为了运营期间的斜拉桥养护维修不影响桥下高铁运营安全，斜拉索的梁上锚固置于主梁的边箱内部，锚固结构的维护和换索均在箱体内进行，从而最大限度地减小了对高铁的干扰；同时边箱结构对于防坠落异物的作用更强，也有利于高铁安全。

3)方案比较和选择

从桥型方案特点、设计难点、经济性等方面对上述两种桥型方案进行综合比较(表 6.4-1)，两个方案在技术上、施工上、风险上都相接近，桥梁总长、路线纵坡标准不受方案的影响，方案比选主要基于工程的经济性、施工的风险性和后期的养护成本等方面的考虑。综合比较后,主桥推荐采用(90+90)m 预应力混凝土 T 构方案。

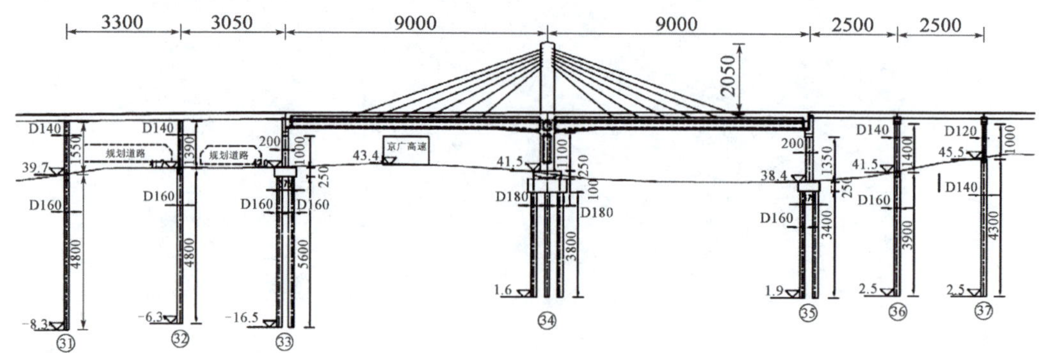

图 6.4-8 英红特大桥预应力混凝土独塔斜拉桥方案立面布置图(尺寸单位:cm)

两种桥型方案比较 表 6.4-1

项目 \ 桥型方案	预应力混凝土 T 构方案	预应力混凝土独塔斜拉桥方案
方案简述	主桥采用(90+90)m 跨预应力混凝土 T 构;主墩采用空心薄壁墩,群桩基础。 引桥采用 25m 跨装配式预应力混凝土小箱梁+等高度现浇连续箱梁;下部桥墩采用圆柱墩,桩基础。 桥台采用肋板台台,桩基础	主桥采用(90+90)m 跨预应力混凝土独塔斜拉桥;主墩采用空心薄壁墩,主塔采用矩形实心墩,群桩基础。 引桥采用 25m 跨装配式预应力混凝土小箱梁+等高度现浇连续箱梁;下部桥墩采用圆柱墩,桩基础。 桥台采用肋板台台,桩基础
主桥施工方案	主桥主梁采用转体施工,主墩采用滑模法施工	主桥主梁采用转体施工,主墩、主塔采用滑模法施工
造价	较低	较高
工期	稍短	稍长
综合评价	①设计成熟,转体施工较复杂,施工难度较大; ②主梁整体高度较矮,施工转体风险较小; ③施工周期相对较短,后期养护费用较小,工程造价相对较低; ④主桥景观性较差	①设计较复杂,转体施工较复杂,施工难度较大; ②主梁整体高度较高,施工转体风险较大; ③施工周期相对较长,后期养护费用较大,工程造价相对较高; ④主桥景观性较好
比选结论	推荐方案	比较方案

经过比选,主桥选用(90+90)m 预应力混凝土 T 构方案。

6.4.2.2 英红特大桥转体施工过程

本桥转体施工过程与茂湛铁路跨线桥类似。桩基础施工完成后立即浇筑下承台,临时固定球铰后,现浇中墩及墩梁固结,然后沿平行于既有京广高铁线一侧搭支架施工上部结构,同时修建两个边墩,待转体到位后随即落梁,然后进行桥面剩余附属设施施工、完成二期恒载后成桥通车。

具体施工步骤如下:

(1)先施工主墩桩基、承台。其次开始施工边墩桩基、承台及部分墩身,并且墩身高度应保证箱梁转体时有足够的空间。接着绑扎主墩承台钢筋的同时,安装下转盘球铰、下滑道等的定性劲性骨架,然后灌注承台混凝土,安装下滑道及球铰下面板,再灌注下滑道及球铰下面板下的水泥砂浆。下转盘完工后,安装球铰上面板及上转盘劲性骨架,安装转体牵引索,灌注上转盘混凝土,灌注承台顶反力座混凝土等,平转体系基本完成,进行试转体。

(2)同时上转盘和承台需要临时固结,以及进行主墩墩身及T构0号块的施工。待0号块混凝土强度及弹性模量达到设计值的90%并满足不小于7天龄期后,张拉纵向预应力钢束及相应横、竖向预应力钢束(筋),抽真空压浆。张拉锚固应先腹板束后顶板束,从靠近腹板的钢束开始对称进行。预应力铜束两端同时张拉,采用张拉力和伸长量双控,张拉并锚固钢束后进行孔道压浆。

(3)在0号段上安装挂篮,并进行预压消除非弹性变形,完成对称悬灌"T"构的一切准备。在悬灌之前必须根据线形控制检查梁面高程及中线,不得超出设计误差允许值。在平行铁路路线方向的上对称悬臂浇筑1号节段混凝土。待混凝土强度及弹性模量达到设计值的90%并满足不小于7天龄期后,张拉纵向预应力钢束及相应竖 向预应力钢束(筋),抽真空压浆。

(4)移动挂篮,依次浇筑2~20号梁段混凝土,待混凝土强度及弹性模量达到设计值的90%并满足不小于7天龄期后,张拉并锚固该梁段相应纵、横、竖向预应力钢束,抽真空压浆。浇筑悬浇段内侧混凝土护栏及外侧电力监测网基础,并安装电力监测网。

(5)开始主墩侧梁体转体准备及调试,转体前(图6.4-9)拆除上转盘和承台间的临时固结。主墩侧梁体左右幅同步实施转体。主墩侧梁体顺时针方向转体角度左幅77.78°、右幅78.24°。

图6.4-9 英红特大桥转体施工前

(6)待梁体转体完成后(图6.4-10),将上下转盘用混凝土封固,剩余边墩墩身及盖梁开始施工。边跨后浇直线段搭设支架,并保证支架对悬浇段末端有临时支撑的作用。浇筑边跨后开始浇直线段,然后浇合龙段,待混凝土强度达到设计值90%及龄期不少于7天后,张拉边跨后浇直线段相应钢束。

(7)拆除挂篮及边跨后浇直线段满布支架。浇筑边跨后浇直线段和合拢段全部混凝土护栏及电力监测网基础及悬浇段外侧、次外侧混凝土护栏。桥面铺装施工及全桥防护网安装完成后,全桥竣工,并可以投入运营。

图6.4-10　英红特大桥转体施工后

本桥为双幅桥同步转体,施工控制精度要求较高,为安全、顺利地完成本桥施工,设计技术参数如下:

(1)转体主墩承台施工时,在承台顶浇筑主墩下转盘各构件。

(2)安装球铰及滑道,施工上转盘及桥墩,预埋临时固结构件。

(3)上转盘及桥墩施工时,为了结构的稳定安全,应将桥墩、上、下转盘之间作临时性锚固,待实施转体前予以拆除。

(4)施工转体主墩,平行铁路方向支架现浇主墩和0号块梁体,利用挂篮悬臂逐段浇注其余箱梁节段。

(5)施工每幅桥面内侧防撞护栏、异物侵限电网、防抛网。

(6)转体前必须委托科研单位对转体结构进行称重,实测其重心位置,并进行配重,使全部转体结构重量主要由中心球铰承担。

(7)对转体结构进行试转,测定摩阻系数等各项参数。左幅顺时针试转2.66°,右幅顺时针试转3.15°,试转后,左右幅桥梁剩余转体角度相同。

(8)根据铁路管理部门确定的转体作业时间,两幅桥同时转体,转动角速度为0.02rad/min,转动角度为左幅顺时针77.78°,右幅为顺时针78.24°,理论转体作业时间约为65min。转体最后阶段应采用点动,确保梁体精确就位。转体过程中,现场测量应随时跟进,保证左右幅转体段的梁体中线基本平行。设计要求转体过程中,左右幅梁体的最近距离不得小于20cm。若因其他因素造成同步差异性较大,应将转体速度较快的梁段暂停,二者基本同步时再启动转体。

(9)应避免在雨雪天气、大风天气、夜间等外部不利条件下进行转体。虽然可多次转体,但要尽量减少转体次数。

(10)必要时对梁体进行姿态微调,然后锁定上下转盘,对转体结构进行固封。

6.4.2.3　总结与提高

连英高速呈东西走向穿越英德市,与南北走向穿越英德市的京广高铁必然存在交叉点,英红特大桥为该项目最为重要的控制点之一。经过方案比选,主桥选用(90+90)m预应力混凝土T构方案。英红特大桥上跨京广高铁转体桥梁是国内首例超大吨位双幅高速公路同步转体跨越高速铁路的转体桥梁。虽然桥梁的转体施工工艺在铁路上的应用较多,但是在高速公路建设的领域上,尤其是跨越时速高达350km/h高速铁路,在国内尚属首例,通过本桥的成功实实践为高速公路跨越高速铁路转体施工桥梁建设积累了宝贵的经验。

6.4.3 英怀高速龙门大桥

6.4.3.1 桥梁工程概况

英怀高速龙门大桥位于广东省怀集县内,项目地处广东西北部山区,桥梁跨越U形山谷,地势起伏较大,谷底区域地势平坦,主要为农田及民房。受地形起伏影响,龙门大桥墩主桥桥墩高度均在80m以上。该桥跨越要求不高,桥型方案选择主要考虑地形条件及高墩施工等因素,适合的桥型有悬浇连续刚构箱梁和装配式T梁两种方案(图6.4-11、图6.4-12)。

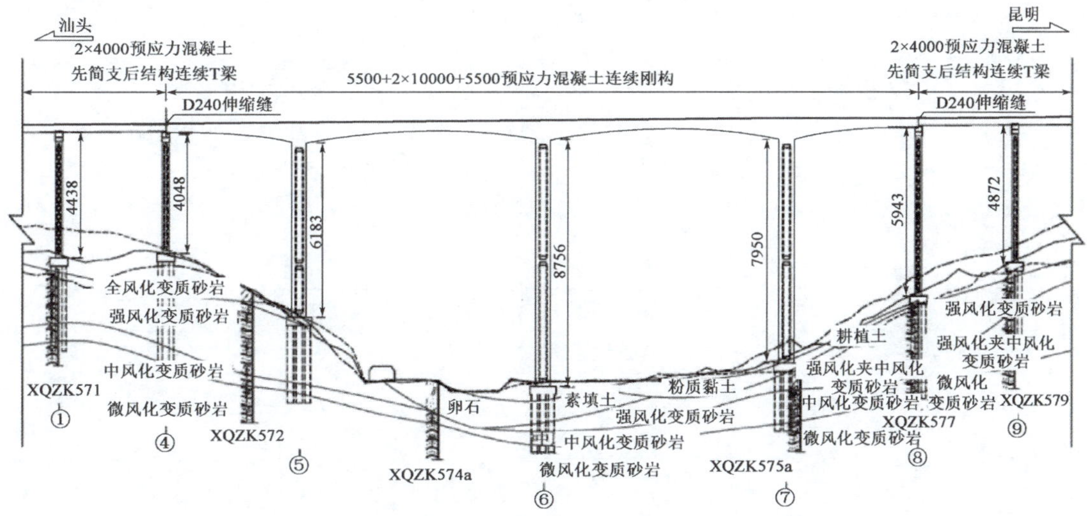

图6.4-11 悬浇连续刚构箱梁桥型布置立面图(尺寸单位:cm)

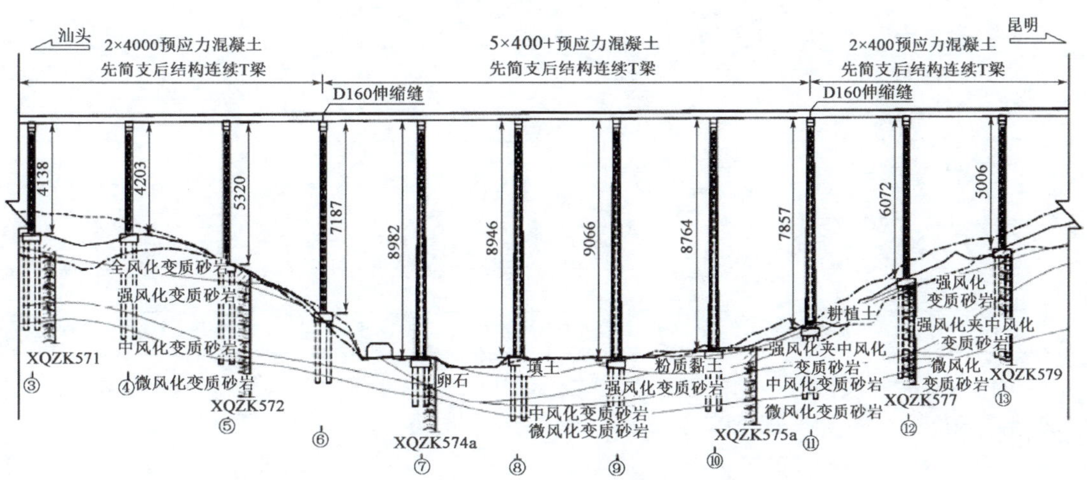

图6.4-12 装配式T梁桥型布置立面图(尺寸单位:cm)

1)悬浇连续刚构箱梁

由于桥墩高度较高,为减少高墩数量,降低施工难度,主桥采用(55+2×100+55)m连续刚构箱梁跨越山间谷地。主桥上部构造按全预应力混凝土设计,采用三向预应力。施工方案采用的是挂篮悬浇逐段施工,主桥箱梁采用先边孔后中孔的顺序合拢,主墩采用双薄壁墩和空心薄壁墩混合的形式,过渡墩则采用空心薄壁墩,基础为钻孔桩基础。

引桥上部构造采用40m预制预应力混凝土T梁,先简支后结构连续。桥墩根据墩高采用空心薄壁墩和圆柱墩。

2)装配式T梁

本桥桥墩高度较高,上部构造采用40m预制装配式预应力混凝土T梁,先简支后结构连续刚构体系。桥墩根据墩高分别采用圆柱墩和变截面薄壁空心墩;其中由于第二联墩高较高,为增强桥墩的横向稳定性,将桥墩设计成整幅合修的变截面空心薄壁墩,其余薄壁墩采用分离式断面。

3)方案比较和选择

龙门大桥桥位处地形起伏变化大,墩高最高可达86m。桥下跨越省道S349、河沟和村庄,对桥梁的美观性也具有一定的要求。考虑到预制结构总体造价相对较低,对大跨桥梁方案和预制梁方案进行同深度比较。

主桥两个方案(表6.4-2)之间各有优缺点,具体表现在如下几个方面:

龙门大桥桥型方案表

表6.4-2

项　目	方　案　一	方　案　二
主桥桥型	悬浇连续刚构箱梁	装配式T梁
桥跨布置	(55+2×100+55)m	(25+4×40+5×40+5×40)m
主跨最大墩高	83m	86m
引桥桥型	装配式T梁	—
英德侧引桥桥跨布置	4×40m	—
怀集侧引桥桥跨布置	3×40m	—
全桥桥长	598m	593m
结构整体性	较好	一般
总体工期	较短	较短
景观方面	优	一般
施工便利性	较优	优
总造价	1.150亿元	1.144亿元
跨径合理性	优	一般
结论	推荐方案	比较方案

(1)结构整体性:方案一采用P.C.连续刚构,其整体性要优于40m T梁,但对下部结构地质要求也较高;

(2)工期:由于方案一采用的是悬浇的施工方式,而方案二采用预制吊装,所以在工期方面40m T梁较为优秀;但40m T梁方案墩柱较多,且均为高墩,下部结构施工工期占总工期时间比重较大,需投入更多的资源,多个桥墩同时施工时才能保证其工期较短的优势。

(3)景观:由于主桥位于丘陵地带,导致桥墩高度较高。方案一中主桥采用连续刚构仅有三个主墩,视觉上较为简洁,而方案二采用40mT梁由于跨径限制下部需设置若干薄壁墩,导致视觉上下部结构体量较大,所以景观方面连续刚构较优。

(4)经济性:预制40mT梁可工厂化施工,安装方便,经济性方面较优。

(5)桥跨布置:丘陵地带宽度约200m,由于40m T梁跨径限制需设置多墩,故方案一较优。

(6)桥下预留空间:桥跨桥下空间均能满足省道S349远期规划的预留宽度要求。

6.4.3.2 自动翻模(内滑外翻)施工技术

本桥桥位处地形起伏较大,部分桥墩高度较高,采用自重翻模施工技术,在保证施工质量的同时,提高了施工效率。

1)模板设计

外模模板每节高2.5m,共2节,内模高度为2.5m,共1节。其内外模板均通过可旋转的360°旋臂吊进行提升,详见图6.4-13。

(1)模板高度的选定:每一节翻模模板主要由面板、纵横肋等构成。根据工程实际情况,翻转模板用大块组合模板拼成。

(2)模板构造的设计:外模采用整体钢模板,由于墩身高,模板倒用次数多,外模面板使用6mm厚钢板制作,模板设有槽钢横肋,横肋与模板组焊而成。

2)操作平台系统

(1)操作盘

操作盘为空心方钢模块化拼接而成的桁架系统,桁架系统采用10cm×10cm×ϕ6mm的方钢拼接制作,高2.4m,为2.4m×1.15m×6m的立体结构。

(2)辅助盘

在操作盘下2.8m处悬挂辅助盘,辅助盘宽0.9m,距离墩身距离为0.3m,用于拆模及混凝土养护修饰,辅助盘结构如图6.4-14所示。

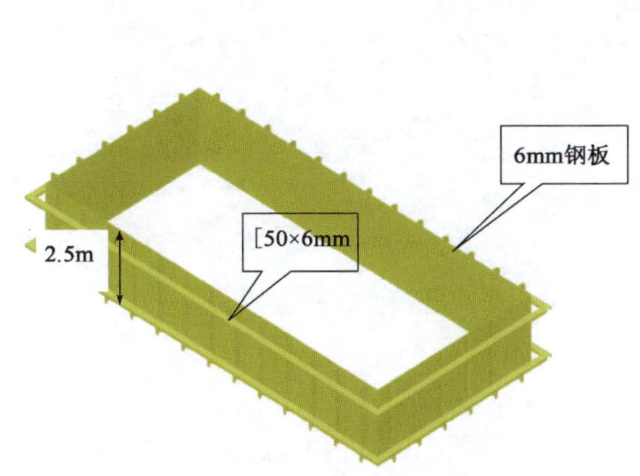

图6.4-13 自动翻模外模结构

图6.4-14 自动翻模整体操作盘结构

3)液压提升系统

提升系统主要由扁担梁、支撑杆、液压操作系统等组成。

(1)扁担梁

扁担梁起承重作用,由其将操作平台、模板、人员机具等施工荷载通过千斤顶传递给预埋钢管。主扁担梁和次扁担梁分别与平台桁架进行连接。主次扁担梁横桥向各布置两根,通过螺栓拼接的方式与桁架系统进行连接,如图6.4-15所示。

图6.4-15 自动翻模扁担梁结构

(2)支承杆

支承杆的下端埋在混凝土内,上端顶住液压千斤顶的实心可伸缩杆,通过千斤顶承受整个桁架的荷载。当钢筋绑扎、模板安装完成后,次扁担梁通过U形筋与桁架扣住使次扁担梁架设在模板上,千斤顶伸缩杆爬升至距离混凝土面2.5mm时,支承杆选用$\phi48\times3.5$mm钢管及时接长。支承杆采用焊接进行接长,焊接后用砂轮机打磨光滑,且平整度与原钢管面一致。具体布置数量为四根,保证支撑杆能安全撑起整个提升系统(图6.4-16)。支承杆设置位置见图6.4-17。

图6.4-16 次扁担梁U形筋示意图墩身预埋钢管托住模板示意图

(3)液压操作系统

①液压千斤顶

液压千斤顶中心顶住支承杆,在液压动力作用下,千斤顶可顶住支承杆进行爬升,同时带动提升架、操作平台随之共同上升。在组装前必须检查管路是否通畅,耐压是否符合要求,有无漏油现象,若有异常需及时排除。

图6.4-17 自动翻模施工支承杆位置

②液压控制台

液压控制台是液压传动系统的控制中心,操作方式可为电动操作台控制和手动遥控控制(图6.4-18)。液压系统安装完毕后,应进行试运转,首先进行充油排气,然后加压至12MPa,每次持压5min,重复3次,各密封处无渗漏。

③油路系统

油路系统是连接控制台到千斤顶的液压通道,油管采用高压无缝钢管,根据工作面积的大小和荷载分析决定液压千斤顶的数量为4台(图6.4-19)。

图6.4-18 液压控制台

图6.4-19 液压千斤顶

4)360°旋臂吊可旋转自提升系统

在绑扎完下一节段的钢筋后,使用360°旋臂吊对内外模板进行翻升,先对外模进行翻升安装固定,再对内模进行翻升安装(图6.4-20)。

5)卷扬机运输系统

传统高墩混凝土浇筑是利用塔吊、汽车吊等作为辅助设备,而本工艺利用卷扬机吊装混凝土进行浇筑(图6.4-21),可减少设备的租赁,从而降低施工成本。

图 6.4-20　360°旋臂吊翻升模板

6)工艺流程

(1)施工工艺流程

自动翻模施工工艺流程如图 6.4-22 所示。

图 6.4-21　卷扬机运输混凝土

测量放样

钢筋加工 → 第一节钢筋绑扎

模板加工 → 模板、行架、提升系统安装

混凝土浇筑

顶面凿毛

下节钢筋绑扎

外侧模型提升安装、养生

桁架提升

内模板提升

模板系统整体拆除

封顶

循环

图 6.4-22　自动翻模施工工艺流程图

(2)自动翻模组装

承台混凝土施工完成后,测量精确放样,弹出墩身墩底截面轮廓线,对墩身范围内的混凝土进行凿毛清洗,接长主筋,绑扎 6m 墩身钢筋,预埋支撑杆钢管,安装墩身模板浇筑第一模墩身混凝土。

在承台上安装操作平台骨架，铺设脚手板，安装千斤顶及扁担梁等。支撑杆需顶住千斤顶及主扁担梁，平台骨架距模板顶距离为2m。液压系统安装完毕后，需进行通油持荷检验。

(3)模板安装

①模板安装采用全站仪进行施工放样和检测，每节墩身混凝土浇筑前应测量模板四角的平面坐标。

②内外模板通过360°旋臂吊进行提升，人工辅助安装(图6.4-23)。起吊前应仔细检查模板与混凝土之间是否完全脱离，起吊扣件是否牢固，吊装模板应有专人指挥，以确保安全。模板安装完毕后，应对其平面位置、顶部高程、节点联系及纵横向稳定性等进行检查。

(4)墩柱混凝土浇筑

①浇筑前准备工作

混凝土浇筑前应检查模板的高程、尺寸、位置、强度、刚度、牢固性、平整度、内侧的光洁度等内容是否满足要求，不得有缝隙和孔洞。

②墩柱混凝土浇筑

每一阶段施工时，应做好施工面的凿毛工作，在混凝土浇筑前保证施工面干净、湿润，并且尽量保证接触处四周平顺，在同一水平面上。

混凝土浇筑采用卷扬机辅助吊斗入模(图6.4-24)，使用插入式振捣器振捣，每次浇筑混凝土的高度为2.5m，每层混凝土浇筑厚度按30cm控制。

图6.4-23　自动翻模系统

图6.4-24　自动翻模墩柱混凝土浇筑

混凝土的浇筑过程中，要按一定的顺序和方向分层进行，应沿浇筑的顺序方向，采用斜向振捣法，振捣棒与水平面倾角约30°。棒头朝前进方向，插棒间距以50cm为宜，防止漏振。插入式振捣器的机头，不得贴上模板，靠近模板振动时要保持5~10cm的间距。

③桁架爬升与模板提升

底节混凝土浇筑完，即可安装第二节墩身的钢筋、模板。模板安装前清除模板表面的杂物、冲洗、打磨及涂脱模剂，采用螺栓将上下模板连接在一起，用预设的拉杆初步固定在底节混凝土上，调整模板至准确位置，安装牢固，其余工作同首节墩身施工。

第二节外模安装完成后，开始提升桁架，由专业人员操纵4个千斤顶，顶在预埋在第一节混凝土中的支撑杆,使桁架整体均匀缓慢上升,提升过程中注意保持桁架整体水平,并且不要发生过大的晃动。桁架提升到位后,安装扁担梁,锁紧模板支撑螺杆。

下一步开始吊装内模施工,使用悬臂吊将内模吊装到位并加固,安装内模的同时可以进行辅助盘的安装施工。完成后,收起千斤顶,这时桁架重量由扁担梁承受、预埋千斤顶支撑杆和穿心棒 PVC 管及其他需要预埋的部件。完成后浇筑第二节混凝土。

第二节混凝土浇筑完,即可安装第三节墩身的钢筋。待第二节混凝土达到 10MPa 后(终凝),拆除首节模板(留下不拆的模板起支撑作用)。拆除时应先用挂钩钩住模板外侧,然后卸除模板的连接螺栓,将模板向外推入辅助盘平台进行清除模板表面的杂物、冲洗、打磨及涂脱模剂,拆开外模的同时四个面插入 8 根支撑穿心棒。然后用悬臂吊将清理好的模板逐块提升,安装在第二节模板之上,采用螺栓将上下模板连接并加固。

内模在混凝土终凝后拆开,进行清除模板表面的杂物、冲洗、打磨及涂脱模剂。

下一步进行桁架的提升,内模系统随桁架一起提升,提升过程同上。桁架提升完成并加固后,浇筑第三节混凝土。如此往复施工。

(5)自动翻模系统拆除

自动翻模装置拆除在统一指挥下进行,桁架系统可通过卷扬机进行整体拆除,不需要人工在高空进行拆除作业,避免人工高空拆除的风险。

(6)工效对比

自动翻模施工技术与传统翻模施工技术工效对比详见表 6.4-3。

自动翻模施工技术与传统翻模施工技术工效对比表 表 6.4-3

项　目	工　艺	工 程 量	模　板	施工进度	工　期
龙门大桥 6 号、7 号主墩	自动翻模	330m	2 套 2.5m 模板	5m/天	66 天
	翻模	330m	2 套 2.5m 模板	2.5m/天	132 天

6.4.3.3 总结与提高

设计标准化的提出,极大地提高了设计效率,确保了施工质量,也有利于施工标准化,但由于山区高速桥梁不可避免出现跨越沟谷和河川地段的高墩桥梁,如不充分考虑桥址处的地形地物条件,仍按照设计标准化要求采用全预制结构,会对桥梁景观、安全、造价、施工便利、后期养护等带来影响。由于桥墩高度较高,为减少高墩数量,降低施工难度,主桥采用连续刚构箱梁跨越山间谷地,同时,在高墩施工中采用自动翻模技术。

(1)桥梁设计应因地制宜,应结合实际地形、地貌、外部条件等合理拟定桥型方案。桥梁上部结构宜优先采用标准跨径的预制梁板,但山区高速公路须跨越沟谷或河川时,墩高普遍较高,其桥梁结构形式的选择会影响桥梁受力的合理性、整体造价、施工的难易和美观,需对中小跨径的预制结构和大跨度结构桥梁进行多方案比选,并结合实际情况择优选择。

(2)跨越大型深谷和河川时,考虑造价、施工条件和美学等因素,宜采用大跨径结构桥梁。随着桥墩高度的增加,其造价占桥梁总体造价的比重增大。对于桥墩较高的大跨径连续刚构,适当增加跨径可以减少引桥或主桥的高墩数量,有效降低桥梁的下部结构造价,经济性有一定的竞争优势。

(3)自动翻模技术的应用可降低高墩施工的风险,提高施工质量并节省了施工工期。

6.4.4 港珠澳大桥珠海连接线前山河大桥

6.4.4.1 桥梁工程概况

港珠澳大桥东接香港特别行政区,西接广东省(珠海市)和澳门特别行政区,是国家高速公路网规划中珠江三角洲地区环线的组成部分和跨越伶仃洋海域的关键性工程,将形成连接珠江东西两岸新的公路运输通道。

前山河大桥位于广东省珠海市香洲区,在石家嘴水闸与昌盛大桥间跨越前山河水道,桥梁起点接拱北隧道,终点接南湾隧道,桥梁全长1777m(如图6.4-25所示)。前山河大桥主桥跨径组成为(90+160+90)m,全长340m,是国内最大跨径的波形钢腹板预应力混凝土连续梁桥。桥区所在地隶属广东省珠海市香洲区前山河水闸北,小桩号岸紧靠跨境工业园区,大桩号岸以南琴互通为纽带与现有南湾大道相接,交通条件便利。

图6.4-25 前山河大桥

桥区处于构造侵蚀堆积地貌单元中,区段内地形平坦,海拔高程-5~4m。桥梁在此跨越前山河水道,河宽约为300m。

桥址区为区域性次级断裂,隐伏性构造在ZK4+320附近与路线近垂直相交。根据区域地质资料的显示:该断裂在路线区内为一条推测性的隐伏断裂,分布于澳门至古鹤至中山温泉一带,估计长度约30km,延伸方向为325°。由于该断裂在区内属隐伏性断裂,上覆厚约30m的覆盖层,构造迹象不明显,可通过调整桥梁跨径,使桩基有效地避开构造带,总体对前山河特大桥影响不大。

前山水道定级为Ⅳ级航道,通航孔净高8m,双向通航孔净宽143m。最高通航水位2.844m,最低通航水位-0.756m。

6.4.4.2 桥型方案比选

考虑通航要求及桥梁下部结构尺寸，前山河大桥主桥跨度应不小于160m。主跨不小于160m的桥梁，可供选择的桥型主要有拱桥、独塔斜拉桥、连续梁桥、自锚式悬索桥等方案（图6.4-26）。

若考虑一跨通过水域，跨径在310m左右，可供选择的桥型主要有悬索桥、斜拉桥、拱桥等；但考虑到宜尽量减小主桥规模的因素，则拱桥最为合适，因其可只做一孔主跨、不需边跨。

（1）拱桥：是传统桥型，技术成熟，综合地形、造价、景观等因素，采用中、下承式的钢管混凝土拱桥较为适宜。若采用一跨跨越水域的方式，则两侧的扣塔都设置在岸上，要求净跨330m，规模过大、造价较高，整体造型与周围环境的协调性较差。

（2）自锚式悬索桥：160m主跨是该桥型中较为适宜的跨径形式。但施工时需采取满堂支架的方式或顶推法的工艺，施工复杂；且总体造价高、后期维护费用大。

（3）连续梁桥方案：因主墩较矮，不足10m高，墩梁不应固结，故采用连续梁方式。主跨160m是预应力混凝土连续梁的合理跨径形式，该桥型设计、施工工艺成熟，造价经济，适于选用。同时，亦可选用波形钢腹板的形式进行比选。

（4）斜拉桥：单跨160m是独塔斜拉桥的常规和经济跨径，结构受力合理，建造经验丰富，是合适的方案之一。另外，矮塔斜拉桥桥型介于连续梁桥和斜拉桥之间，其外形近于斜拉桥，但整体规模较之独塔斜拉桥大；并且主跨160m对于矮塔斜拉桥而言，单位造价上也没有优势。

a）下承式系杆拱桥方案一

b）下承式系杆拱桥方案二

图 6.4-26

c)自锚式悬索桥方案一

d)自锚式悬索桥方案二

e)连续梁桥方案一

f)连续梁桥方案二

图 6.4-26

g)独塔斜拉桥方案一

h)独塔斜拉桥方案二

i)

i)矮塔斜拉桥方案

图6.4-26　桥型方案

从整体层面上看,景观视觉不赞同有桥面以上的高耸建筑,因此,拱桥、自锚式悬索桥、独塔斜拉桥及矮塔斜拉桥均与大背景不够协调;而连续梁桥型简洁、平顺,能较好地融入周围环境,景观效果较好。同时,考虑到港珠澳大桥的主桥较多地采用斜拉桥的桥型,该桥若采用斜拉桥型,可与港珠澳大桥相呼应。

从造价、景观、工期等方面综合比较,初步设计选用连续梁桥和独塔斜拉桥共两种桥型、4个方案,主跨均为160m。

1)预应力混凝土连续梁桥型方案(方案一)

本方案结合周围地形产物将主桥定为预应力混凝土连续梁桥,跨径组成为(90+160+90)m,主桥全长340m。该方案外形质朴,无高耸建筑,与前山河上其余几座梁桥的风格协调一致。

(1)主梁构造

主桥上部构造按全预应力混凝土设计,纵、横向及部分竖向预应力采用国家标准《预应力混凝土用钢绞线》高强度低松弛钢绞线。箱梁纵向钢束每股直径15.2mm,大吨位群锚体系;顶板横向钢束每股直径15.2mm,扁锚体系;竖向预应力在梁高大于6m的节段采用15.2—3钢绞线,其余梁段采用精轧螺纹钢筋。纵向预应力束管道采用预埋塑料波纹管成孔,真空辅助压浆工艺。

(2)下部构造

主墩墩身采用等截面矩形实体墩,基础为整体式承台基础,为了减小水阻力,承台外形做成椭圆的流线型。基础为15根直径为2.5m的钻孔灌注桩,顺桥向布置3排、横桥向布置5排。

2)独塔空间双索面的斜拉桥方案(方案二)

本方案采用花瓶型独塔双索面的预应力混凝土斜拉桥方案,桥跨布置为(160+90)m,不设置辅助墩。经静力计算与动力效应的评价,本方案采用塔墩梁固结的体系。

(1)主梁构造

本方案主梁采用边箱断面,外腹板为斜腹板形式。主梁边跨压重段断面形式是单箱三室箱梁,除增加中间部分底板将左右箱室联成整体外,其他尺寸与基本断面一致。

主桥混凝土箱梁纵桥向按全预应力混凝土设计,采用两向预应力,纵、横向预应力采用国家标准《预应力混凝土用钢绞线》高强度低松弛钢绞线。箱梁纵向钢束每股直径15.2mm,大吨位群锚体系;顶板横向钢束每股直径15.2mm,扁锚体系。纵向预应力束管道采用预埋塑料波纹管成孔,真空辅助压浆工艺。

(2)主塔及基础构造

塔采用直立式,主塔横桥向立面为花瓶状。自塔座以上主塔全高92.5m,桥面以上塔高80m,桥面以下塔高12.5m。上塔柱采用等截面空心截面,下塔柱为变截面空心截面。为有利于塔柱内力向承台过渡,在承台顶有2m高的塔座。

上塔柱为斜拉索锚固区,锚固端局部构造采用凹槽式,槽表面以厚1cm钢板包裹,以利于拉索定位,也可代替部分模板。在上塔柱锚固区,采用U形预应力束,以抵抗斜拉索水平分力。

上塔柱锚固区U形束管道和上、下横梁预应力束管道均采用塑料波纹管,压浆工艺全部采用真空辅助压浆法。主墩基础为整体式椭圆形承台基础,配22根直径为2.5m的钻孔灌注桩,按梅花状布置。

(3)斜拉索构造

斜拉索采用低松弛镀锌高强钢丝并采用箱梁外侧锚固的双索面,全桥共有38对索。梁上索距7m,塔上索距3~3.5m,斜拉索采用平行钢丝成品,最大索长为175m,最短索长为23m。斜拉索锚头均采用冷铸墩头锚,塔上为张拉端,梁上为锚固端,斜拉索两端锚具均采用张拉端锚具。

3)波形钢腹板预应力混凝土连续梁方案(方案三)

本方案主桥为波形钢腹板预应力混凝土连续梁桥,跨径组成为(90+160+90)m,主桥全长340m。波形钢腹板桥是用8~28mm左右厚的钢板取代厚30~90cm厚的混凝土腹板;鉴于顶底板预应力束放置空间有限,一般会需要设置体外索。

(1)主梁构造

主桥上部构造纵桥向按全预应力混凝土设计,采用纵、横向预应力体系。箱梁纵向钢束每股直径 15.2mm,大吨位群锚体系;顶板横向钢束每股直径 15.2mm,扁锚体系;纵向预应力束管道采用预埋塑料波纹管成孔,真空辅助压浆工艺。

波形钢腹板采用 Q345C 钢;全桥波形不变,均采用 1600 型。波形钢腹板的制作应选在大型钢结构工厂,推荐采用模压法。

在主梁设计中采用混凝土横隔板,既可提高主梁的抗扭刚度,亦可在此处设置体外预应力的转向装置。波形钢腹板与混凝土顶底板的连接方式是该桥型的一个设计重点。常见的、经实践证明可靠的方式有如下 6 种(图 6.4-27)。

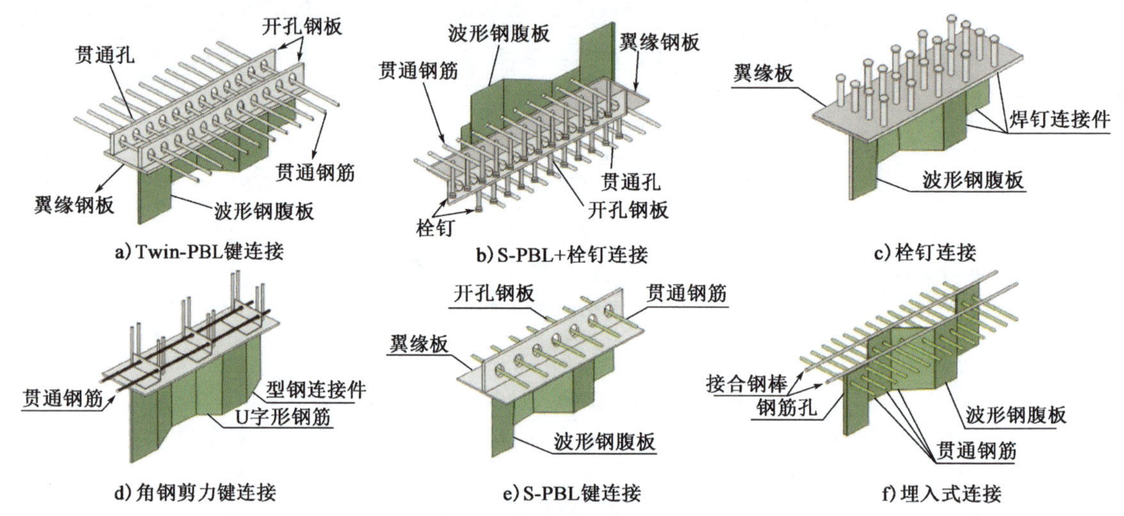

图 6.4-27　波形钢腹板与混凝土顶底板的连接方式

设计阶段,本桥的波形钢腹板与箱梁的混凝土顶板之间连接采用 Twin—PBL 的抗剪连接件,与混凝土底板之间连接暂采用 S—PBL + 栓钉抗剪连接键(施工图阶段将从多方面与嵌入式连接键、栓钉连接键进行构造特征、破坏形式等的比较,择优选用)。波形钢腹板与 0 号块及端横隔的连接采用穿孔板连接方式,其剪力传递靠混凝土销、贯穿钢筋完成。波形钢腹板与跨间横隔连接采用双 PBL 键连接方式。

为防止波形钢腹板的屈曲、并实现混凝土腹板到波形钢腹板的平顺渐变,在 1 号 ~3 号节段以及部分梁端现浇段设置了波形钢腹板里衬混凝土,其与箱梁顶、底板同时浇筑,与波形钢腹板藉栓钉连接。

波形钢腹板涂装产品应符合《建设用钢结构防腐涂料》的相关要求,确保涂料质量。涂装范围为波形钢板除埋入顶、底板混凝土中的部分外与大气环境接触的内外表面。本桥波形钢腹板的防腐涂料配套技术方案初拟如表 6.4-4 和表 6.4-5 所示。

波形钢腹板外表面涂装体系　　表 6.4-4

涂　　层	涂 料 种 类	干膜厚度(μm)
车间底漆	无机硅酸锌	20
底漆	环氧富锌底漆	80
中间漆	环氧云铁厚浆漆	70 + 70
面漆	氟树脂面漆	35 + 35
漆膜总厚		290

波形钢腹板内表面涂装体系(箱内不设除湿设备)　　表6.4-5

涂　层	涂料种类	干膜厚度(μm)
车间底漆	无机硅酸锌	20
底漆	环氧富锌底漆	80
面漆	环氧云铁厚浆漆	200
漆膜总厚		300

(2)下部构造

主墩墩身采用等截面矩形实体墩,基础为整体式承台基础,为了减小水阻力,承台外形做成椭圆的流线型。基础为15根直径为2.3m的钻孔灌注桩,顺桥向布置3排、横桥向布置5排。

4)独塔独柱中央索面的斜拉桥方案(方案四)

本方案采用独塔独柱式的中央索面的预应力混凝土斜拉桥方案,桥跨布置为(160+90)m,不设置辅助墩。经静力计算与动力效应的评价,本方案采用塔墩梁固结的体系。

(1)主梁构造

主梁采用封闭的单箱五室断面,外腹板为斜腹板形式。标准梁段长7m,梁顶宽35.5m,底宽20m,悬挑臂长4.25m,截面中心处梁高3.2m。主桥混凝土箱梁纵桥向按全预应力混凝土设计,采用两向预应力,纵、横向预应力采用国家标准《预应力混凝土用钢绞线》高强度低松弛钢绞线。纵向预应力束管道采用预埋塑料波纹管成孔,真空辅助压浆工艺。

(2)主塔及基础构造

桥面以上塔柱全高84.3m,采用独柱式。塔柱为箱形空心截面,顺桥向从塔顶至塔底(桥面处)放坡。为美观计,在侧壁中部外沿刻有1.6×0.25m的凹槽,塔柱四外角设$R=0.5$m的圆弧倒角。上塔柱锚索区索间距为3~3.5m,设环向预应力平衡斜拉索产生的水平力。下塔柱(塔墩)高10m,采用实体墩形式,且侧面为破冰棱形,既减小水压,又能增强造型的美观效果。主墩基础为整体式椭圆形承台基础,配22根直径为2.4m的钻孔灌注桩,按梅花状布置。

(3)斜拉索构造

斜拉索采用锚固于主梁中央分隔带内,全桥共38对索均采用平行钢丝成品斜拉索,最大索长170.8m,最短索长21.7m。斜拉索锚头均采用冷铸墩头锚,塔上为张拉端,梁上为锚固端,斜拉索两端锚具均采用张拉端锚具。

5)方案比较和选择

普通预应力混凝土连续梁桥(方案一)建造及养护方面经济性好,施工工艺成熟,工期较短,景观效果简洁,无高耸建筑,与前山河附近的桥型协调一致。独塔双索面预应力混凝土斜拉桥(方案二)景观特点鲜明、施工工艺成熟,但造价略高、工期稍长。波形钢腹板预应力混凝土连续梁桥(方案三)与方案一类似,但结构受力更趋合理、工期稍短,且外形上较为生动活泼、色彩鲜艳、富于现代感,景观效果更好;不足之处是国内的建造经验相对较少。独塔独柱中央索面预应力混凝土斜拉桥(方案四)与方案二类似,且桥上行车视野更开阔。经综合比选,选定波形钢腹板预应力混凝土连续梁桥(方案三)为推荐方案(如表6.4-6所示)。

主桥桥型方案比较表

表 6.4-6

项目	桥型方案一	桥型方案二	桥型方案三	桥型方案四
缩略图				
桥型布置	(90+160+90)m 混凝土连续梁桥	(160+90)m 独塔双索面混凝土斜拉桥	(90+160+90)m 波形钢腹板 PC 连续梁桥	(160+90)m 独塔中央索面混凝土斜拉桥
主桥全长/宽(m)	340/2×15.75	250/35.8	340/2×15.75	250/35.5
路线总体适应性	主梁建筑高度较大,总体适应性一般	主梁建筑高度小,总体适应性较好	主梁建筑高度较大,总体适应性一般	主梁建筑高度小,总体适应性较好
结构特点	主梁:预应力混凝土箱梁	主梁:预应力混凝土箱梁 主塔:混凝土塔	主梁:预应力混凝土顶、底板;波形钢腹板	主梁:预应力混凝土箱梁 主塔:混凝土塔
施工特点	采用对称悬浇法施工,工艺及设备简单	采用对称悬浇法施工,工艺成熟,设备及工艺稍复杂	采用对称悬浇法施工,工艺及设备简单	采用对称悬浇法施工,工艺成熟,设备及工艺稍复杂
施工工期(月)	22	26	19.5	25
建造费用	较低	较高	较低	较高
养护费用	养护费用最少	斜拉索需周期性更换,费用较高	波形钢腹板需涂装、除湿,养护费用略高	斜拉索需周期性更换,费用较高
景观效果	景观效果简洁与前山河附近桥型协调一致	造型较美观,与港珠澳大桥的风格接近	景观效果好且与前山河附近桥型协调一致	造型较优美,与港珠澳大桥的风格相近
工程造价	主桥单位面积建安费为:9841 元/m^2;主桥长 340m,建安费为 1.054 亿元。 加上起点引桥,主体建安费为 1.739 亿元	主桥单位面积建安费为:12602 元/m^2;主桥长 250m,建安费为 1.127 亿元。 加上起点引桥,主体建安费为 1.943 亿元	主桥单位面积建安费为:9945 元/m^2;主桥长 340m,建安费为 1.065 亿元。 加上起点引桥,主体建安费为 1.750 亿元	主桥单位面积建安费为:12319 元/m^2;主桥长 250m,建安费为 1.092 亿元。 加上起点引桥,主体建安费为 1.910 亿元
总体评价	经济性好,施工工艺成熟,景观效果简洁,与前山河水道已有的桥型协调一致	造价较高,施工工艺成熟,景观效果较好(但含高耸建筑)	经济性好,工期短,景观效果优,但建造经验略少	造价较高,施工工艺成熟,景观效果较好(但含高耸建筑)
推荐意见	波形钢腹板 PC 连续梁桥型(方案三)除了具有普通预应力混凝土连续梁的普遍优势外,其结构受力更趋合理、工期更短、耐久性及抗震性能更好,且外形上较为生动活泼、富于现代感,景观效果更优;不足之处是目前国内的建造经验相对较少。 经综合比较,主桥推荐采用(90+160+90)m 波形钢腹板 PC 连续梁桥型(方案三)			

6.4.4.3 前山河大桥技术特点

前山河大桥跨径组成为(90+160+90)m,全长340m,是国内最大跨径的波形钢腹板预应力混凝土连续梁桥。

波形腹板桥梁是采用波形钢腹板代替预应力混凝土箱梁中的混凝土腹板的一种组合结构。在传统的预应力混凝土箱梁桥中,混凝土腹板占主梁自重的30%~40%,因此波形钢腹板桥梁可以大大减轻上部结构的自重。同时,波形钢腹板由于其折叠效应,不承受轴向力和弯矩,且具有很高的抗剪屈曲性能。从这些特性来看,波形钢腹板用于预应力混凝土桥梁极为合理,能提高混凝土顶板和底板的预应力效率,波形钢腹板能承担足够的剪力。在施工方面,由于不需要腹板的模板等施工,大大减轻了现场工程量。同时,与传统的预应力混凝土箱梁相比,波形钢腹板面外方向的刚度相对较小。因此,在曲线桥或斜桥中,有必要在适当的间隔范围内设置横隔板以限制截面变形。在工程实例中,波形钢腹板曲线桥的最小平面弯曲半径达到140m。

1)波形钢腹板的结构特点

这种波形钢腹板的组合结构(图6.4-28),主要具有以下几个方面的特点:

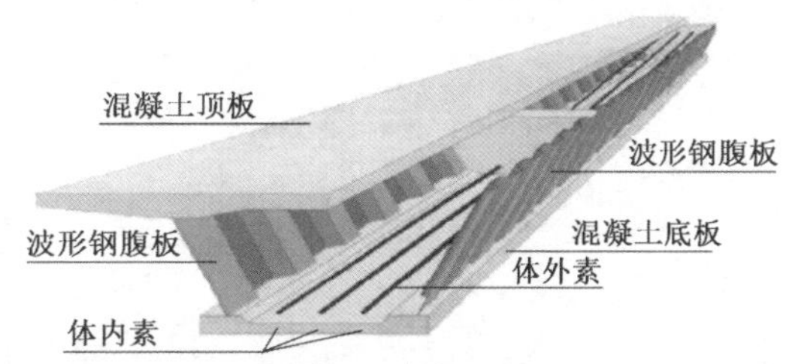

图6.4-28 波形钢腹板构造示意图

(1)波纹钢腹板的纵向皱纹效应,纵向拉伸和压缩刚度非常小,因此在设计时可视为钢腹板不承担轴向力,即混凝土顶板底板承受全部弯矩,波纹钢腹板抵抗90%左右的剪力,而且剪应力在钢腹板上沿梁高是为均匀分布。对于波纹钢腹板主要研究任务是其剪切性能,使波纹钢板的厚度和形状满足于剪切屈曲稳定性的要求和剪切强度的需要。

(2)波纹钢腹板混凝土组合梁桥的另一技术特点是钢束布置采用体内束与体外束并用的形式,也就是在混凝土顶、底板中配置体内预应力束,来承担施工荷载及成桥重力荷载。在箱内配置体外钢绞线,借助转向器在横隔板上来转向并最终锚固,实现合理的曲线配束。用体外束来承担抵抗二期恒载以及活荷载的作用,体外预应力束的更换十分方便,可在运营期间封闭交通进行换体外束的更换工作。

(3)钢腹板和波形钢腹板及混凝土顶板,底板的每个部分之间的连接:在大跨变截面波纹钢腹板组合桥梁中,波纹钢腹板节段厚度是有变化的,一般都会用高强螺栓或现场焊接的方式实现两个片段间的连接。钢腹板与混凝土连接的方式有两种:非埋入式连接方式和埋入式连接方式。前一种连接方式是将剪力钉与混凝土板结合在一起;后一种连接为,给钢腹板孔并穿入钢筋,最后在钢腹板的两端焊接形成纵向约束并埋入混凝土。

2)波纹钢腹板组合箱梁桥的优点

与传统混凝土箱形梁结构相比,这种波形钢腹板的组合结构,具有很多明显的优点,总结下来,主要有以下几个方面:

(1)自重减小,抗震性好:钢板代替了传统混凝土腹板,与普通混凝土箱梁桥比较,其桥梁自重减轻10%~15%。下部结构的承受的恒载也大大减小,下部结构也可实现轻型化,地震作用效果显著降低。

(2)材料用量减少,工程造价降低:结构的自重大幅的减轻。降低了混凝土、预应力钢束、钢筋用量,并且下部结构的工程量也因此而降低,工程总造价就降低了。

(3)预应力效率提高:钢腹板的轴向刚度不计,认为对轴力抵抗很小。因此不会抵消纵向的预应力,预应力可毫无损失的加载到上、下翼缘板。因而有效地提高预应力效率。

(4)材料各尽其能,充分最大程度发挥材料效率:在波纹钢腹板组合箱梁桥中,混凝土用来抵抗弯矩,而波纹钢腹板用来承担剪力。大部分的弯矩与剪力分别由混凝土顶、底板和波纹钢腹板承担,其腹钢板内的应力沿梁高大概呈均匀分布图,而非传统上的三角形分布,材料的性能均衡地得到发挥,所以其材料利用率就得到了提高。

(5)回转半径大,结构效率高:在波纹钢腹板组合梁桥中,箱梁顶板、底板集中了所有的混凝土,回转半径达到最大,截面的结构效率明显提高。

(6)现场工作量少,施工进展推进快:在施工中现场用料使大大地减少、支架和混凝土浇筑工程量也因为组合梁本身的特点显著减少。波纹钢腹板采用标准化生产,现场拼装焊接施工,在悬臂法施工中可以作为施工承重挂篮来使用,减少挂篮的使用材料,简化了施工设施,提高了施工进程。

(7)分段数量减小,加快了工期:由于梁体自重的减轻,当采用悬臂施工时,可增加每个节段的纵向长度,施工进度加快,缩短了工期。

(8)体外束更换方便:在桥梁运营后,当桥梁出现预应力下降或者钢束出现磨损,可以及时地重新张拉或更换新的预应力钢束。

(9)耐久性高:受荷载因素和一些非荷载因素的影响,普通预应力箱梁在运营后整体构造腹板会出现开裂的情况,造成桥梁整体结构刚度下降。钢筋受到侵蚀严重的还要进行维修,由于波纹钢腹板组合箱梁桥耐久性能好,会减少因裂缝等病害产生的加固维修费用。

(10)外形美观:波纹钢腹板桥梁线型。在山区、风景区它是一种较好的桥型选择方案。

6.4.4.4 总结与提高

作为港珠澳大桥的重要配套工程,该桥梁的最大特点是腹板采用波形结构的钢板代替传统的钢筋混凝土结构,结构形式简洁,抗震性能好,便于检修和保养,安全适用,但其防腐设计及控制的优劣决定了整个桥梁的耐久性。在降低桥梁结构自重、解决传统预应力混凝土箱梁桥腹板开裂等方面有着显著的优越性,从而彻底解决了连续梁桥腹板开裂的质量通病。而采用混凝土和波形钢板的组合结构,抗震性能也将大幅提高。作为城市桥梁,其最大优点是可在不中断交通的情况下进行更换与维修。前山河特大桥波形钢腹板独特设计也符合珠海绿色生态特质的天蓝色涂装方案,造型轻巧美观,与珠海市自然生态景观浑然天成。

波形钢腹板工艺在国内尚处于起步和推广阶段。由于技术储备不足和缺乏相关施工经验,国内同类型桥梁在设计和施工上往往受到制约,通常在城市天桥、公园景观桥梁等应用,用于交通领域的跨度则多在120m以内。对于直接跃至160m跨度的前山河特大桥,施工面临极大考验。对线形精控、梁体结构体受力、纵向预应力等新课题、新工艺展开全方位攻坚,相继攻克了数十项技术难题。结合现场实际施工情况,前山河大桥波形钢腹板与混凝土底板虽采取优化后的角钢连接键方案,但角钢连接键结合处混凝土因施工不便,存在局部脱空现象。角钢剪力键位置混凝土的密实程度将影响到结构的耐久性，为保证该处混凝土施工质量，可于钢腹板下翼缘板处留设必要的通气孔及注浆孔，以便于后期对底板剪力键托空位置进行注浆处理，使剪力键位置混凝土充分密实，确保桥梁整体结构的安全耐久性。

6.4.5 潮漳高速韩江特大桥

6.4.5.1 桥梁概况及方案比选

韩江特大桥地处潮州市潮安区，是潮漳高速公路的重要控制性工程。桥梁上跨韩江、县道X073、县道X075，跨越处韩江宽度约为591m（图6.4-29）。

图6.4-29 韩江特大桥

韩江特大桥位于潮州市区北部，于竹竿山水厂取水口上游约1.8km处跨越韩江干流。桥址左岸为头塘围，右岸为山体。土层工程地质条件差，具有高压缩性和欠固结性、低承载力等特点。

桥型方案主要受通航净空、航道位置、泄洪、跨越堤坝净空等要求控制，在设计初期拟定以下三个方案进行比较。

1）方案一

根据航道规划通航位置及航道等级，拟定主桥跨越韩江航道的位置及桥跨组合，主桥采用（42.5+3×75+42.5）m预应力混凝土变截面连续刚构箱梁，双孔单向通航。综合考虑主桥位置、一跨跨越堤坝并使桥墩与堤坝保持一定安全距离及水利部门意见，跨堤处引桥分别采用（40+70+40）m和（40+60+40）m预应力混凝土变截面连续刚构箱梁。非跨堤处引桥采用预制结构，水中部分采用40m跨径预应力混凝土先简支后连续刚构T梁，以减少阻水比；路上部分根据墩高采用30m跨径预应力混凝土先简支后桥面连续T梁。全桥桥跨组合为[10×30+（40+70+40）+（42.5+3×75+42.5）+4×40+（40+60+40）+7×30]m，桥梁总长为1277m（图6.4-30和图6.4-31）。桥墩采用板式墩、钻孔灌注桩基础；桥台采用柱式台，钻孔灌注桩基础。根据水利部门意见,为减少阻水比,水中桥墩承台均要求埋入河床以下。

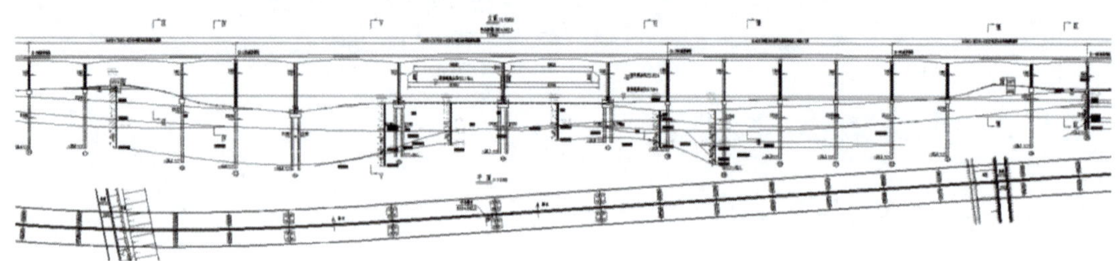

图 6.4-30 韩江大桥总体桥型布置图(方案一)

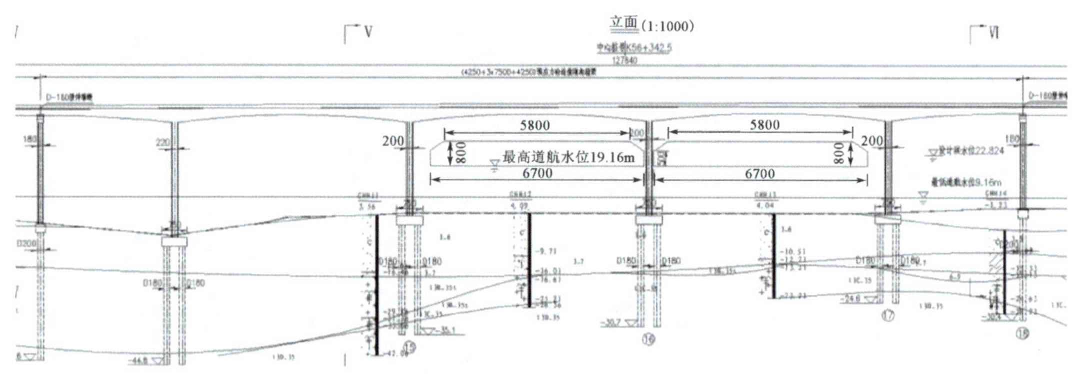

图 6.4-31 韩江大桥主桥布置图(方案一)

2)方案二

根据航道规划通航位置及航道等级,拟定主桥跨越韩江航道的位置及桥跨组合,跨主桥采用(65+120+65)m 预应力混凝土变截面连续刚构箱梁,单孔双向通航;综合考虑主桥位置、一跨跨越堤坝并使桥墩与堤坝保持一定安全距离,跨堤处引桥分别采用(40+70+60+40)m 和(40+60+40)m 预应力混凝土变截面连续刚构箱梁。非跨堤处引桥采用预制结构,水中部分采用 40m 跨径预应力混凝土先简支后连续刚构 T 梁,以减少阻水比;路上部分采用 30m 跨径预应力混凝土先简支后桥面连续 T 梁。桥跨组合为[10×30+(40+70+60+40)+(65+120+65)+4×40+(40+60+40)+7×30]m,桥梁总长为 1277m(图 6.4-32)。主墩采用双薄壁墩,过渡墩及引桥桥墩采用板式墩,桥台采用柱式台,全桥均为钻孔灌注桩基础。根据水利部门意见,为减少阻水比,水中桥墩承台均要求埋入河床以下。

3)方案三

根据航道规划通航位置及航道等级,拟定主桥跨越韩江航道的位置及桥跨组合,主桥采用(40+2×75+40)m 预应力混凝土变截面连续刚构箱梁,双孔单向通航。综合考虑主桥位置、一跨跨越堤坝并使桥墩与堤坝保持一定安全距离,跨堤处引桥分别采用(40+70+40)m 和(40+60+40)m 预应力混凝土变截面连续刚构箱梁。非跨堤处引桥采用预制结构,水中部分采用 40m 跨径,以减少阻水比,采用预应力混凝土先简支后连续刚构 T 梁;路上部分采用 30m 跨径,采用预应力混凝土先简支后桥面连续 T 梁。全桥桥跨组合为[10×30+(40+70+40)+2×40+(40+2×75+40)+4×40+(40+60+40)+7×30]m,桥梁总长为 1277m(图 6.4-33 和

图 6.4-34)。桥墩采用板式墩、钻孔灌注桩基础;桥台采用柱式台,钻孔灌注桩基础。根据水利部门意见,为减少阻水比,水中桥墩承台均要求埋入河床以下。

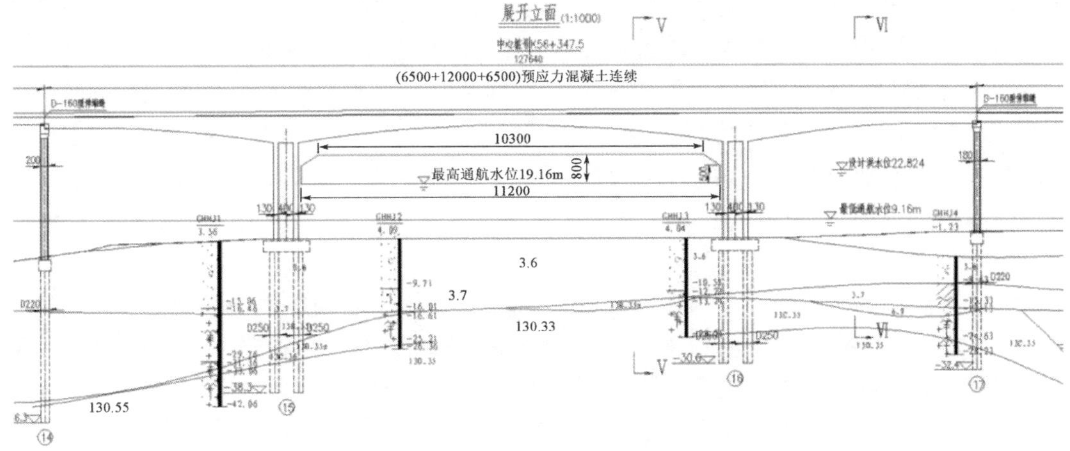

图 6.4-32 韩江大桥主桥布置图(方案二)

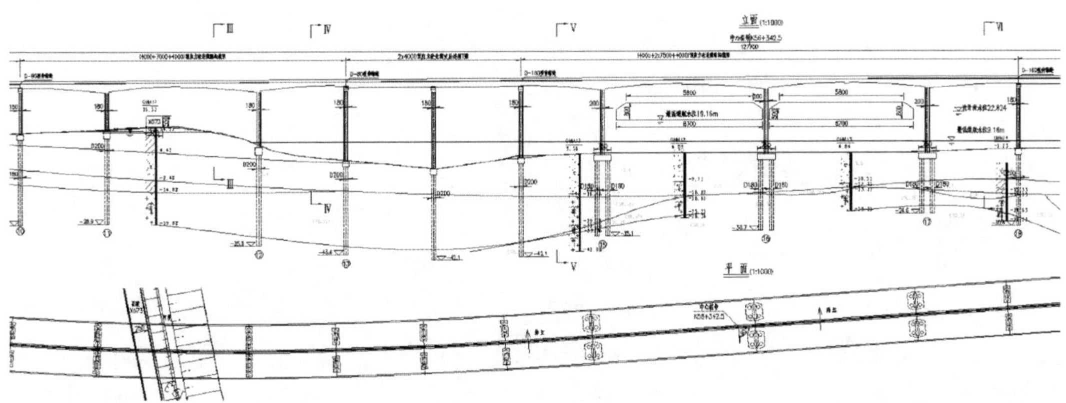

图 6.4-33 韩江大桥总体桥型布置图(方案三)

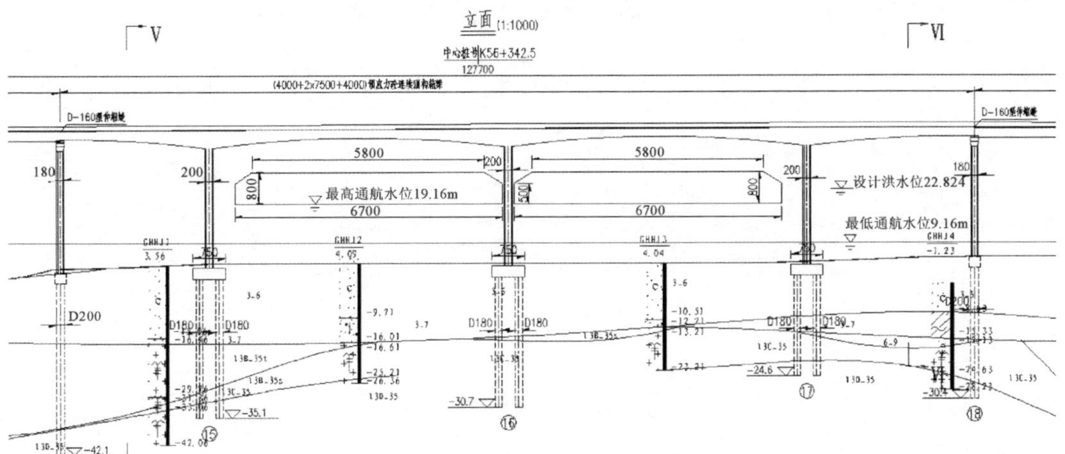

图 6.4-34 韩江大桥主桥布置图(方案三)

4)方案比较

方案一中采用双孔单向通航,与其他方案相比具有主桥跨径小、较经济等优点,其对现状及日后航迹线取直的适应性较好,但阻水比值与方案二相比偏大;

方案二采用单孔双向通航,主桥跨径较大,造价稍高,其行船舒适,阻水比值较方案一较小;

方案三是在方案一的基础上,将主桥现状位置的75m通航孔调整为2×40m预制T梁,造价略低,阻水比是三个方案中最大的,但经济性较好。

综合考虑现有及改造后航道位置、防洪、经济等因素的影响,选择方案一最优。

6.4.5.2 总结与提高

韩江特大桥作为潮漳高速公路的重点、难点工程,在施工过程中面临着诸多的技术、环境难题,大桥水中桩基区域的地质条件较为恶劣,属极复杂类型。大桥横跨潮州水源二级保护区,又是韩江鼋、花鳗鲡等国家保护动物的重要栖息地,为施工带来巨大环保压力。最终综合考虑现有及改造后航道位置、防洪、经济等因素的影响,韩江特大桥采用双孔单向通航,具有主桥跨径小、较经济等优点,其对现状及日后航迹线取直的适应性较好,同时为减少阻水比,水中桥墩承台均要求埋入河床以下,桥梁施工范围进行围蔽,桩基泥浆池和沉淀池采用砌砖维护。隧道洞口进行优化设计,调整明暗交界里程,减少边仰坡开挖高度,减少洞口植被破坏。施工过程采取分级开挖和喷锚防护,减少水土流失。

6.4.6 仁新高速公路锦江大桥

6.4.6.1 桥梁工程概况

仁新高速公路是粤北地区重要的省际通道。同时作为泛珠江三角洲区域一条重要出海通道,是连接珠三角地区与我国中部地区的快速通道。项目控制因素较多,对确实无法避绕的生态环境,设计阶段采用多方案比选优化,最大限度控制生态环境的影响。锦江大桥跨越锦江自然保护区范围,设计阶段对桥梁方案进行多方案比选,最终选用江中不立墩方案,避免了下构施工对锦江鱼类生物多样性自然保护区造成生态环境破坏(图6.4-35和图6.4-36)。

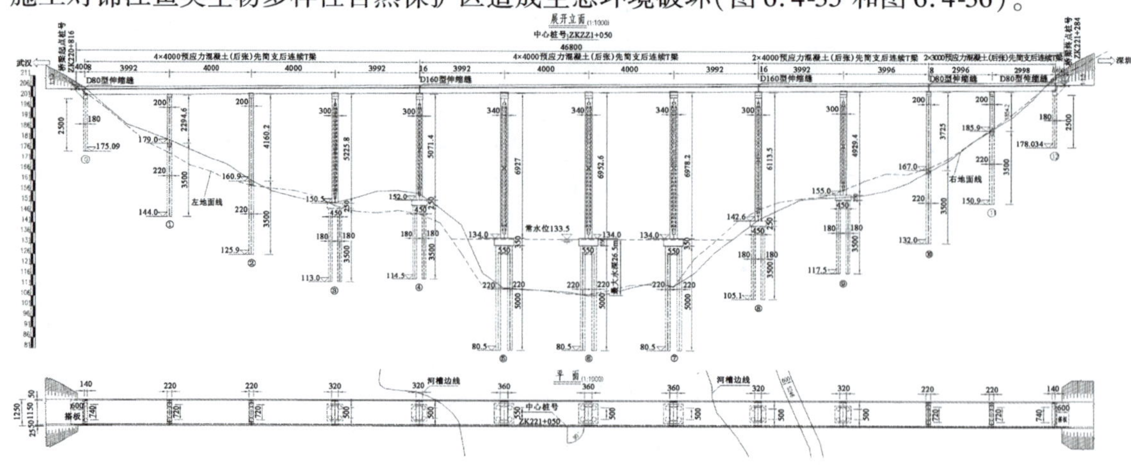

图6.4-35 锦江大桥原设计方案

锦江大桥桥址跨越锦江,线路大致延北南展布。桥址上游长江河和城口河汇合后,从北往南,流经桥址后,拐了个“S”形弯,再往南流向仁化县城方向。锦江河道弯曲,桥址位于拐弯处较平直的位置,与河道相交近90°,此处河宽大约为125m。桥台位置多为丘陵地带,山体较高,山坡较陡,植被茂密,桥台的位置与河谷间最大高差超过70m。锦江左岸有S246与外界相通,右岸为林场。

图6.4-36 锦江大桥优化后实景

根据钻探、挖探揭露和现场工程地质调查,桥址位于河流冲积平原与剥蚀丘陵区,河流水系较发育。锦江河属浈江支流,水流量大,属季节性河流,雨季暴涨,旱季水流量较少,河水最后汇入浈江。剥蚀丘陵区的冲沟,地表水不发育。沟谷狭小,雨季时可能出现较大的地表面流,旱季水流量很小。

6.4.6.2 桥型方案比选

锦江大桥依次跨越锦江及省道S246。省道S246与主线相交右偏约66°,省道规划宽度为15m;桥位处锦江水面宽约125m,最大水深20m。

结合路线平纵设计,该桥桥长约470m,桥位处设计标高距水面70m左右,锦江水面宽约125m。结合以往设计,考虑到50m T梁施工风险及施工难度,初步设计阶段排除该方案。若采用40m预制梁方案,则水中墩偏多,对水流影响大,景观性差。且水中墩高达90m,施工难度较大,经初步估算,经济性无优势,初步设计阶段排除该方案。经过初步的方案比选,根据桥位建设条件,选取连续刚构作为设计方案。

方案一:设计思路为尽量减少水中墩施工难度,兼顾景观效果,采用主跨110m连续刚构方案。方案二:适当缩减主跨,寻求较为经济的桥型方案,结合实测水下地形断面及边中跨配比,选择主跨75m连续刚构方案。

1)方案一

跨径布置为:[3×40)+(60+110+60)+(2×40+30)]m,桥梁长468m。一跨跨越锦江,主墩设在水边,避免水中墩(图6.4-37)。

结合地形地物,考虑桥梁配跨以及最大限度控制生态环境影响等因素,本方案采用主桥上构为(60+110+60)m预应力混凝土连续刚构,变截面单箱单室,垂直腹板。主跨箱梁根部高度6.8m,跨中高度2.7m,箱梁根部底板厚80cm,跨中底板厚28cm。箱梁高度以及箱梁底板厚度均按二次抛物线变化。箱梁腹板根部厚70cm,跨中厚50cm,箱梁顶板厚度28cm。上部构造按全预应力混凝土设计,采用三向预应力,纵、横向预应力采用符合GB/T 5224—1995标准规定的低松弛钢绞线。箱梁横向预应力钢束采用BM15-3扁锚体系,采用单端张拉方式,竖向钢束张拉方式也采用单端张拉。纵向预应力束管道采用预埋塑料波纹管成孔,真空辅助压浆工艺。横、竖向预应力束(筋)管道采用预埋镀锌金属波纹管成孔,常规预应力孔道压浆工艺。主桥桥墩采用双肢薄壁墩以及群桩基础。

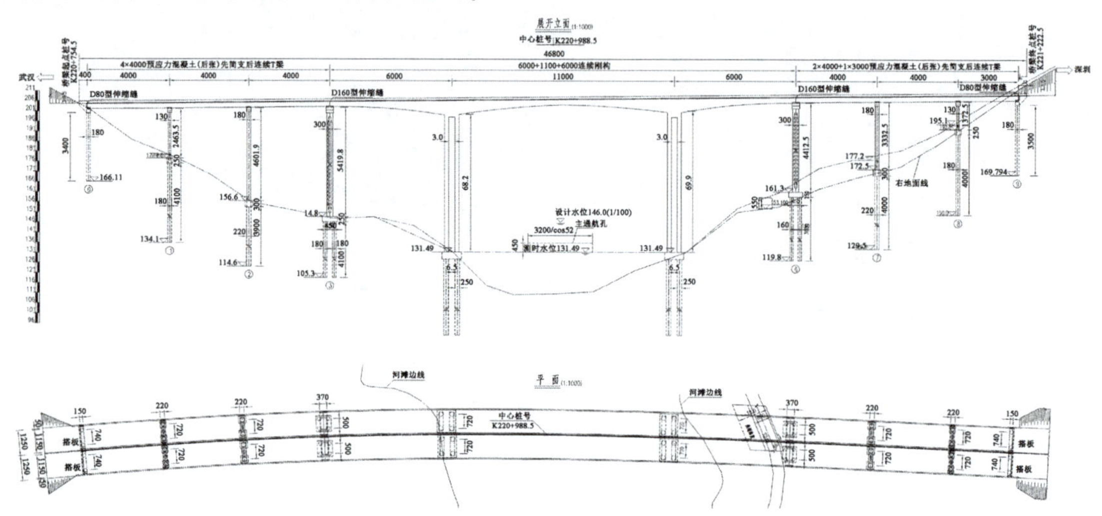

图6.4-37　方案一桥型布置图

引桥上构采用40m跨预制T梁,先简支后结构连续体系,桥墩采用柱式墩,钻孔灌注桩基础;桥台则采用桩柱式桥台,桩基础。

2)方案二

跨径布置为:[(4×40)+(42+75+42)+(3×40+30)]m,桥梁长477m(图6.4-38)。该方案适当缩减桥跨,主墩设置在水中。

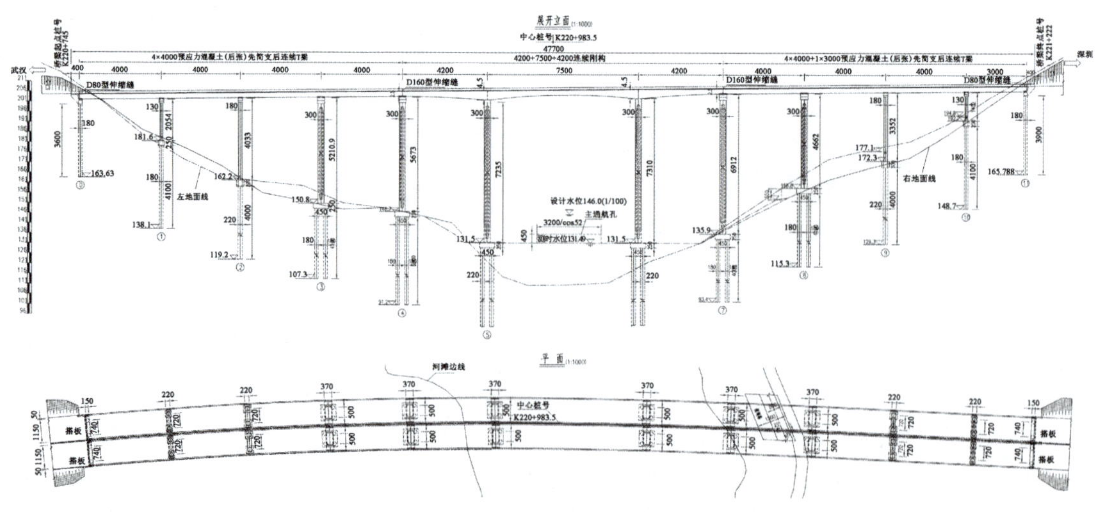

图6.4-38　方案二桥型布置图

结合锦江通航要求，主桥上构设计为(42 + 75 + 42)m 预应力混凝土连续刚构，变截面单箱单室，垂直腹板。主跨箱梁根部高度 4.5m，跨中高度 2.5m，箱梁根部底板厚 70cm，跨中底板厚 28cm。箱梁高度以及箱梁底板厚度均按二次抛物线变化。箱梁腹板根部厚 60cm，跨中厚 50cm，箱梁顶板厚度 28cm。上部构造按全预应力混凝土设计，采用三向预应力，纵、横向预应力采用符合 GB/T 5224—1995 标准规定的低松弛钢绞线。钢束每股直径 15.2mm，采用大吨位群锚体系。箱梁横向预应力钢束采用 BM15 - 3 扁锚体系，采用单端张拉方式，竖向钢束张拉方式也采用单端张拉。纵向预应力束管道采用预埋塑料波纹管成孔，真空辅助压浆工艺。横、竖向预应力束(筋)管道采用预埋镀锌金属波纹管成孔，常规预应力孔道压浆工艺。主桥桥墩采用实心薄壁墩，群桩基础。

引桥上构采用 40m 跨预制 T 梁，先简支后结构连续体系，桥墩采用柱式墩，钻孔灌注桩基础；桥台采用桩柱式桥台，桩基础。

3)方案比选及推荐方案

综合比较：方案一为无水中墩施工，对锦江水流影响小，环境保护好，避免了下构施工对鱼类生物多样性自然保护区造成生态环境破坏，景观效果较好，但造价稍高；方案二中两个主墩位于水中，施工较复杂，对水流及鱼类保护影响较大，景观性稍差，但造价较低。

经综合比较，为保护自然生态环境选择方案一为推荐方案。

锦江大桥通过桥跨方案优化设计，江中不立墩，避免了下构施工对鱼类生物多样性自然保护区造成生态环境破坏。

同时，本桥设置了桥面集中排水与沉淀池，增强了公路排水系统对路面和桥面径流的消纳与净化功能，较好的落实了“加强生态保护，注重自然和谐”这一绿色公路建设理念(图 6.4-39)。

图 6.4-39 锦江大桥生态保护

6.4.6.3 总结与提高

结合路线平纵设计,经过方案比选,根据桥位建设条件,选取连续刚构作为设计方案。锦江大桥选用 110m 跨主桥方案,江中不立墩,经济性稍差,但是避免了下构施工对鱼类生物多样性自然保护区造成生态环境破坏,同时景观效果稍好。

6.4.7 仁新高速下穿赣韶铁路顶推框构桥

6.4.7.1 工程概况

下穿赣韶铁路通道位于广东省韶关市仁化县周田镇八村东南附近,在赣韶线 DK144 + 173 处下穿铁路,框构桥位于丹霞枢纽立交范围。为减小桥梁施工对铁路营运影响,下穿位置仁新高速主线与丹霞枢纽 C、E 匝道并行,设 4 个单孔框构桥采用顶推施工方法下穿铁路(图 6.4-40)。

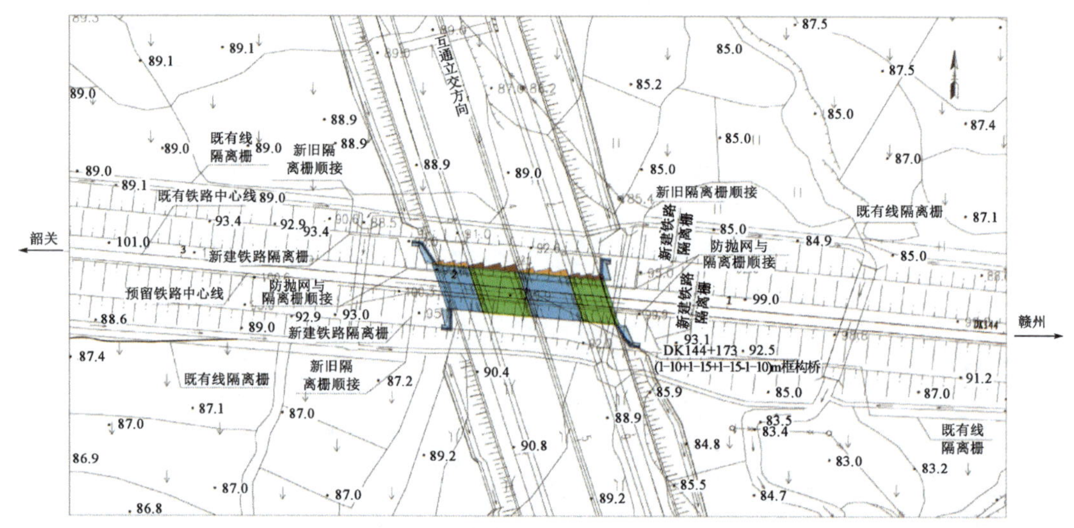

图 6.4-40 武深高速下穿赣韶铁路顶进框构桥平面布置图

6.4.7.2 管幕 + 箱涵顶推

管幕 + 箱涵顶推方案(图 6.4-41)就是先在箱涵结构周围进行管幕施工,当管幕达到一定强度之后,在管幕的保护下,进行预制箱涵的顶进施工。

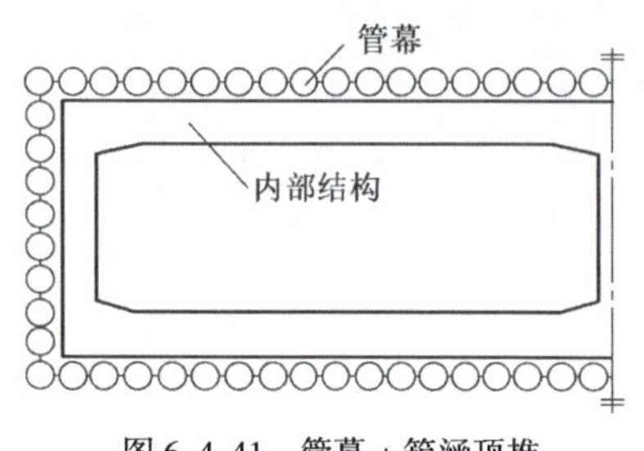

图 6.4-41 管幕 + 箱涵顶推

管幕工法以单管顶进为基础,各单管间依靠锁口在钢管侧面相接形成连为一体的管排,并在锁口相接处预先涂布润滑止水浆液,该浆液最初可起到减小单管顶进摩擦阻力的作用,在顶进结束后会遇水固结封闭单管之间的渗水途径。管排顶进完毕后,排出钢管内部土体,填充混凝土,形成高强度管幕。管幕由相对刚性的钢管形成临时挡土结构,可减少开挖时对邻近土体的扰动并相应减少周围土体的变形. 达到开挖时不影响地面活动、并维持管幕结构上部建筑物与管线正常使用功能的目的。

管幕的刚度可以大大降低施工对地面活动及其他地下设施与管道的影响,尤其对开挖面无法自立的地层可提供临时挡土及止水设施。其特点主要有以下几个方面:

(1)该工法施工时无噪声和振动、不必降低地下水位和大范围开挖,不影响城市道路正常运行;

(2)管幕钢管锁口注浆后可有效地防止渗漏水;

(3)可以有效控制地面沉降以及对周围环境的影响,从而有利于环境保护和可持续发展;

(4)适用于回填土、砂土、黏土、软土和岩层等多种地层。

6.4.7.3 框架顶进施工

1)穿设枕梁

在纵梁之间,采用H212钢枕梁连接,枕梁全长3.96m,按混凝土枕间距,每空混凝土枕穿一根枕梁(图6.4-42),穿枕梁时在封锁线路条件下施工,与钢轨接触面垫好绝缘板,穿一根打实一根,如此反复逐次施工,严格控制水平和方向,确保行车安全。

图6.4-42 架设纵梁

2)架设纵梁

纵梁采用D24施工便梁,便梁纵梁架设需封锁线路及接触网停电,每次180min。纵梁采用150t吊车吊装,每钩吊装一片便梁,纵梁就位后,在枕梁两端采用高强螺栓与纵梁联结拧紧。安装纵梁要对衬吊装,防止偏压线路,吊装时与接触网必须有足够的安全距离,并设专人进行监视防护。

3)线路控制

(1)轨距控制:因混凝土枕按原位不动,其轨距一靠混凝土枕来控制,二靠枕梁上的钢轨扣件控制,确保轨距符合要求。

(2)线路的横向控制:由于枕梁上都有钢轨扣件,枕梁与纵梁相联结,使线路固定在工便梁之间,不致发生横向移动。

(3)在箱涵顶的后端对应横抬梁位置设2个地锚,并用钢丝绳、5t倒链将横抬梁与地锚连接,防止顶进时横抬梁纵移影响行车安全。

通过上述措施,纵梁、横梁、线路形成一个整体结构,能确保线路不变形。

4)线路加固安全保证措施

线路加固(如图6.4-43所示)完毕,要严格检查线路的方向、水平、轨距、及加固螺栓扣件是否松动,其他料具严禁侵限,工字钢与线路钢轨接触处的绝缘是否良好等,做到每过一次列车检查一遍。

5)安装泵站、油顶、试顶

顶镐必须行程一致,保持同一种顶力,顶镐及施顶方向必须与箱体轴线一致布置,为使顶镐作用力均匀传至后背,在后背和顶镐、箱尾与顶铁之间各设分配梁。顶铁的安设更换用两台25t吊车,人工配合,为保证顶铁的稳定,顶铁纵向每4m,用5mm厚铁板,横向将顶铁联结在一起,以增加顶柱的整体性能。

开动高压油泵,使顶镐受液压产生顶力,推动箱身前进,当一个冲程结束后,顶镐活塞回复原位,在空档处填放顶铁,再开镐顶进,如此循环往复,直至箱身就位。

6)箱形桥顶进挖土、出土

本次挖土采用机械挖土(图6.4-44),出土采用自卸汽车出土。挖土每次挖进2m为宜,并及时顶进到位,作业面施工坡度视土质情况,可按1:0.3~1:0.75为宜,严禁超挖、掏洞取土或逆坡挖土。

图6.4-43　线路加固

图6.4-44　箱形桥顶进挖土

试顶前要做好出土便道的修筑,在涵后中间出土,填筑后背时预留6m通道。便道坡度不得大于5%,顶进逢雨时,便道要铺砂石垫路。滑板部位填土垫道。

7)框构桥顶进

框桥顶进(图6.4-45)过程要求注浆施工,必须保证铁路路基稳定,才能施工。

(1)按顶镐行程,每次顶进不大于1m,在箱身前进后顶镐活塞回复原位,在空挡处加入顶铁,以待下次开镐,如循环往复,直到箱身就位。

(2)在箱涵顶进(图6.4-46)过程中,每顶进0.5~1.0m必须测量一次中线及高程,随时进行调整,确保中线及高程符合要求。

图 6.4-45 框构桥顶进

图 6.4-46 顶推箱涵全貌

(3)当主跨顶进到横抬梁下 1.0m 时,停止顶进,将横抬梁伸出端支承于箱涵顶板(涵顶铺设枕木,搭设滑车),使横抬梁尽早支承在箱形桥上。

(4)顶至挖孔桩时,框架上面的支点要垫好垫牢,确认线路完全处于稳定可靠时方可拆除挖孔桩,拆除前先将支点上的枕木头在行车间隙撤掉,然后方可拆除挖孔桩。挖孔桩的下部要拆到框架底以下 10cm。

(5)如发现机械设备有故障,不能顶进时,应立即停止挖土,并做好防护措施。

(6)发生下列情况应停止顶进、挖土,处理后方可重新开始:

①顶进设备控制失灵;

②千斤顶、油管漏油严重,使油压力不稳;

③路基坍塌,危及既有线行车;

④线路横移;

⑤夜间施工照明中断;

⑥后背破坏无法持力;

⑦列车通过时。

8)顶进注意事项

(1)后背梁与箱身中轴线一定要保持垂直,顶铁与其密贴、顶铁与顶镐密贴,若有间隙则加薄钢板塞紧。

(2)当箱涵结构混凝土强度达到 100% 设计强度时可试顶,经试顶一切设备使用状态正常后,可正式开顶。

(3)传力柱间隔大于 8m 时,加设压梁,防止传力柱受力弹起。

(4)顶进作业启动后,需 24h 连续施工,顶进过程是快速施工过程,应少挖、快运、快顶,尽量杜绝前方开挖面塌方现象,保证必要的坡度。

(5)为防止塌方,箱身前端刃脚务必顶进吃土,必须抢在列车到来之前顶进到位。

(6)顶进过程中应设专人检查传力柱、后背桩、后背墙有无变化,发现问题及时调整加固。

(7)顶进全过程须设专人检查架空设备及线路等,确保运营线及设备处于良好状态,加强巡道检查,及时维护,做好检查及整修记录,必须确保行车及人身安全,并设置防护。

9)箱形桥轴线纠偏措施

在顶进过程中,为掌握顶进中的高程和中线,做到及时纠偏,技术人员必须注重现场的检测工作,否则中线和高程偏差太大,则纠偏难度加大,为便于观测,在箱身启动顶进前,应于箱身前后端的边墙及顶板上分别做好高程和中线标志,并在顶进过程中做好详细记录,如发现偏差应及时通知顶进指挥人员采取措施,纠正偏差。

(1)根据偏差结果,用增减一侧千斤顶的顶力:即开或关一侧千斤顶阀门,增加或减少千斤顶顶力数。如向左偏即关闭或减少右侧千斤顶。

(2)用轮流开动两边高压油泵调整:如向左偏就开左侧高压油泵。

(3)在开挖土方时,可在侧超挖,一侧少挖来调整方向,即向左偏,开挖时左侧欠挖,右侧超挖 10~20cm。

10)预防和解决框架"扎头"的措施

(1)在预制涵前端 1m 范围内设置 20cm 船头坡。

(2)工作坑以外开挖面基底保持在涵身地面以上 20~30cm。

(3)视工作坑开挖显示的基底状况,必要时铺设石碴垫层或速凝混凝土。

11)恢复线路施工及控制措施

框桥过渡段需采用级配碎石 + 水泥 + 注浆的方式回填。

(1)桥后回填

框架顶进就位后,在框架端部外侧码土袋,从框架底板底一直码到框架顶,为回填桥后做准备(如图 6.4-47 所示)。框架四角封堵后,先浇筑 C15 混凝土从框架底浇筑到框架底板顶部,然后回填路基填料。浇筑混凝土时要振捣密实,路基填料要分层铺填,一层一夯实,一直填到路肩下 1m 处,之后在填料内掺入 3% 的水泥,经搅拌后,再分层夯填至路肩高。

图 6.4-47　桥后回填

(2)抽换桥枕

按设置护轮轨的施工要求,在未回填道砟前,先将框架范围内的既有混凝土枕换成桥枕,抽换步骤是拆下一根既有混凝土枕换一根桥枕,换上的桥枕要将配件安装齐全,并拧紧。

(3)回填道砟

在不影响翼墙施工的前提下,人工回填道砟,当填至枕梁时开始用小型机械捣固,以后随填随捣固,直至道砟填满捣实。

(4)撤除便梁

翼墙工程施工完毕后,此时线路上道砟已填满并捣实,具备撤除便梁条件。

撤除便梁在线路封锁,接触网停电条件下进行,用150t吊车吊装下道。线路封锁前将连接板拆除,与枕梁联结螺栓拧下,但每片纵梁要留两根钢枕的螺栓不拧下,用来稳定纵梁。线路封锁后,左一片右一片对称吊下纵梁。

(5)抽出枕梁

纵梁和横抬梁撤除后,按隔六抽一的工务规则陆续抽出枕梁,抽一根及时补充道砟并捣实,两端少数未换的桥枕,在抽枕梁时随抽随换。全部枕梁抽出完毕后,要继续补充道砟,全面捣固,每过一次列车进行一次检查,对沉降量大的部位及时补充道砟,并加强振捣。

(6)整修线路

全部拆除撤换完毕之后,按线路维修要求,对150m范围内的线路进行全面整修,直至达到验收标准,确认线路稳定,恢复原状(图6.4-48),经设备管理单位验收合格后,方可恢复常速运行并移交设备管理单位。要求与原铁路现状一样,保持一致。为不影响铁路排水系统,防抛网应设置在框桥两侧出入口。

图6.4-48 恢复线路

6.4.7.4 总结与提高

采用顶推方案框构桥下穿韶赣铁路,通过精心合理的施工组织安排,在几乎不中断铁路交通情况下,成功推进了仁新高速的建设进程。框构桥施工过程中无须支架和大型机械设备,施工平稳,安全可靠,高空作业少;模板周转次数很高;不需要复杂技术和机具设备,工具便于筹备。选择下穿方案与铁路交叉,降低高速公路路线高程,减少建设规模,节约工程造价,为绿色桥梁建设的重要举措,同时为高速公路与铁路交叉工程建设提供了宝贵的设计、施工及管理经验。

6.4.8 清云高速西江特大桥

6.4.8.1 桥梁工程概况

清云高速西江特大桥是汕头至湛江高速公路清远至云浮段的控制性工程,在德庆县与云城区交界处的金鱼沙下游跨越西江。桥址处西江水面约1.0km,水深在0~32.7m。桥位处西江航道按照内河Ⅰ级航道标准规划,主通航孔采用单孔双向通航,通航净宽不小于649m。西江特大桥主桥采用210m+738m双跨吊钢箱梁悬索桥方案,缆跨布置为(300+738+204)m,矢跨比为1/9,吊杆的标准间距15m。主桥的效果如图6.4-49所示。

桥梁区域地势北高南低,呈斜坡状沿西江倾斜。地质为西江河套地带沉积阶地,地下水位高,上部为素填土层,中部为残积土层,下层为风化岩层。周围大部分为丘陵山地,小部分为农田,不属断裂地带。

图 6.4-49　西江特大桥效果图

桥址横跨西江河,地形条件复杂。上覆冲洪积的黏土及卵石土,下伏基岩为燕山期黑云母花岗岩,风化强烈,全强风化层厚度大于 20m。

地表水主要为西江水;地下水为基岩裂隙水,水量中等且丰富。勘察阶段选取地下水及地表水进行水质分析,结果表明地表水及地下水水质较好,为微腐蚀性。桥墩基础一般采用嵌岩桩基础,基础应置于下伏完整的中或微风化层内。

云浮段桥台位于陡坡上,由于沿江公路的修建,开挖边坡未支护,出现局部表层溜塌,但其规模微小,对桥台施工安全影响较小。

6.4.8.2　桥型方案比选

主桥桥型方案选择通过方案设计阶段、技术设计阶段两个阶段进行论证比较,最终选择 202m + 738m 双跨吊钢箱梁悬索桥方案,过程如下。

1)方案设计阶段

作为技术设计阶段前期工作,在项目中标后,立即开展主桥的方案设计论证工作。在方案设计阶段主要针对 738m、818m 两种跨度悬索桥方案进行比较论证,选择四种方案进行比较。

方案一:主桥为主跨 738m 单跨吊钢箱梁悬索桥,清远侧接主桥的引桥采用(55 + 100 + 55)m = 210m 的三跨预应力混凝土连续刚构桥(图 6.4-50)。

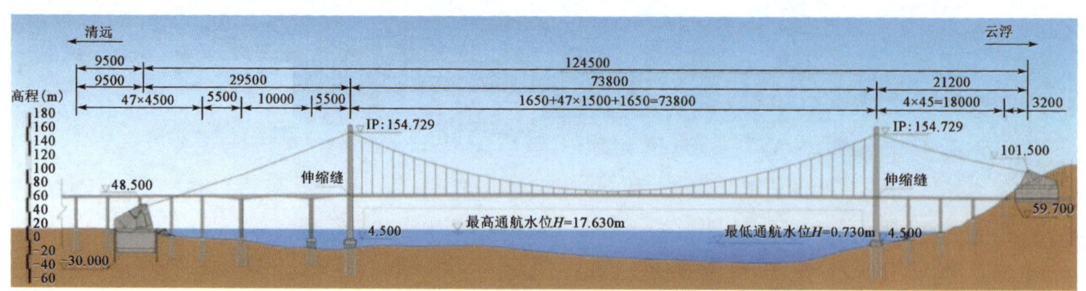

图 6.4-50　方案一:主桥桥型布置图(尺寸单位:cm)

方案二:主桥采用(210m+738m)双跨吊钢箱梁悬索桥(图6.4-51)。由于方案一清远侧接主桥的引桥采用(55+100+55)m=210m的三跨预应力混凝土连续刚构桥,且基础位于水中,按最低通航水位算水深约10m,墩高56m左右,存在挂篮施工速度慢和主墩防撞问题,所以在方案一基础上采用取消刚构桥采用双跨吊的结构体系,解决水中高墩和混凝土主梁施工慢的问题。

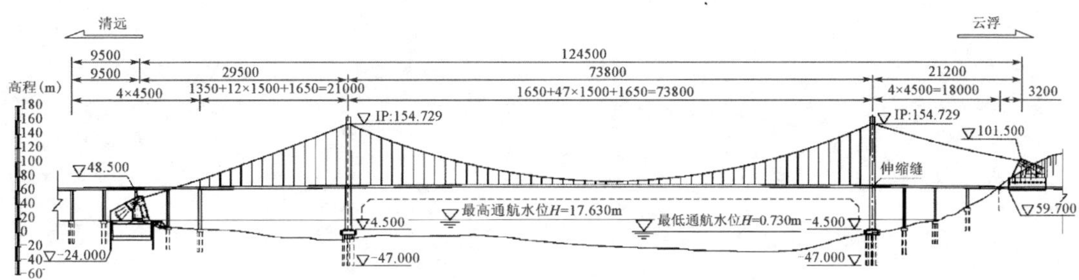

图6.4-51 方案二:主桥桥型布置图(尺寸单位:cm)

方案三:主桥采用(210m+818m)双跨吊钢箱梁悬索桥(图6.4-52)。由于方案二云浮侧主塔位于水中,且云浮侧水深较深,通航条件较好,为更好地满足通航需要,避免水中基础施工和取消主塔防撞套箱,将云浮侧主塔向岸边移动80m置于陆地,锚碇IP点相应向云浮侧移动30m,主桥缆跨布置为(295+818+162)m。主塔高度根据与方案二相同的矢跨比进行相应增高。

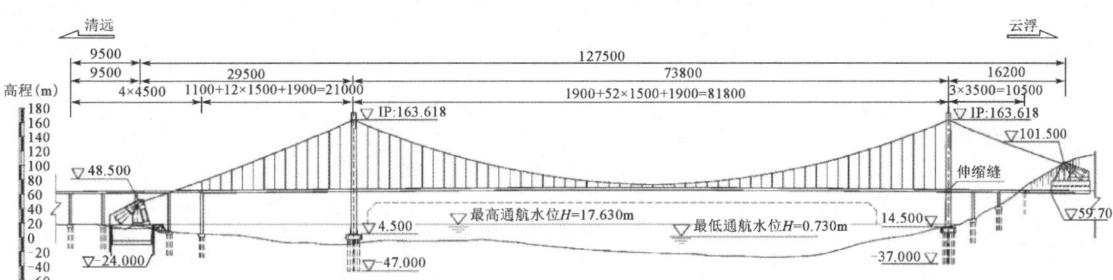

图6.4-52 方案三:主桥桥型布置图(尺寸单位:cm)

方案四:主桥为主跨818m单跨吊钢箱梁悬索桥,清远侧接主桥的引桥采用(55+100+55)m=210m的三跨预应力混凝土连续刚构桥(图6.4-53)。

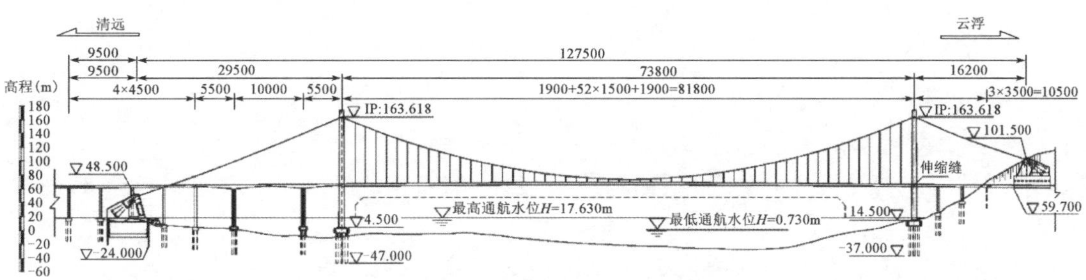

图6.4-53 方案四:主桥桥型布置图(尺寸单位:cm)

在方案一和方案三的基础上,保留方案一清远侧(55+100+55)m=210m的三跨预应力混凝土连续刚构桥,云浮侧主塔及缆跨边中跨比同方案三,这样相对方案一造价增加不多,也使一侧主塔置于岸上,避免水中基础施工和取消防撞套箱。

方案比较如表6.4-7所示。

桥型方案比较表

表6.4-7

项目 \ 桥型方案	方案一:738m单跨	方案二:738m双跨吊	方案三:818m双跨吊	方案四:818m双跨吊
桥型特点	主桥两塔均位于水中,清远侧水中桥梁为主跨100m的预应力混凝土刚构,刚构桥墩高度约60m,需考虑两主塔、刚构两主墩船撞问题	为结构连续体系,结构刚度相比方案一大,抗风稳定性好。主桥两塔均位于水中,采用双跨吊形式代替水中刚构桥,防船撞设施相比方案一较少,但钢箱梁长度较长,有吊杆侧边跨需要增加4根背索,吊杆和主缆工程量稍有增加,工程造价稍高	主桥仅清远侧主塔位于水中,防船撞设施最少,桥跨跨度大,使大桥更气势雄伟。但钢箱梁长度最长,主缆缆力和长度、吊杆数量均增加,锚碇规模稍大,两侧边跨均需设置背索,工程造价最高	主桥仅清远侧主塔位于水中,相比方案一有一主塔位于岸上,相应减少水中平台及防撞套箱,桥跨跨度大,大桥更有气势和雄伟。钢箱梁长度相比方案一稍有增加,工程造价次高
施工特点	1.水中基础施工较多,两侧均需要搭设栈桥、平台或钢围堰或钢套箱及定位船,后期要考虑防撞设施费用高,施工临时措施费用较高。 2.混凝土刚构桥水中主墩高约60m,主梁挂篮施工,水中施工工期较长,施工风险较大	1.相比方案一减少了刚构桥水中基础的施工,但主桥两塔仍位于水中,所以两侧均需要搭设栈桥、平台或钢围堰或钢套箱及定位船,后期要考虑防撞设施费用稍高,施工临时措施费用稍高。 2.相比方案一避免水中刚构桥施工,施工风险小,施工速度快	1.云浮侧主塔位于岸上,为干出施工,无须搭设栈桥、钢围堰,施工临时措施费用最低。后期仅考虑清远侧主塔防撞设施费用最少。 2.钢箱梁长度最长,主梁架设周期相对稍长	1.云浮侧主塔位于岸上,为干出施工,无须搭设栈桥、钢围堰,施工临时措施费用较低低。后期仅考虑清远侧主塔和刚构防撞设施。 2.混凝土刚构桥水中主墩高约60m,主梁挂篮施工,水中施工工期较长,施工风险较大
船撞风险	水中结构最多,船撞风险最大	仅主桥两主塔位于水中,船撞风险小	仅一个主塔位于水中,船撞风险最小	水中结构多,船撞风险大
主桥建安费	77791万元	85684万元	90917万元	83222万元
建安费合计	122693万元	123867万元	126865万元	125888万元
与方案一差值(百分比)	0万元(0)	1174万元(0.96%)	4171万元(3.40%)	3195万元(2.60%)
推荐意见	重点比较	推荐	比较	比较

注:表中方案二建安费为方案一未考虑刚构主墩防撞设施费用的基础上推算得到,若防撞费用参照主桥费用暂估500万元考虑,则方案二比方案一建安费增加674万元(0.55%)。

论证比较结论:

经过对上述4个方案的比较论证,暂定推荐方案二,经过对方案二和原投标方案一的总体计算分析,对暂定推荐的方案二主要确定了如下结论:

(1)确定了主桥结构体系为全漂浮体系,避免了结构连续设置支座对主梁产生的负弯矩效应。

(2)主缆缆力相对原投标方案增加约4%,确定了主缆缆力、线形和截面尺寸。

(3)清远侧边跨单缆需增设4根背索以满足主缆受力要求。

(4)缆力相比原投标方案增加有限,锚碇方案与原投标方案相同。

2)技术设计阶段

经过方案设计阶段的论证比较,基本可确定本桥适合的主跨跨径为738m,适合桥型方案有悬索桥和斜拉桥两种方案。

(1)悬索桥方案

悬索桥方案采用主跨738m的单、双跨吊两种桥型方案,桥跨布置与方案设计阶段的方案一和方案二相同,在此不再赘述。针对悬索桥方案提出的单、双跨吊方案推荐采用双跨吊方案,主要理由有:

①双跨吊方案满足防洪单位提出的阻水率小于6%的要求。

②双跨吊方案避免单跨吊方案刚构的高支架和深水基础施工。

③西江水域通航繁忙,减少了水中基础,降低施工及使用期间的船撞风险。

④双跨吊方案比单跨吊方案造价稍贵仅280万元。

⑤景观效果比单跨吊方案好。

根据以上定性比较,悬索桥方案推荐采用双跨吊方案,即方案设计阶段的方案二。

①总体布置

双跨吊悬索桥主桥采用210m+738m双跨吊钢箱梁悬索桥方案,缆跨布置为(300+738+204)m,矢跨比为1/9,吊杆的标准间距15m。主桥桥型布置如图6.4-54所示。

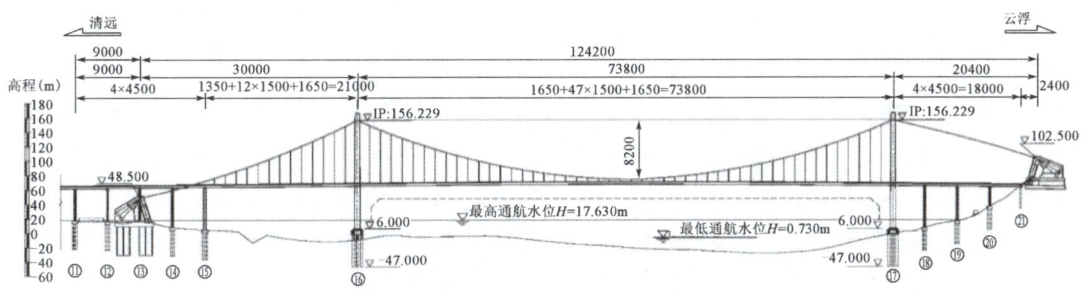

图6.4-54 悬索桥方案主桥桥型布置图

②矢跨比选择

悬索桥矢跨比多在1/9~1/11之间,设计对1:9、1:10、1:11三种矢跨比进行技术经济比选。表6.4-8及表6.4-9列出了本项目主跨采用不同的矢跨比对缆索系统、锚碇工程和索塔工程的材料数量及建安费的影响情况。

不同矢跨比的材料数量与建安费 表6.4-8

项目 \ 矢跨比		1/9	1/10	1/11
缆索系统	用钢量(t)	4894	5142	5490
	建安费(万元)	13842	14528	15272
锚碇工程	混凝土(m^3)	96143	105451	117329
	建安费(万元)	12869	13347	14394
索塔工程	塔柱混凝土(m^3)	22375	21894	21081
	基础混凝土(m^3)	30033	29458	28954
	建安费(万元)	14771	14337	14307
建安费合计(万元)		41482	42212	43973

不同矢跨比结构性能 表 6.4-9

项目 \ 矢跨比		1/9	1/10	1/11
活载竖向位移(m)	最大	1.0548	0.9689	0.8876
	最小	-1.8690	-1.8063	-1.7339
	双向	2.8988	2.6628	2.4394
单向挠跨比		1/391	1/405	1/421
双向挠跨比		1/251	1/276	1/301
一阶扭转频率(Hz)		0.3498	0.3386	0.3316
一阶竖弯频率(Hz)		0.1067	0.1071	0.1084
扭弯比		3.28	3.16	3.06

矢跨比的设计主要控制因素是工程整体造价和结构整体抗风性能。矢跨比过小,缆索系统、锚碇工程材料数量增加,影响悬索桥抗风性能的扭转频率和扭弯比都将降低。在竖向刚度满足活载挠跨比容许值要求的前提下,宜采用大的矢跨比,以期实现降低工程造价,提高结构整体抗风性能的目标。

综上所述,本项目主跨矢跨比推荐采用1/9。

③主梁方案选择

梁型比选是大跨径悬索桥主梁设计的重要内容,对悬索桥结构设计有决定性的影响。主跨738m单跨吊悬索桥可选择的主梁形式有三种,即钢箱梁、组合梁和钢桁梁。

结合建设条件及与桥址环境协调性,充分考虑设计及施工技术成熟程度、耐久性、美学景观效果及经济性等因素,对三种主梁形式进行对比,详见表6.4-10。

悬索桥梁型方案比选 表 6.4-10

项目 \ 梁型方案	钢箱梁	组合梁	钢桁梁
技术难度及成熟度	设计、施工经验成熟	设计、施工经验尚未成熟、未经长时间实践考验	有成熟的设计、施工经验
抗风性能	断面抗风性能较好	采用流线型断面,抗弯、抗扭刚度大,提高了抗风性能	断面通透、抗风性能好
施工难度及工期	工地连接速度快,工期短	现场工作量较大,需要现浇梁段间湿接缝,工期较长	钢桁梁节段间连接杆件多且复杂,桥面板二次拼装或浇筑,工期长
美学效果	扁平结构,景观效果好,适用平原微丘地区	扁平结构,景观效果好,适用平原微丘地区	桁架高度大,景观效果稍差,适用山岭地区或开阔海面
耐久性	正交异性钢桥面板疲劳问题较为突出,养护工作量较小	混凝土桥面板改善桥面铺装性能,后期耐久性及更换经验少,通过相关措施控制;养护工作量可减小	桥面板与主桁分离,便于维护
经济性	钢材量较钢桁梁减少,缆索、索塔及锚碇工程量相应减小,经济性好	混凝土桥面板增加了主梁重量,其他相关构件工程规模相应加大,经济性较钢箱梁差	钢桁梁梁高高、用钢量大,经济性较差
与桥址环境协调性	协调	协调	不协调
推荐意见	推荐	比较	比较

通过上表的对比分析可知,以及结合本项目主跨738m悬索桥自身特点,综合考虑结构技术难度及成熟度、抗风性能、施工难度及工期、耐久性、经济性与桥址环境协调性等方面,推荐选用钢箱梁断面。

(2)斜拉桥方案

①总体布置

斜拉桥方案根据总体设计和桥位的建设条件,斜拉桥方案主跨跨径为738m,云浮侧受地形限制边跨长度确定为180m左右,清远侧边跨长度可根据受力需要确定。经综合考虑斜拉桥方案总体桥跨布置确定为:(60+60+225+738+60+60+60)m=1263m的七跨混合梁连续体系高低塔斜拉桥。桥型总体布置见图6.4-55。

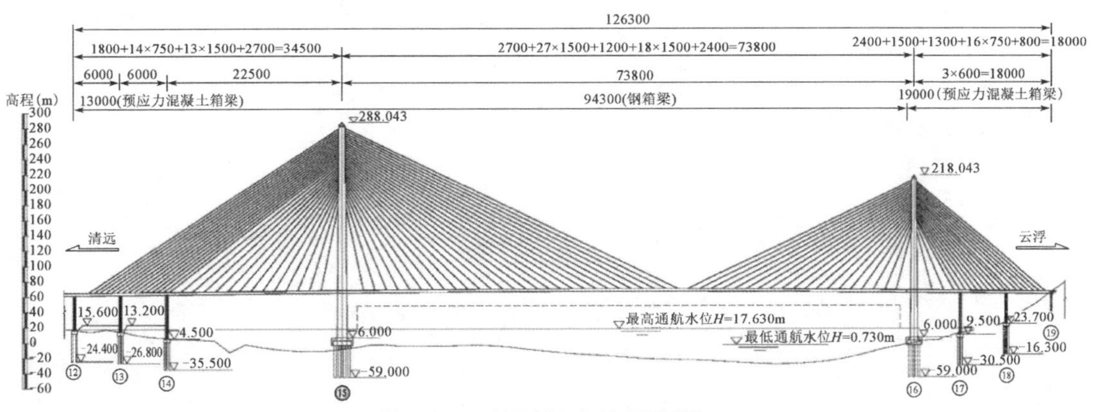

图6.4-55 斜拉桥方案桥型布置图

②主梁形式

根据确定的总体桥跨布置和受力需要,斜拉桥主梁采用混合梁方案(图6.4-56和图6.4-57),边跨采用混凝土梁,清远侧边跨部分位于水中区,考虑水位变动较大,且水中支架高度将近60m,所以水中区均采用钢箱梁整体吊装架设的施工方案。

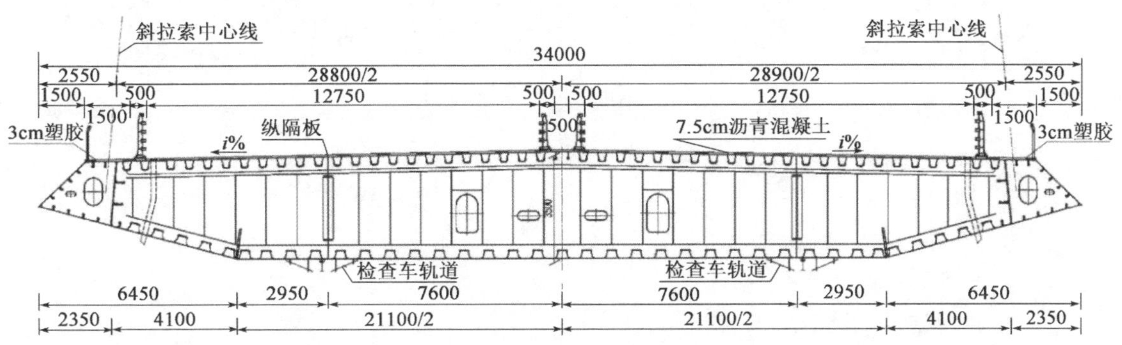

图6.4-56 斜拉桥方案钢箱梁标准横断面(尺寸单位:cm)

③索塔及基础方案

根据桥跨总体布置和受力要求选择高低塔方案(图6.4-57、图6.4-58),云浮侧索塔按边跨180m,主跨600m混合梁斜拉桥进行索塔结构设计,清远侧索塔按边跨345m,主跨876m混合梁斜拉桥进行索塔结构设计。索塔均采用钻石形,高塔塔高282.043m,低塔塔高212.043m,索塔下横梁高6.5m。塔端斜拉索索距为3.0m,为了提高索塔的耐久性,混凝土塔

壁增加预应力以控制锚固区混凝土塔壁的拉应力(图 6.4-59)。

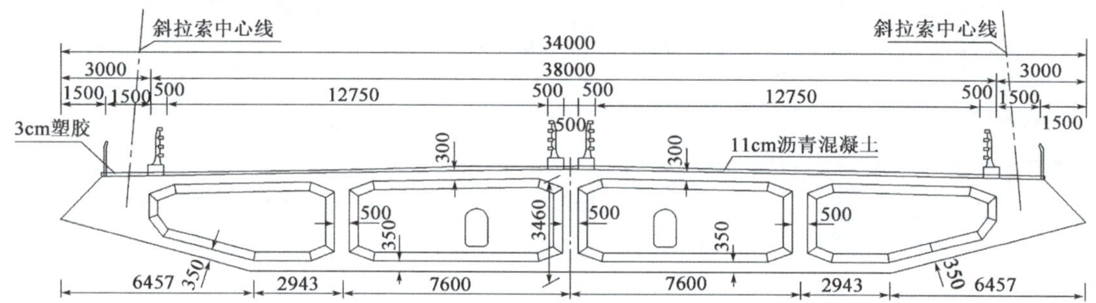

图 6.4-57 斜拉桥方案混凝土梁标准横断面(尺寸单位:cm)

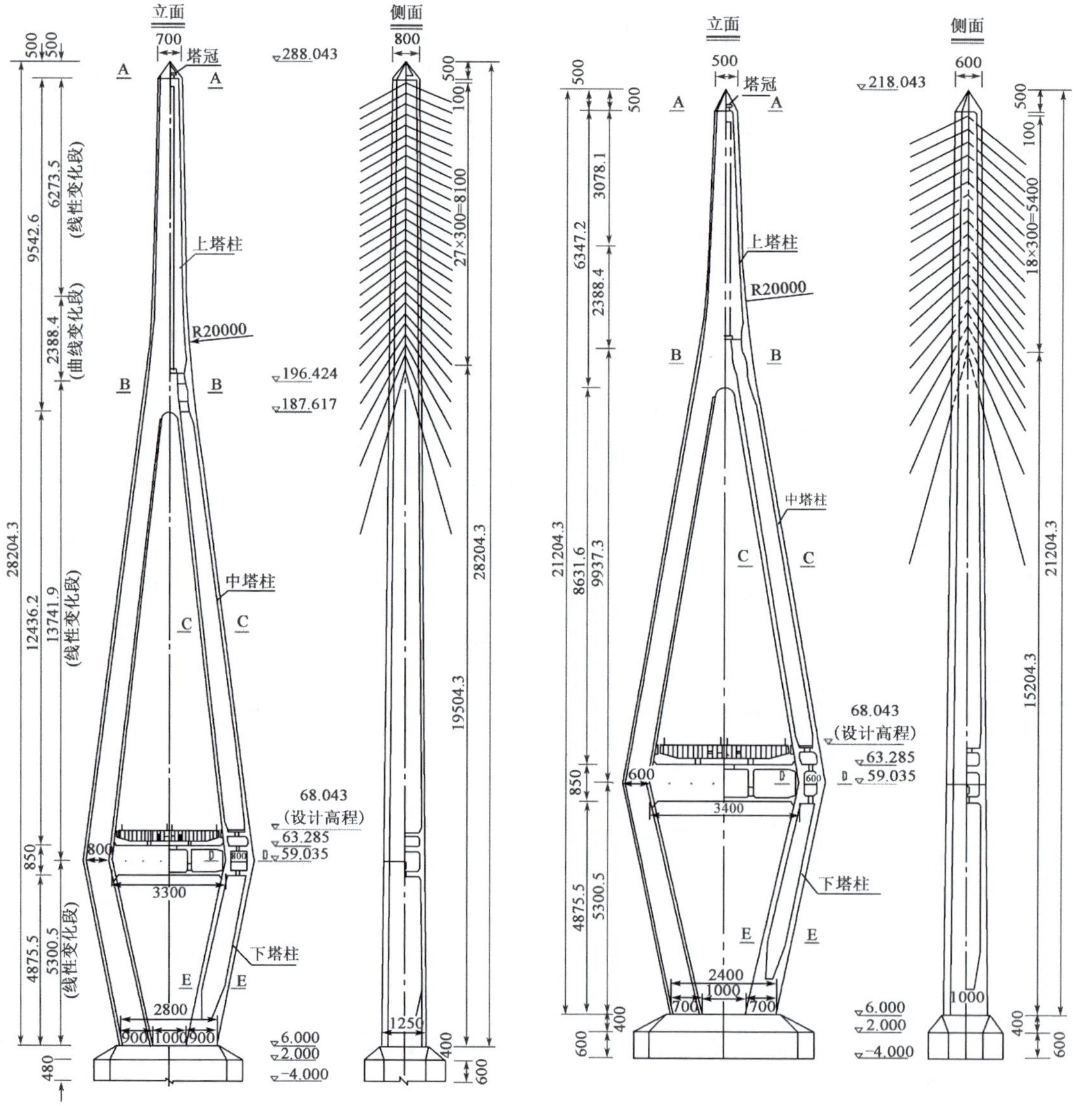

图 6.4-58 索塔一般构造图(左:高塔,右:低塔)(尺寸单位:cm)

索塔承台形状为为矩形倒角，高塔承台尺寸为23.0m(顺桥向)×43.0m(横桥向)，倒角尺寸为5.5m(顺桥向)×4.5m(横桥向)，高度为6.0m，承台下设24 根直径3.0m 的钻孔灌注桩；低塔承台尺寸为17.0m(顺桥向)×41.0m(横桥向)，倒角尺寸为4.5m(顺桥向)×3.5m(横桥向)，高度为6.0m，承台下设18 根直径3.0m 的钻孔灌注桩(图6.4-60)。

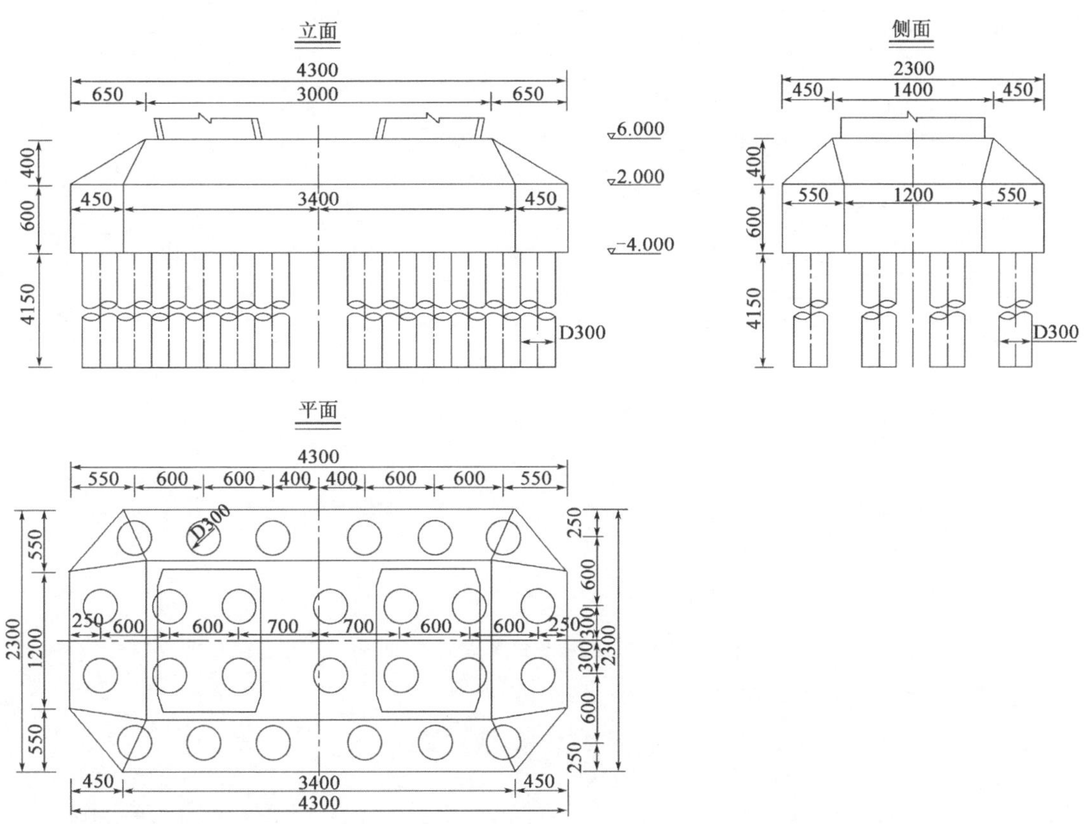

图6.4-59 高塔基础一般构造图(单位:高程为m，其他为cm)

(3)斜拉索

斜拉索采用扇形布置，高塔布置28 对斜拉索，低塔布置19 对斜拉索，钢箱梁区段斜拉索标准索距为15m，边跨混凝土梁段索距为7.5m。

3)桥型方案比较

(1)悬索桥方案单、双跨比较

针对悬索桥方案提出的单、双跨吊方案推荐采用双跨吊方案，主要理由为：

①双跨吊方案满足防洪单位提出的阻水率小于6%的要求。

②双跨吊方案避免单跨吊方案刚构的高支架和深水基础施工。

③西江水域通航繁忙，减少了水中基础，降低施工及使用期间的船撞风险。

④双跨吊方案比单跨吊方案造价稍贵仅280 万元。

⑤景观效果比单跨吊方案好。

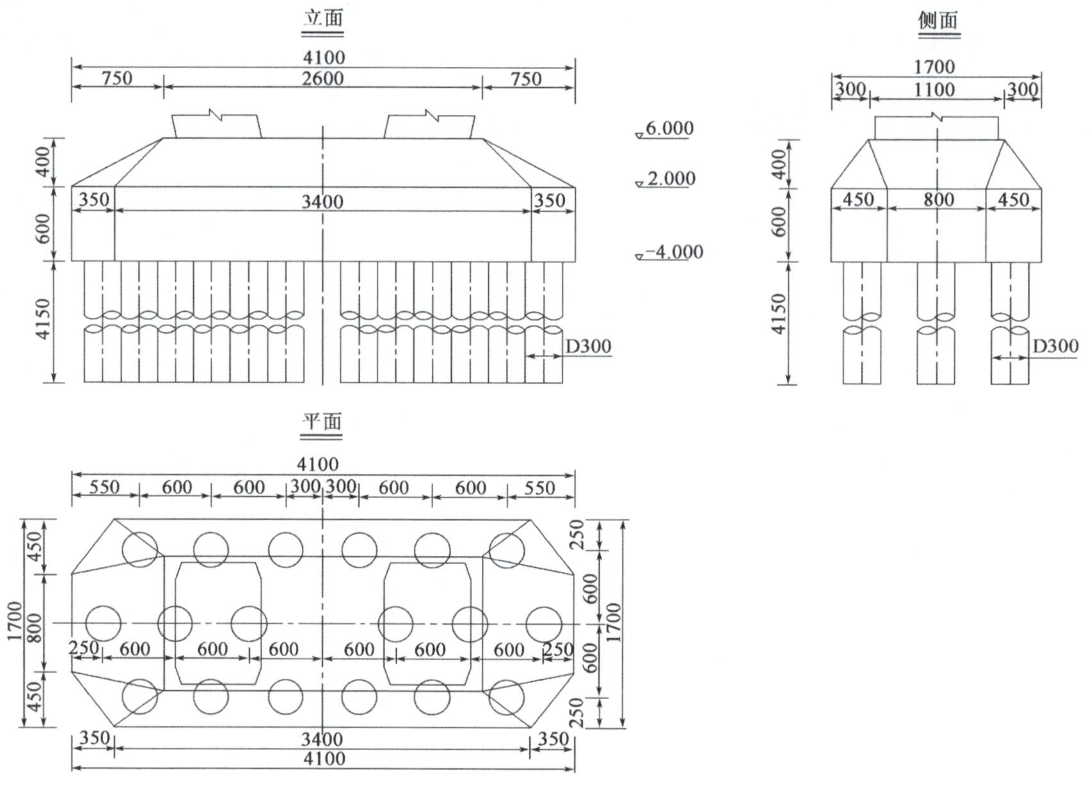

图 6.4-60　低塔基础一般构造图(单位:高程为 m,其他为 cm)

(2)斜拉方案与推荐双跨吊悬索桥方案比较

斜拉桥最大的优势为经济性好,比悬索桥方案便宜约 6500 万元。但斜拉桥存在以下存在以下问题:

①斜拉桥主墩、辅助墩为水中基础,主墩基础规模大,对西江的阻水影响比悬索桥大。

②由于云浮侧边跨太短,只能做成高、低塔,景观效果欠佳。

③两侧边跨混凝土段存在高支架的施工风险。

④斜拉桥方案需要设置 24 根直径为 3m 的钻孔桩,而悬索桥方案只有 20 根直径为 2.8m 的钻孔桩,水中基础规模大,水下施工作业风险大。

⑤斜拉桥方案钢混结合段施工、受力较复杂。

⑥混凝土梁施工周期长,施工风险较大。

综合考虑各种因素,推荐双跨吊悬索桥方案。

6.4.8.3　云浮侧“通道锚”绿色环保设计

1)新型“通道锚”方案的提出与创新设计

目前悬索桥常规锚碇方案通常将整个锚碇位于桥面以下,通过锚碇体与山体的接触面的摩擦力抵抗主缆水平力,但由于本项目主桥边跨位于缓和曲线段,若采用传统锚碇方案则在主缆与引桥桥面位置存在冲突,需设置空间缆索,对索塔、主索鞍、锚碇都存在不利影响,为解决上述问题创新性提出了将锚碇置于桥面以上的方案(图6.4-61),路面行车从锚碇基础中穿过,所以新型“通道锚”不但解决了主缆设置横向偏角的问题,也避免了深基坑开挖问题,且更加绿色环保。

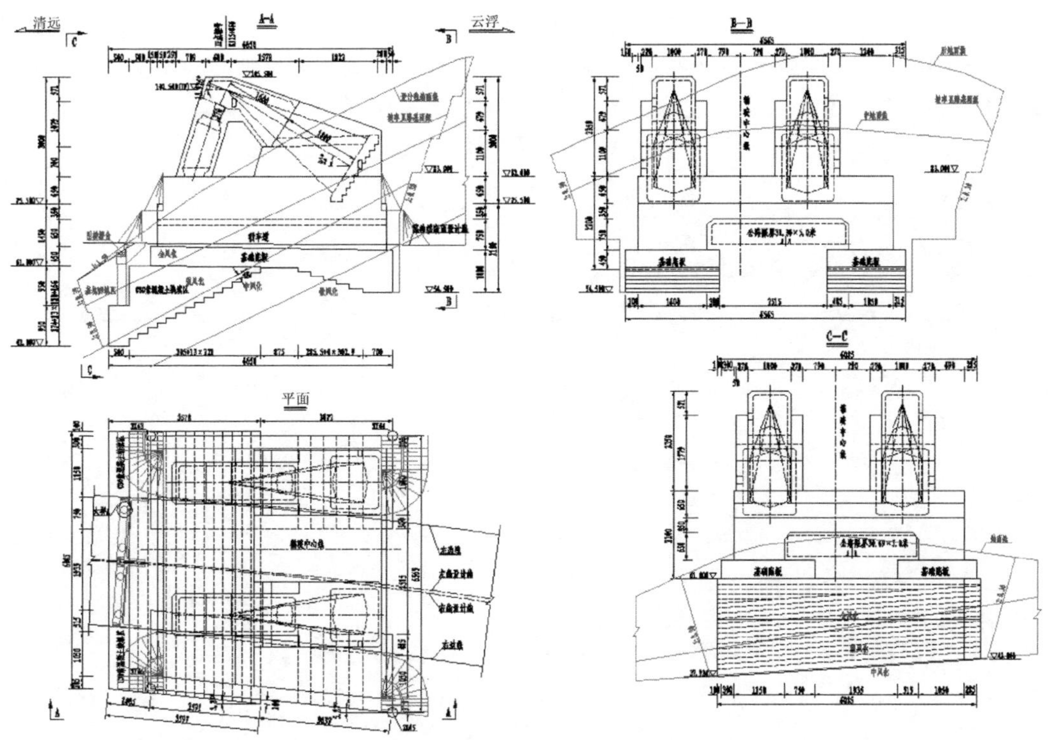

图6.4-61　新型“通道锚”锚碇基础方案一般构造图(单位:高程为m,其他为cm)

2)新型“通道锚”方案的绿色环保设计

根据新型“通道锚”方案的特点,并且与常规重力式锚碇相比较,认为本项目的新型“通道锚”方案在以下几方面更加绿色环保:

①根据锚碇区域的地形、地质条件,锚碇具备整体上抬的条件,因此相比传统深锚锚碇方案基坑开挖小约9万立方米土石方,造价节约10%以上,从工程规模、经济性方面来说更加环保。

②相比传统重力锚碇方案由于基坑埋深浅、基础面积小,因此对整个山体开挖破坏小,与自然环境的破坏影响小,因此也更加环保。

③相比传统重力锚碇方案由于基础规模小,边坡坡级、放坡小,因此施工临时占地和永久占地面积更小。

④新型“通道锚”方案锚体、锚固系统等关键构件均位于桥面以上,相比深锚传统锚碇方案检修、养护更加便捷,后期养护成本更小。

⑤锚碇采用新型挤压成品索锚固系统方案,相比传统预应力锚固方案施工质量、后期养护、换索成本等方面均存在较大优势,从新材料、新产品、新技术方面说,“通道”锚方案也更加节约、绿色、环保。

⑥为更好地适应大桥的建设条件,打破传统思维,创造性地提出将锚碇置于路(桥)面以

上的新型“通道锚”方案,目前国内外还没有类似实例,方案本身具有创新意义和价值,也使锚碇的方案真正做到因地制宜,对以后类似锚碇的推广具有重要意义。

6.4.8.4 钢箱梁U肋内焊技术

通过开展正交异性板U肋机器人自动化内焊技术研究,并将该技术引入到本项目的钢箱梁顶板U肋中应用,解决了通车后钢箱梁U肋开裂问题,大幅提高钢箱梁顶板的疲劳性能,提高了钢箱梁结构耐久性(图6.4-62)。西江特大桥主桥为国内第一座顶板全面应用该技术的桥梁。

图6.4-62 钢箱梁U肋内焊技术

6.4.8.5 BIM技术在西江特大桥中的应用

西江特大桥全桥共7联,主桥为边跨202m(清远侧)+主跨738m的双塔双跨吊悬索桥,矢跨比1/9,大直径钻孔灌注桩基础,重力式锚碇基础,门框式索塔,预制平行钢丝索股形成主缆,平行钢丝吊索,扁平流线型钢箱加劲梁。两侧引桥上部构造为预应力混凝土小箱梁(图6.4-63)。

图6.4-63 西江特大桥BIM模型

1)西江桥 BIM 建模

(1)场地建模

根据带高程信息的二维 CAD 地形图完成三维模型及二维地质纵断面图完成主桥及引桥里程范围内地质模型(图 6.4-64)。

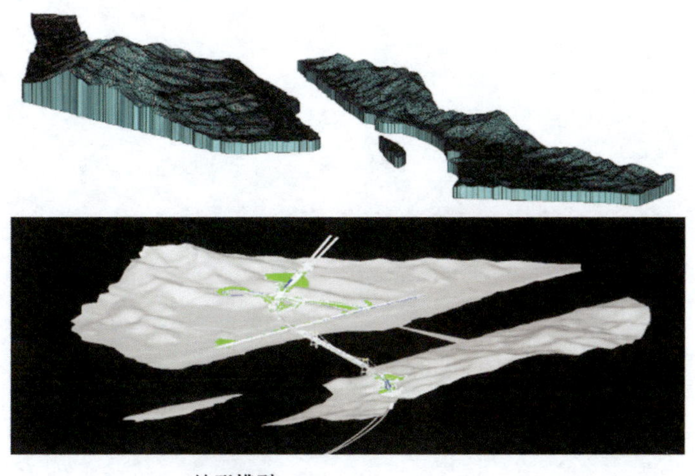

地形模型

图 6.4-64 地形模型

(2)主桥及引桥建模

利用 BIM 建模软件完成主塔,锚碇,主梁等各分部分项 BIM 模型,构件模型建立后按设计图纸依次进行分部模型(如西江桥—主桥—缆索)、类型模型(如西江桥—主桥)和项目模型(全项目 BIM 模型)的组装(图 6.4-65 和图 6.4-66)。

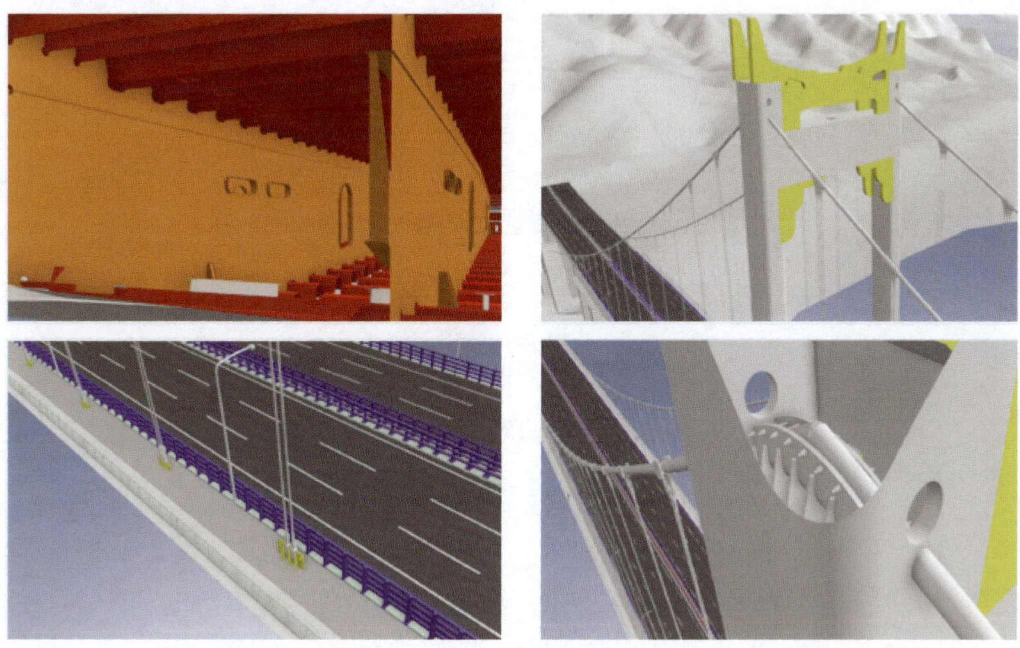

图 6.4-65 细部模型

2)西江桥虚造

依托施工方案,针对便桥及施工平台、基础与承台、索塔、锚碇、钢箱梁吊装、索鞍、缆索系统及桥面铺装等施工过程进行全方位演示(如图6.4-67和图6.4-68所示)。

图6.4-66　桥梁整体模型

图6.4-67　锚碇施工演示

图6.4-68　索鞍施工演示

3)基于BIM技术钢梁智能制造

本项目主梁为单箱单室全焊结构钢箱梁,由顶板、底板、腹板、隔板、U形肋及各类加劲板焊接而成。钢箱梁采用厂内制作,水路运输到桥位下。

应用BIM技术,可进行钢箱梁厂内制造的进度管理。管理内容包括工序管理、进度内容填报、进度统计分析、生产顺序统计、生产资源统计及施工措施添加功能。

根据项目管理需要,可以对梁段下的结构进行细化,建立新的管理对象,达到精细化管理程度。每一个管理对象都可以上传文档、图片及视频等多媒体文件,这些文档与管理对象相关联。

用户可以根据项目梁段实际生产工序进行定义,同时可以设置不同工序的颜色及配套图片图6.4-69。

根据加工方案的生产工序,点击新建工序按钮,可以在工序添加对话框中输入工序名称,工序可用颜色表示,且可配图。

还可以精细化管理每个对象的进度情况,通过手机及网页可以填报实际进度,填报实际进度可以上传实际的图片及关于进度的文字描述。

生产状态统计表格中可以显示各个梁段在各个工序时的生产状态情况,红色代表滞后,蓝色代表超前,绿色代表正常。表格中内容代表超前或者滞后的天数,用于辅助管理者做管控措施(图6.4-70)。

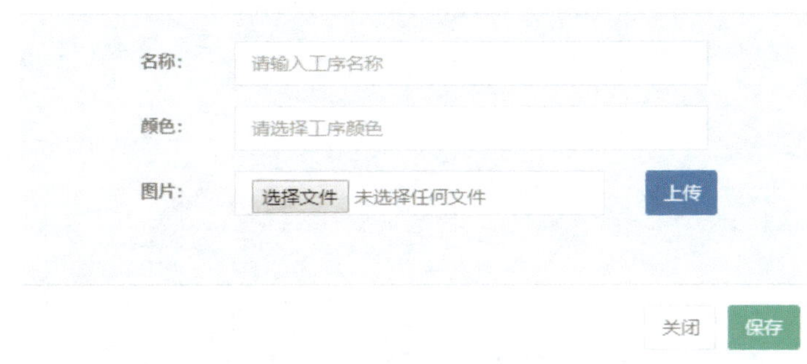

总拼 (1)
清磨 (2)
涂装 (3)

新建工序 删除

#	工序名称	颜色	图片	操作
1	打砂		☒	编辑 | 删除
2	底漆		☒	编辑 | 删除
3	中间漆		☒	编辑 | 删除
4	面漆		☒	编辑 | 删除
5	完成		☒	编辑 | 删除

图 6.4-69 工序定义

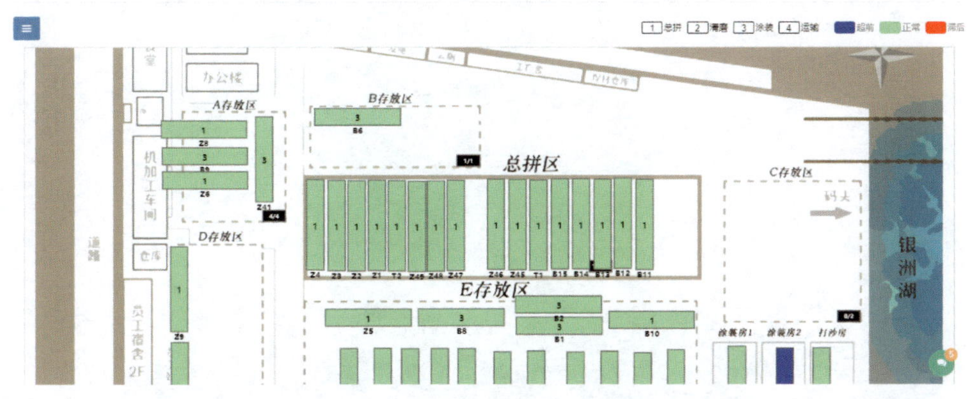

图 6.4-70 工厂生产进度展示

系统可以对项目目前进度情况进行统计,利用饼状图进行当前轮次各个梁段的生产顺序以及进度状态。当进度状态落后时,饼状图对应条目显示红色,提醒管理者采取措施,提高施工效率(如图 6.4-71 所示)。

4)基于 BIM 技术项目进度管理

形象进度模拟可以三维可视化方式动态演示整体和局部的施工过程,弥补了传统甘特图不直观,需要沟通双方具有深厚理论基础的不足(图 6.4-72 和图 6.4-73)。与 Project 文件中的数据对接,为工程管理者管理大型建设项目提供了新途径和方法。将实际进度与计划进度进行对比,技术人员可以实时可视化查看项目进度状态(图6.4-73、图6.4-74);还可以分析项目进度异常原因,为下一步进度计划的制订提供科学依据(图6.4-75)。针对任意WBS节点的任务可以添加工程量、材料、机械和施工班组信息,对进度异常情况可以进行溯源分析。

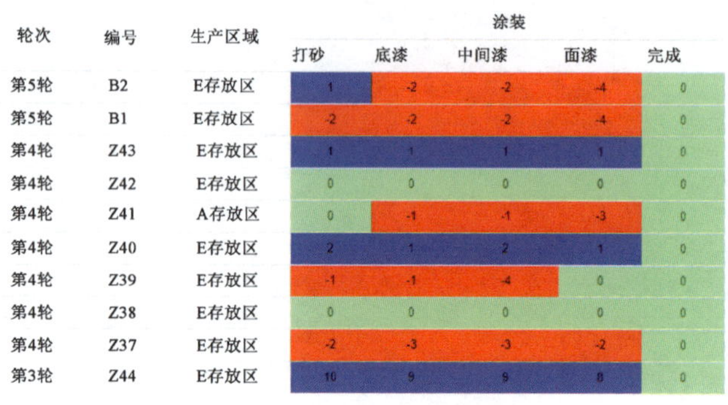

轮次	编号	生产区域	涂装				
			打砂	底漆	中间漆	面漆	完成
第5轮	B2	E存放区	1	-2	-2	-4	0
第5轮	B1	E存放区	-2	-2	-2	-4	0
第4轮	Z43	E存放区	1	1	1	1	0
第4轮	Z42	E存放区	0	0	0	0	0
第4轮	Z41	A存放区	0	-1	-1	-3	0
第4轮	Z40	E存放区	2	1	2	1	0
第4轮	Z39	E存放区	-1	-1	-4	0	0
第4轮	Z38	E存放区	0	0	0	0	0
第4轮	Z37	E存放区	-2	-3	-3	-2	0
第3轮	Z44	E存放区	10	9	9	8	0

图6.4-71　生产状态统计

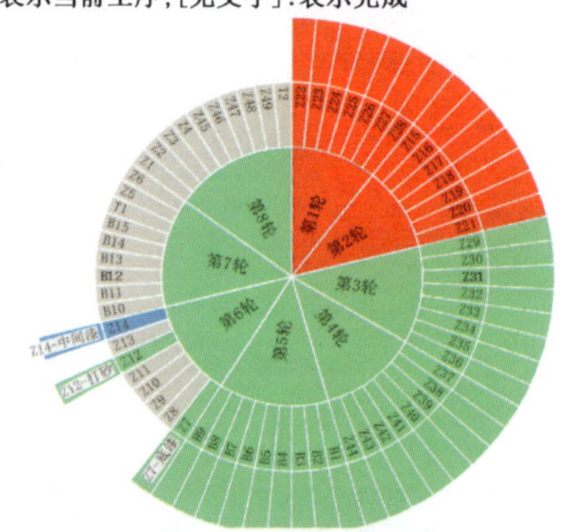

图6.4-72　生产轮次顺序统计

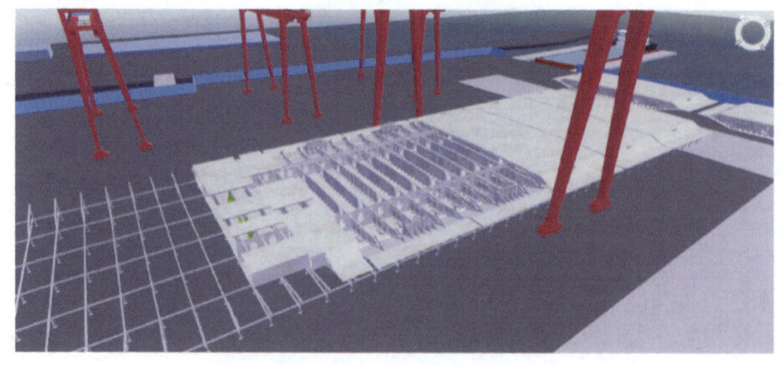

图6.4-73　生产进度3D可视化

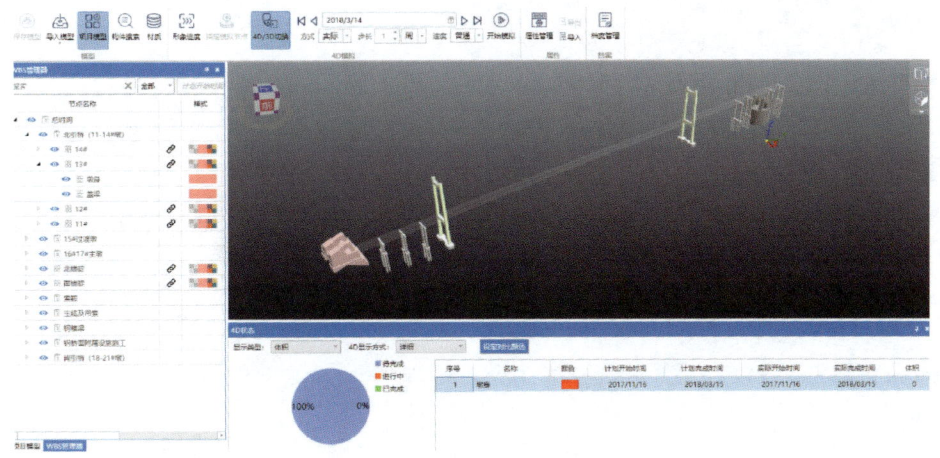

图 6.4-74 项目进度可视化展示

图 6.4-75 项目进度对比分析

6.4.8.6 总结与提高

西江特大桥建设条件复杂，大桥桥位及桥型方案受通航、水利防洪、总体线形等因素影响，设计对大桥桥位、主跨跨径、主桥桥型方案进行了充分的论证和优化，对各关键受力构件通过专题研究，有效地指导及验证了设计，使大桥设计方案真正做到因地制宜，具有结构安全、美观、经济、绿色、环保的特点，对广东省类似的跨江通道工程的方案选择工作具有借鉴参考意义。

(1)索塔是悬索桥景观设计的焦点和重点。西江特大桥桥塔设计中充分考虑了当地独特的自然景观、人文历史、民风民俗，体现了桥梁、人文和环境的和谐共处。

(2)结合项目建设实际，创新采用了“通道锚”，将锚碇上移至桥面以上，使行车道从锚碇基础中穿过，有效地解决了边跨桥梁处于缓和曲线的问题，不仅减少山体开挖，使桥梁和环境更和谐友好，同时避免了深基坑降水施工，改善了索鞍和索塔受力，值得同类工程参考借鉴。

(3)BIM 技术在西江特大桥施工中应用在 6 个方面：

①项目周边环境及场地建模;
②建立主桥及引桥 BIM 模型;
③项目设计及施工方案的可视化展示;
④针对施工预埋设施的碰撞检查;
⑤利用 BIM 技术建立进度管理平台,进行项目建设进度的可视化管理;
⑥制作多种景观方案进行对比。

(4)西江特大桥主桥为国内第一座采用机器人钢箱梁 U 肋内焊技术桥梁,通过该技术的引进,大幅提升了正交异性钢桥面板的抗疲劳性能,提高了钢箱梁结构耐久性。

6.4.9 广中江高速公路 4 座斜拉桥

6.4.9.1 桥梁工程概况

江门至广州番禺高速公路呈东西走向,起于鹤山市雅瑶镇,向东经蓬江区棠下、滨江新区、顺德均安、中山小榄、东凤、南头、黄圃,至广州番禺接东新高速,向东对接规划桂阁大道,可直至广州南沙,路线全长 49.075km(图 6.4-76)。项目的实施在江门市北部地区、佛山市南部地区以及中山市北部地区修建两条快速通道,加快了江门、佛山、中山和广州几个地区之间的交通联系,江番高速西江水道桥。江番高速番中大桥、江珠高速北延线北街水道桥、江珠高速北延线潮连西江桥对于推进珠江三角洲交通一体化,完善区域路网结构都具有十分重要的意义。

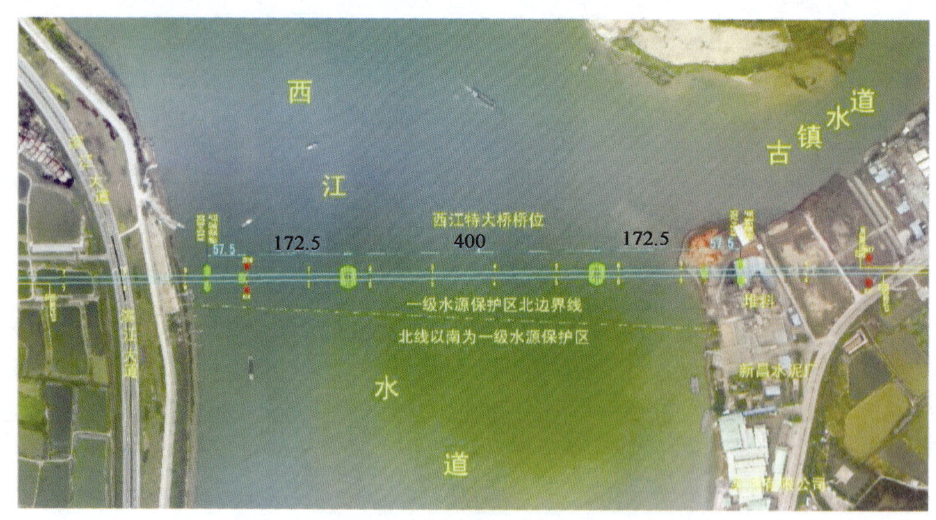

图 6.4-76　西江水道桥桥位平面布置图

1)江番高速西江水道桥工程建设条件

江番高速西江水道桥为预应力混凝土梁独塔斜拉桥,其跨越均安至外海之间的西江主干流,江面宽 750 ~ 1000m。西江水道桥桥位轴线法线与河道夹角约 20°,上游紧邻西江水道于古镇水道的交汇口。西江河道在距离桥位上游 600m 的沙洲处分流,其主航道位于东北侧通过,航道水深一般为 10 ~ 17m;古镇水道北侧水深条件较差,航道紧靠南岸,航道水深为 4 ~ 7m。

2)江番高速番中大桥工程建设条件

江番高速番中大桥为预应力混凝土梁独塔斜拉桥,其跨越洪奇沥水道,河宽约800m(图6.4-77)。该水道上接荣桂水道、下通桂洲水道、大黄埔水道、上横沥、下横沥等,经洪奇门接横门出海航道出海,平均水深8m,最大水深约9.5m。番中大桥按照《公路桥涵设计通用规范》采用300年一遇的设计洪水频率,对应水位为3.944m。

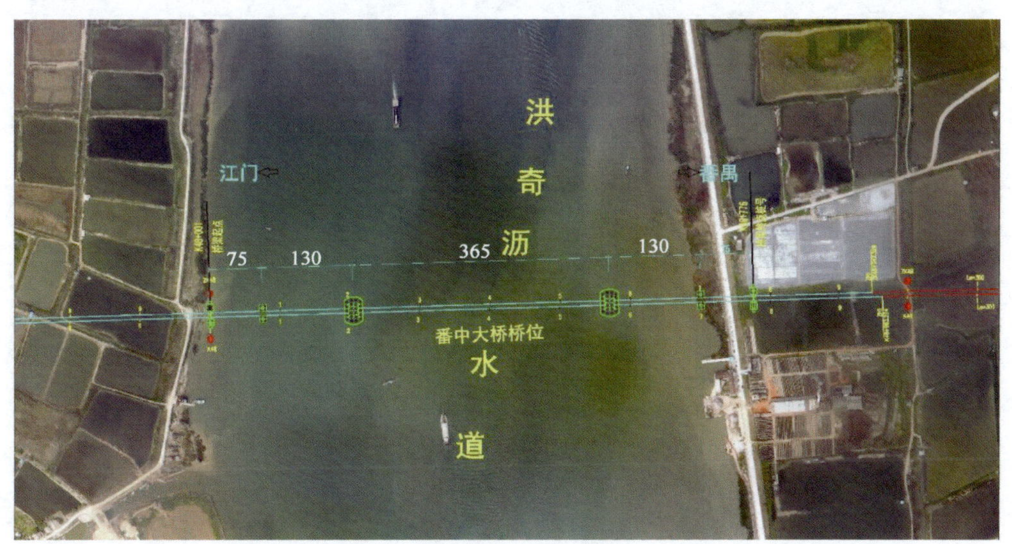

图6.4-77 番中大桥效果图

3)江珠高速北延线北街水道桥工程建设条件

江珠高速北延线北街水道桥是江珠高速北延线上的特大桥,为预应力混凝土梁斜拉桥(图6.4-78)。江珠高速北延线位于江门市江海区、蓬江区、中山市、佛山市顺德区境内,总体上呈南向北走向。江珠高速北延线北街水道桥跨越北街水道,桥位处江面宽约660m,水深一般为5~8.5m。该水道为西江干流,在距离桥位2200m处与西江主干流交会,桥轴线法线方向与河道水流流向夹角30°。北街水道桥按照《公路桥涵设计通用规范》采用300年一遇的设计洪水频率,对应水位为6.014m。

4)江珠高速公路北延线潮连西江桥工程建设条件

潮连西江桥是江珠高速公路北延线上的特大桥,为预应力混凝土梁斜拉桥(图6.4-79)。江珠高速公路北延线位于江门市江海区、蓬江区、中山市、佛山市顺德区境内,总体上呈南向北走向。江珠高速公路北延线潮连西江桥在江门市潮连镇和荷塘镇之间跨越西江主干流。距离桥位1550m处北街水道与西江主干流交会,桥轴线法线方向与河道水流夹角12°。潮连西江桥按照《公路桥涵设计通用规范》采用300年一遇的设计洪水频率,对应水位为5.944m。

6.4.9.2 桥型方案比选

1)江番高速公路西江水道桥方案比选

(1)方案一

本方案为(55+175+400+175+55)m独柱双塔中央索面半漂浮体系斜拉桥,如图6.4-80

所示。

①索塔采用“天圆地方”方案索塔,富含寓意。索塔自上而下由三种几何图形相互交融变化而成,塔顶为倒圆锥体,向下与正四棱柱自然相融,正四棱柱向下按照圆曲线逐渐扩展成为矩形四棱柱。

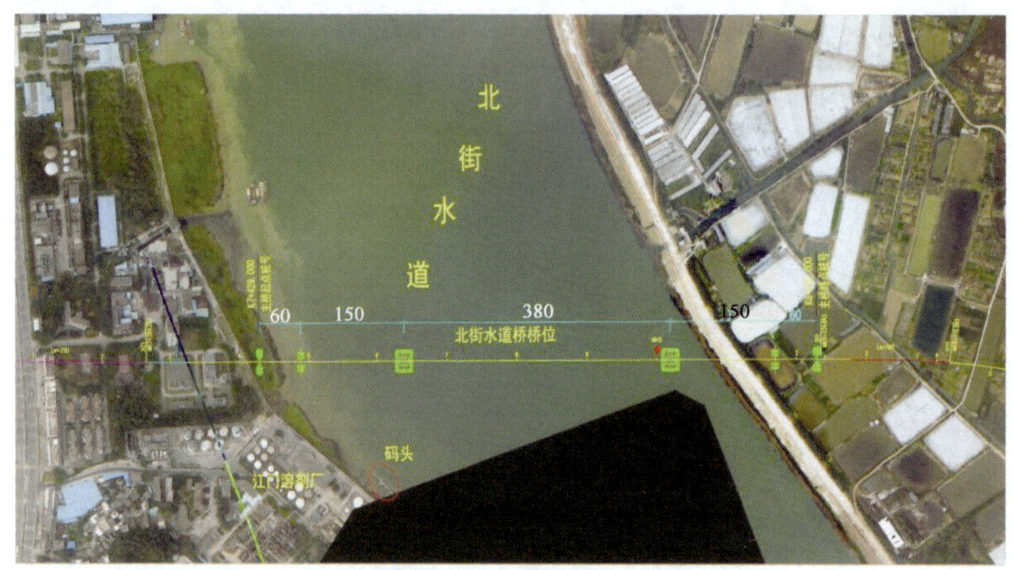

图 6.4-78　北街水道桥桥位平面布置图

图 6.4-79　潮连西江桥桥位平面布置图

索塔总高度为 127.0m,塔顶高程为 134.530m,桥面以上高度为 100.414m。索塔自塔顶向下 25.0m 为倒圆锥段,再向下 35.0m 为倒圆锥与正四棱柱相互交融段,由此至塔底为正四棱柱以圆曲线变化为矩形四棱柱区段。

索塔基础采用 39 根直径 2.2m 的摩擦桩,桩长 100(80)m;承台为矩形圆端结构,承台高 5.0m,其上设 3.0m 的塔座。

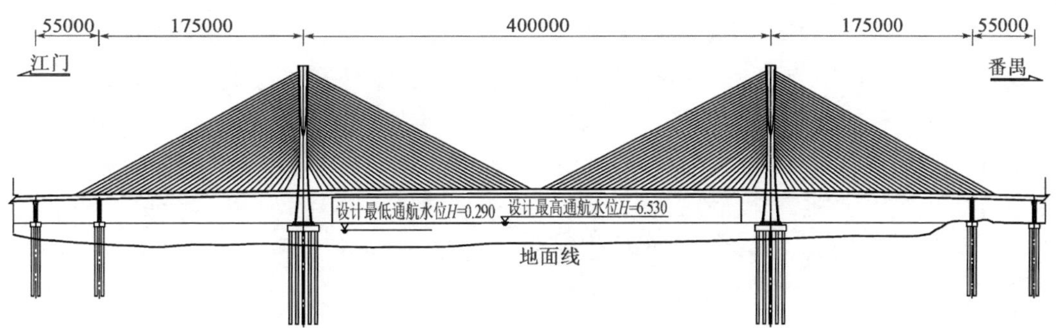

图6.4-80 方案一桥型布置图(尺寸单位:cm)

②采用斜腹板单箱七室主梁,斜拉索布置为中央双索面,锚固于主梁紧靠中隔室两边的隔室内。主梁全宽41.0m,主梁中心梁高4.0m,高跨比为1/100。顶板厚26cm,腹板厚25cm,锚固斜拉索的腹板厚35cm,底板厚25cm,在斜拉索锚固处设置横隔板,间距6m,横隔板厚0.4m。

③斜拉索顺桥向为扇形布置,横桥向为中央双索面。斜拉索梁端索距为6.0m,塔端索距为2.5m。全桥共设8×31根斜拉索,斜拉索采用强度1670MPa的平行钢丝。

(2)方案二

本方案为(120+400+120)m独柱双塔空间双索面半漂浮体系斜拉桥,如图6.4-81所示。

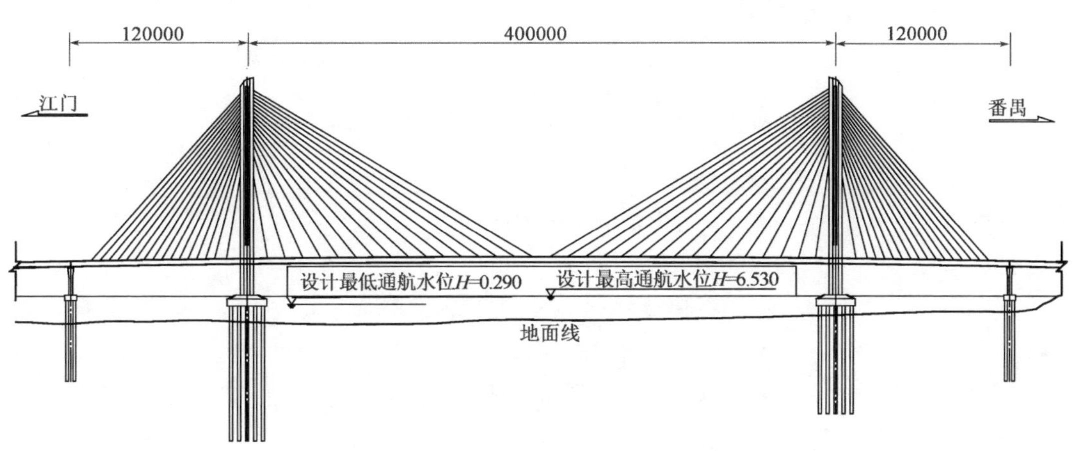

图6.4-81 方案二桥型布置图(尺寸单位:cm)

①塔柱造型寓意为“人形天地间”。塔柱整体采用独柱形式,下塔柱横桥向按照曲线变宽,抽象出“人”字形。

索塔总高度为160.97m,塔顶高程为168.5m,桥面以上高度为134.384m。索塔上塔柱高139.574m为等截面,采用矩形切角断面,锚固区区段,非锚固边中部加厚0.25m,长度为2.0m;支座托架顶面以下为下塔柱,高21.396m,顺桥向长度为9.0m不变。

索塔基础采用35根ϕ2.2m的摩擦桩,桩长100(80)m;承台为矩形切角结构,承台高5.0m,其上设3.0m的塔座。

②主梁采用钢—混凝土混合梁,钢混理论分界线位于索塔向中跨侧7.2m,即钢箱梁长

385.6m,其余均为混凝土梁。钢主梁采用流线型分离箱,在斜拉索位置及支承位置设置连接箱,分离箱长度为5.7m。主梁全宽43.7m,宽跨比为1/9.15,主梁中心梁高4.0m,高跨比为1/100。

混凝土箱梁区段单侧箱为单箱五室结构,斜拉索锚固于外侧箱腹板上。钢箱梁区段斜拉索锚固于钢箱梁外侧腹板上,钢箱梁内不设纵腹板,标准梁段横隔板间距为3m。顶板、底板及斜底板采用U形加劲肋,连接箱腹板与钢箱梁横隔板对齐。

③斜拉索顺桥向为扇形布置,横桥向为空间双索面。钢箱梁区段斜拉索梁端索距为12.0m,混凝土梁区段斜拉索梁端布置由主跨向边跨为(8.0+14×6.0)m。全桥共设8×16根斜拉索。

(3)方案三

本方案为(55+175+400+175+55)m双柱双塔空间双索面半漂浮体系斜拉桥,如图6.4-82所示。

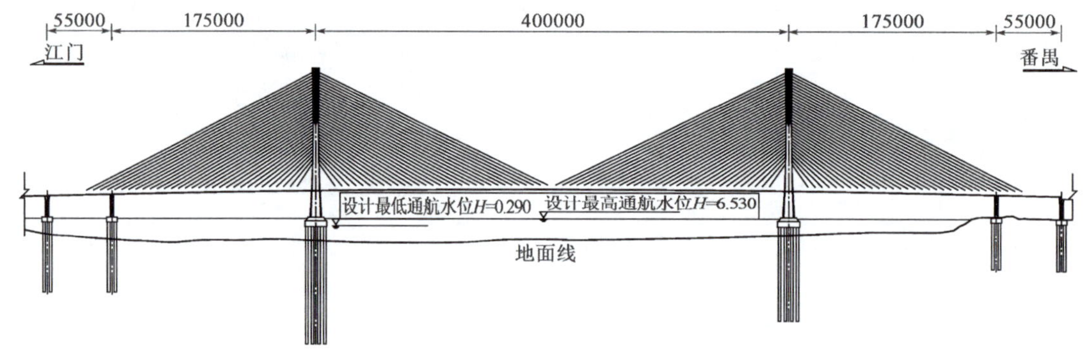

图6.4-82 方案三桥型布置图(尺寸单位:cm)

①索塔采用“天圆地方”方案索塔,富含寓意。索塔自上而下由三种几何图形相互交融变化而成,塔顶为倒圆锥体,向下与正四棱柱自然相融,正四棱柱向下按照圆曲线逐渐扩展成为矩形四棱柱。

采用双柱式索塔,索塔总高度为127.0m,塔顶高程为134.530m,桥面以上高度为100.414m,索塔两柱中心距为40.3m。索塔自塔顶向下25.0m为倒圆锥段,再向下29.0m为倒圆锥与正四棱柱相互交融段,由此至塔底为正四棱柱以圆曲线变化为矩形四棱柱区段。梁底设置下横梁,从景观方面考虑,索塔不设上横梁。

索塔基础采用40根ϕ2.2m的摩擦桩,桩长100(80)m;承台为哑铃形结构,承台高5.0m,其上设3.0m的塔座。

②采用双边箱式主梁,斜拉索锚固于边箱外侧的腹板上。主梁全宽38.5m,主梁中心梁高4.0m,宽跨比和高跨比分别为1/10.39和1/100。

③斜拉索顺桥向为扇形布置,横桥向为空间双索面。斜拉索梁端索距为6.0m,塔端索距为2.5m。全桥共设8×31根斜拉索,斜拉索采用强度1670MPa的平行钢丝。

(4)方案比选

方案比选数据见表6.4-11。

通过以上综合比选,方案一对建设条件适应好,施工技术成熟可靠,工程造价低,因此选择方案一为推荐方案，即预应力混凝土梁斜拉桥方案。

桥型方案比选表 表6.4-11

项目＼方案	方案一：预应力混凝土梁斜拉桥（55+175+400+175+55）m（独柱索塔）	方案二：钢—混凝土混合梁斜拉桥（120+400+120）m	方案三：预应力混凝土梁斜拉桥（55+175+400+175+55）m（双柱索塔）
与城市规划协调情况	与规划线位完全吻合	与规划线位完全吻合	与规划线位完全吻合
桥位特点	水面宽阔，河道微弯，上游有西江水道与古镇水道汇流口，两岸稳定，堤防完好	水面宽阔，河道微弯，上游有西江水道与古镇水道汇流口，两岸稳定，堤防完好	水面宽阔，河道微弯，上游有西江水道与古镇水道汇流口，两岸稳定，堤防完好
航道影响	主跨一孔跨越主航道，水中不设桥墩，满足通航要求	主跨一孔跨主航道，辅助墩设于水中，基本满足通航	主跨一孔跨越主航道，水中不设桥墩，满足通航要求
水利影响	符合航道防洪标准要求；满足堤防交通、管理以及防汛抢险要求；满足行洪要求；对整体河势及河道稳定影响小	符合航道防洪标准要求；满足堤防交通、管理以及防汛抢险要求；满足行洪要求；对整体河势及河道稳定影响小	符合航道防洪标准要求；满足堤防交通、管理以及防汛抢险要求；满足行洪要求；对整体河势及河道稳定影响小
平面线形	线形指标较高满足标准要求	线形指标较高满足标准要求	线形指标较高，满足标准要求
与周围景观协调性	桥型风格与周边环境和谐统一	桥型风格与周边环境和谐统一	桥型风格与周边环境和谐统一
施工周期	36个月	24个月	38个月
技术难度	混凝土主梁技术成熟，施工风险低	混合梁结构较复杂，施工技术有保障	混凝土主梁技术成熟，施工风险低
工程造价	约4.25亿元	约4.46亿元（主桥） 约4.72亿元（主桥+220m引桥）	约4.07亿元
推荐意见	推荐	比较	比较

2）江番高速番中大桥方案比选

（1）方案一

本方案为（75+130+365+130+75）m独柱双塔中央双索面塔墩梁固结体系斜拉桥，如图6.4-83所示。

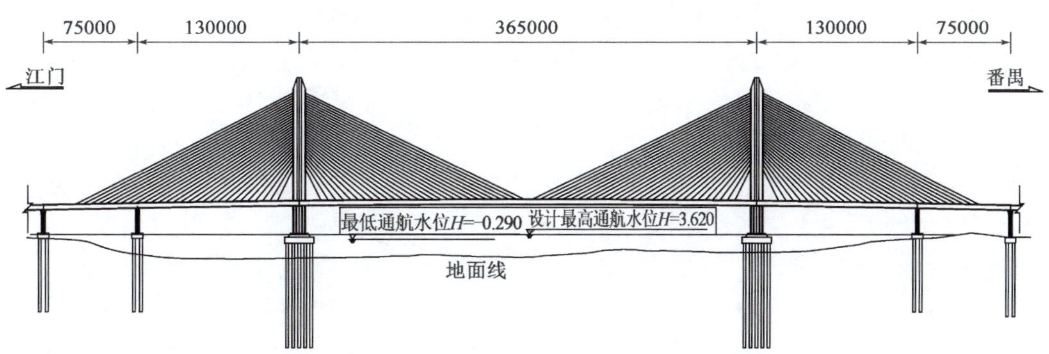

图6.4-83 桥型方案一桥型布置图（尺寸单位：cm）

①索塔总高度为129.566m，塔顶高程为131.166m，桥面以上高度为100m。索塔自塔顶向下9.5m为变截面直线变化段，塔顶为矩形截面，索塔继续往下90.5m均为等截面直线变化

段,下塔柱则为双薄壁截面,

索塔基础采用24根$\phi3.0$m的端承桩,桩长52 m(35m);承台为矩形带圆端型结构,承台高5.0m,其上设3.0m的塔座。

②采用斜腹板单箱七室主梁,斜拉索布置为中央双索面,锚固于主梁中隔室。主梁全宽37.4m,宽跨比为1/9.76,主梁中心梁高4.0m,高跨比为1/91.25。顶板厚26cm,腹板厚25cm,锚固斜拉索的腹板厚35cm,在斜拉索锚固处设置横隔板,间距6m,横隔板厚0.4m。主梁采用C55混凝土。

③斜拉索顺桥向为扇形布置,横桥向为中央双索面。斜拉索梁端索距为6.0m,塔端索距为2.0m。全桥共设8×28根斜拉索。斜拉索采用强度1670MPa的平行钢丝。

(2)方案二

本方案为(55+90+365+90+55)m独柱双塔中央双索面半漂浮体系斜拉桥,如图6.4-84所示。

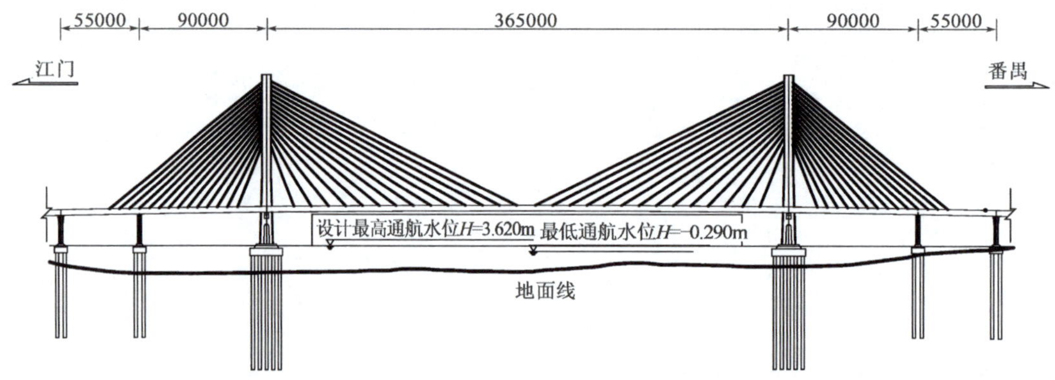

图6.4-84　桥型方案二桥型布置图(尺寸单位:cm)

①塔柱整体采用独柱形式,下塔柱横桥向、顺桥向按照曲线同时变宽。

索塔总高度为119.546m,塔顶高程为124.166m,桥面以上高度为93m。索塔上塔柱自上往下69.544m为等截面变化段;索塔牛腿顶面以下为下塔柱。下塔柱截面顺桥向尺寸自上而下为8.0~10m直线变化,横桥向尺寸自上而下为4.2~10m直线变化。为了增加索塔美观性,在下塔柱自底往上13.6m高的区域内,在截面横向两边设置宽4m,深0.5m的凹槽。

索塔基础采用22根$\phi3.0$m的端承桩,桩长52 m(35m);承台为矩形圆端型结构,承台高5.0m,其上设3.0m的塔座。

②主梁采用钢—混凝土混合梁,钢混理论分界线位于索塔向中跨侧11.6m,即钢箱梁长341.8m,其余均为混凝土梁。

主梁采用带挑臂的箱梁,主梁全宽37.4m,中央拉索锚固区宽4.4m,主梁中心梁高4.0m,中央宽跨比和高跨比分别为1/9.759和1/91.25。

采用带斜腹板单箱七室主梁,斜拉索布置为中央双索面,锚固于主梁中隔室。钢箱梁区段斜拉索锚固于钢箱梁外侧腹板上,钢箱梁内不设纵腹板,标准梁段横隔板间距为3m。顶板、底板及斜底板采用U形肋加劲,连接箱腹板与钢箱梁横隔板对齐。

③斜拉索顺桥向为扇形布置,横桥向为中央双索面。钢箱梁区段斜拉索梁端索距为

12.0m，混凝土梁区段斜拉索梁端布置由主跨向边跨为7m。全桥共设8×14根斜拉索。斜拉索采用强度1670MPa的平行钢丝。

(3)方案比选

方案比选数据见表6.4-12。

桥型方案比选表 表6.4-12

项目 \ 方案	方案一：预应力混凝土梁斜拉桥 (75+130+365+130+75)m	方案二：钢—混凝土混合梁斜拉桥 (55+90+365+90+55)m
与城市规划协调情况	与规划线位完全吻合	与规划线位完全吻合
桥位特点	水面宽阔，河道顺直，两岸稳定，堤防完好	水面宽阔，河道顺直，两岸稳定，堤防完好
航道影响	主跨一孔跨越主航道，满足通航要求	主跨一孔跨越主航道，满足通航要求
水利影响	符合航道防洪标准要求；满足堤防交通、管理以及防汛抢险要求；满足行洪要求；对整体河势及河道稳定影响小	符合航道防洪标准要求；满足堤防交通、管理以及防汛抢险要求；满足行洪要求；对整体河势及河道稳定影响小
平面线形	线形指标较高，满足标准要求	线形指标较高，满足标准要求
与周围景观协调性	桥型风格与周边环境和谐统一	桥型风格与周边环境和谐统一
施工周期	32个月	23个月
技术难度	混凝土主梁技术成熟，施工风险低	混合梁结构较复杂，施工技术有保障
工程造价	约3.35亿元	约3.69亿元(主桥) 约3.83亿元(主桥+120m引桥)
推荐意见	推荐	比较

通过以上综合比选，方案一对建设条件适应好，施工技术成熟可靠，工程造价低，因此选择方案一为推荐方案，即预应力混凝土梁斜拉桥方案。

3)江珠高速北延线北街水道桥方案比选

(1)方案一

本方案为(55+155+380+155+55)m独柱双塔中央双索面半漂浮体系混凝土斜拉桥，如图6.4-85所示。

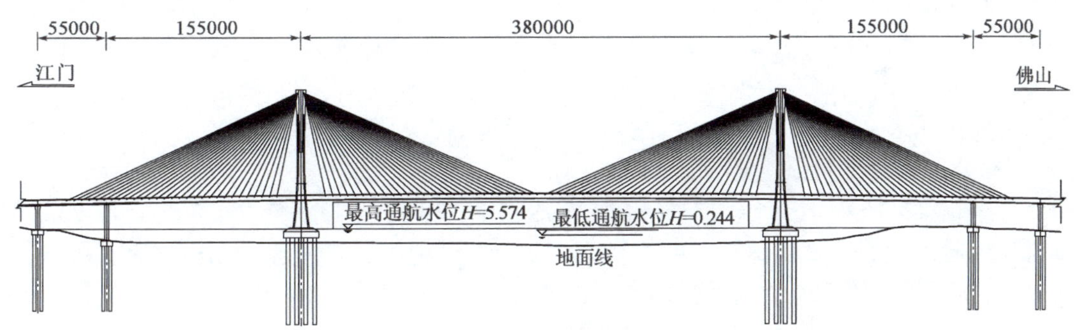

图6.4-85 桥型方案一桥型布置图(尺寸单位：cm)

①索塔总高度为111.188m，塔顶高程为117.762m，桥面以上高度为85m。索塔自塔顶向下20m为正八边形截面，由此向下30m为正八边形向正方形过渡段，由此至塔底为正方形截

面变化到矩形截面段。塔顶截面为总宽 9m 的正八边形,截面过渡至正方形截面处(塔柱最小尺寸),边长为 6.7m,塔底尺寸为 13m×9m(顺桥向×横桥向),整个桥塔除中间 7.5m 段采用直线过渡外其余均采用圆弧过渡。

索塔基础采用 24 根 ϕ3m 的嵌岩桩,桩长 66m(62m);承台为带圆倒角的矩形结构,承台高 5.0m,其上设 3.0m 高的塔座。

②主梁采用单箱七室,斜拉索布置为中央双索面锚固于中间隔室。主梁全宽 41m,主梁中心梁高 4.0m,宽跨比和高跨比分别为 1/9.27 和 1/95。

③斜拉索顺桥向为辐射形布置,横桥向为中央双索面。斜拉索梁端索距为 6.0m,塔端斜拉索集中锚固到塔顶,全桥共设 8×29 根斜拉索。斜拉索采用强度 1670MPa 的平行钢丝。

(2)方案二

结合地形地物,考虑桥梁配跨等因素,本方案为(2×75+380+2×75)m 独柱双塔中央双索面半漂浮体系混合梁斜拉桥,如图 6.4-86 所示。

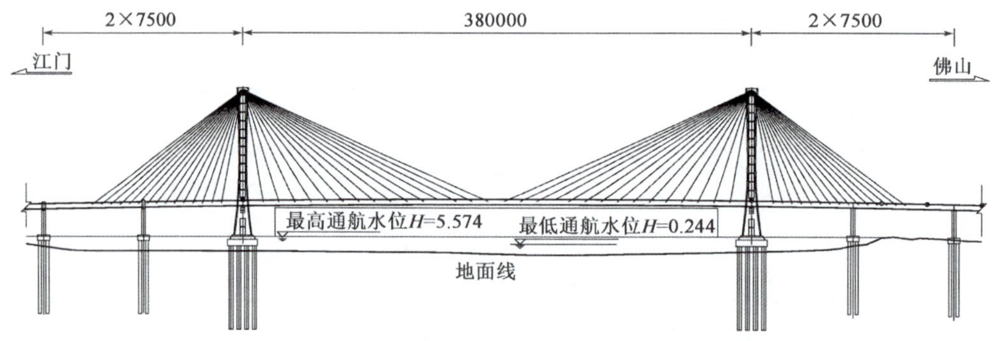

图 6.4-86　桥型方案二桥型布置图(尺寸单位:cm)

①索塔总高度为 111.188m,塔顶高程为 117.762m,桥面以上高度为 85m。索塔自塔顶到塔底由矩形逐渐变化为正方形再变化成矩形。塔顶截面为 9m×7m 的矩形,塔底截面为 14m×9.5m 的矩形,整个桥塔高度范围内的截面变化采用圆弧过渡。

索塔基础采用 20 根 ϕ3m 的嵌岩桩,桩长 66m(62m);承台为八边形结构,承台高 5.0m,其上设 3.0m 高的塔座。

②主梁采用钢—混凝土混合梁,钢混理论分界线位于桥塔附近跨中侧,距离桥塔 10.8m,钢箱梁长 358.4m,其余均为混凝土梁。

主梁采用箱形截面,在斜拉索位置及支承位置设置横隔板。主梁全宽 41m,主梁中心梁高 4.0m,宽跨比和高跨比分别为 1/9.27 和 1/95。

混凝土箱梁区段为单箱七室结构,斜拉索锚固于中间隔室。标准段箱梁顶板厚 26cm,底板及斜底板厚为 25cm,锚固斜拉索处腹板厚为 35cm,其他腹板厚度为 25cm,锚固斜拉索处设置横隔板,横隔板间距为 7m,横隔板厚 0.4m。

钢箱梁为带挑臂的箱梁,钢箱梁尺寸与混凝土外缘尺寸对应,斜拉索锚固于钢箱梁内侧腹板上,钢箱梁内除锚固斜拉索处纵腹板外不设置其他纵腹板。顶板、底板及斜底板采用 U 形肋加劲,钢箱梁采用 Q345D 钢材。

③斜拉索顺桥向为辐射形布置,横桥向为中央双索面。钢箱梁区段斜拉索间距为 12m,混

凝土梁区段斜拉索间距为7m；桥塔上斜拉索分5排锚固。全桥共设8×15根斜拉索。斜拉索采用强度1670MPa的平行钢丝。

(3)方案比选

方案比选数据见表6.4-13。

桥型方案比选表 表6.4-13

项目＼方案	方案一：预应力混凝土梁斜拉桥 (55+155+380+155+55)m	方案二：钢—混凝土混合梁斜拉桥 (2×75+380+2×75)m
与城市规划协调情况	与规划线位完全吻合	与规划线位完全吻合
桥位特点	水面宽阔，河道与桥轴线斜交，两岸稳定，堤防完好	水面宽阔，河道与桥轴线斜交，两岸稳定，堤防完好
航道影响	主跨一孔跨越主航道，单孔通航，满足通航要求	主跨一孔跨越主航道，单孔通航，满足通航要求
水利影响	符合航道防洪标准要求；满足堤防交通、管理以及防汛抢险要求；满足行洪要求；对整体河势及河道稳定影响小	符合航道防洪标准要求；满足堤防交通、管理以及防汛抢险要求；满足行洪要求；对整体河势及河道稳定影响小
平面线形	线形指标较高，满足标准要求	线形指标较高，满足标准要求
与周围景观协调性	桥型风格与周边环境和谐统一	桥型风格与周边环境和谐统一
施工周期	33个月	23个月
技术难度	混凝土主梁技术成熟，施工风险低	混合梁段结构较复杂，施工技术有保障
工程造价	约3.92亿元	约4.07亿元(主桥) 约4.21亿元(主桥+120m引桥)
推荐意见	推荐	比较

通过以上综合比选，方案一对建设条件适应好，施工技术成熟可靠，工程造价相对较低，因此选择方案一为推荐方案，即预应力混凝土梁斜拉桥方案。

4)江珠高速北延线潮连西江桥方案比选

(1)方案一

本方案为(55+115+320+115+55)m独柱双塔中央双索面半漂浮体系混凝土斜拉桥，如图6.4-87所示。

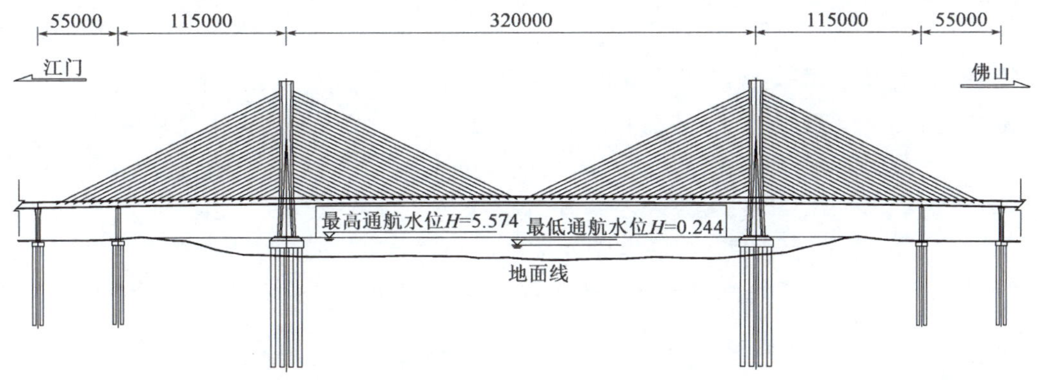

图6.4-87 桥型方案一桥型布置图(尺寸单位：cm)

①索塔总高度为107.928m,塔顶高程为114.502m,桥面以上高度为81.5m。索塔自塔顶向下39m为圆截面段,由此至塔底为圆截面变化到矩形截面段。塔顶截面直径为6.5m,圆截面与开始向矩形截面变化段直径为5.5m,整个桥塔两侧凸边尺寸相同均为1.5m×3.5m。

索塔基础采用22根ϕ3m的嵌岩桩,江门侧桩长75m,佛山侧桩长65m;承台为八边形结构,承台高5.0m,其上设3.0m高的塔座。

②主梁采用单箱七室,斜拉索布置为中央双索面锚固于中间隔室。主梁全宽41m,主梁中心梁高4.0m,宽跨比和高跨比分别为1/7.8和1/80。

③斜拉索顺桥向为竖琴布置,横桥向为中央双索面。斜拉索梁端索距为6.0m,塔端索距为3.0m,全桥斜拉索完全平行布置。全桥共设8×25根斜拉索。斜拉索采用强度1670MPa的平行钢丝。

(2)方案二

本方案为(150+320+150)m中跨挂钢梁的连续刚构桥,如图6.4-88所示。

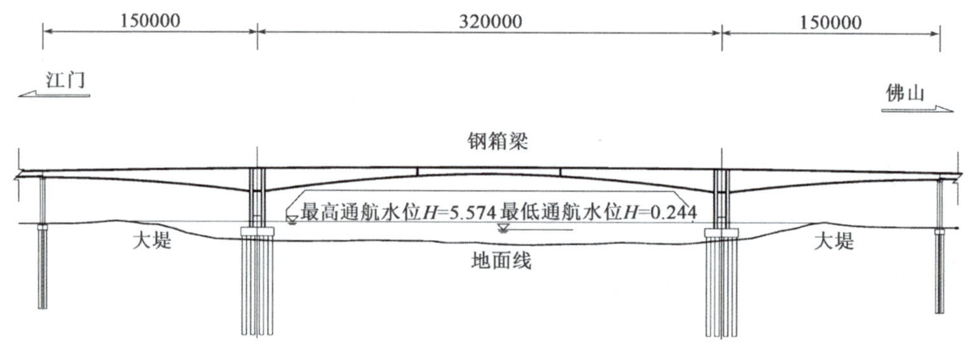

图6.4-88 图6.4-1桥型方案二桥型布置图(尺寸单位:cm)

①为增强主墩的防撞能力,主墩上部采用双薄壁实心墩,在承台顶以上5m范围为箱形墩,双薄壁墩高25.43m。

过渡墩采用花瓶墩,截面为矩形。主墩基础为整体基础,采用24根ϕ3m的嵌岩桩。承台为矩形断面,整体尺寸为23m×35m,承台高5.0m。

过渡墩基础为分离式基础,江门侧过渡墩基础采用6根ϕ1.8m的摩擦桩桩,佛山侧采用6根ϕ1.8m的嵌岩桩;承台为矩形断面,承台尺寸为6.8m×10.4m,承台高3.5m,承台间距为6.6m。

②主梁采用混合梁形式,中跨跨中98m范围内采用钢箱梁,其余为混凝土梁,主墩两侧111m范围内采用挂篮现浇施工,边跨其余梁段采用支架现浇,中跨钢梁采用整体吊装施工。

混凝土梁全宽16.5m,底板宽8m,翼缘宽4.25m;根部梁高16m,为跨径的1/20,跨中梁高4.5m,高跨比为1/71.1,梁高从悬臂根部到合拢段按1.8次抛物线变化;桥墩根部底板厚1.5m,跨中0.5m,桥墩两侧97.5m范围内底板厚按1.8次抛物线规律变化。

钢箱梁全宽也为16.5m,梁高采用1.8次抛物线变化,每隔4m设置一道横隔板,横隔板中央设置横梁。

(3)方案比选

方案比选数据见表6.4-14。

桥型方案比选表　　表 6.4-14

项目＼方案	方案一:预应力混凝土梁斜拉桥(55+115+320+115+55)m	方案二:挂钢梁的连续刚构(150+320+150)m
与城市规划协调情况	与规划线位完全吻合	与规划线位完全吻合
桥位特点	水面宽阔,河道与桥轴线斜交,两岸稳定,堤防完好	水面宽阔,河道与桥轴线斜交,两岸稳定,堤防完好
航道影响	主跨一孔跨越主航道,单孔通航,满足通航要求	主跨一孔跨越主航道,单孔通航,满足通航要求
水利影响	符合航道防洪标准要求;满足堤防交通、管理以及防汛抢险要求;满足行洪要求;对整体河势及河道稳定影响小	符合航道防洪标准要求;满足堤防交通、管理以及防汛抢险要求;满足行洪要求;对整体河势及河道稳定影响小
平面线形	线形指标较高,满足标准要求	线形指标较高,满足标准要求
与周围景观协调性	桥型风格与周边环境和谐统一	桥型风格与周边环境和谐统一
施工周期	30 个月	31 个月
技术难度	混凝土主梁技术成熟,施工风险低	跨中钢梁吊装施工困难,经验较少
建安费	约 3.36 亿元	约 2.96 亿元(主桥) 约 3.01 亿元(主桥+40m 引桥)
推荐意见	推荐	比较

通过以上综合比选,方案一对建设条件适应好,施工技术成熟可靠,工程造价相对较低,因此选择方案一为推荐方案,即预应力混凝土梁斜拉桥方案。

6.4.9.3 总结与提高

遵循“安全、适用、经济、美观”的设计原则,重点对斜拉桥总体参数及关键技术构造等方面重点进行综合比较,主要得出以下结论:

(1)江番西江水道桥、江珠北北街水道桥、江珠北潮连西江桥建设条件类似,桥跨布置相似,桥型方案均采用混凝土斜拉桥。这三座斜拉桥建议推荐均采用塔处设置竖向支座的支承体系,辅助墩和过渡墩横向约束的纵横向结构体系;而江番番中大桥侧重从考虑到桥型景观设计的要求,塔墩梁协调一致采用双薄壁墩固结体系,同样从结构受力上也能合理满足工程需要。

(2)斜拉桥索塔锚固构造是索塔关键受力构件,钢锚箱集中锚固方案在结合了国内外已广泛采用的钢锚箱构件设计基础上,合理地多层排列组成集中锚固区,采用焊接及栓接形成整体,这样的结构受力清晰,斜拉索水平力由钢锚箱承担,竖向力则通过底座与混凝土塔连接传至索塔断面;锚固构造施工可行,运营检修维护也较为方便。

(3)为达到“和谐统一,珠联璧合”的景观效果,从而能够使桥梁群体的整体景观效果丰富而各有特色,4 座斜拉桥的索形布置分别为:西江水道桥和番中大桥采用扇形索面、北街水道桥采用辐射形索面、潮连西江桥采用竖琴索面。4 座斜拉桥各具特色又相得益彰。

(4)广中江高速 4 座预应力混凝土斜拉桥均采用对建设条件适应好、施工技术成熟可靠、工程造价相对较低的方案,在确保结构稳定和景观效果丰富的情况下,降低了施工成本和施工难度。

6.4.10 河惠莞高速枫树坝特大桥

6.4.10.1 桥梁工程概况

枫树坝特大桥位于广东省河源市龙川县赤光镇枫树坝自然保护区,跨越枫树坝水库库区。枫树坝水库是一座以防洪、供水、灌溉为主并兼顾发电航运的综合利用的水利枢纽工程。为减少项目建设对水库的影响,实现绿色环保交通艰涩,采用矮塔斜拉桥方案跨越水库(图6.4-89)。

图6.4-89 龙川枫树坝大桥

枫树坝特大桥采用主跨270m预应力混凝土矮塔斜拉桥。而桥位所在的枫树坝水库库区主坝坝型为混凝土宽缝、空腹重力坝。流域面积5150km^2,其中水域面积30km^2,库容量为19.5亿m^3。最大水深52m,正常蓄水位166m,死水位128m。

桥址区地貌为陡壁沟壑,地形起伏较大,基岩外露,为全风化、强风化、中风化变质砂岩,地层较简单,层位变化不大,场址区未见构造发育。桥台地表为残坡积砾质黏性土,下伏为全风化、强风化变质砂岩,未见崩塌、滑坡等不良地质现象,自然边坡较稳定。综合评价,桥址区区域稳定性较好(图6.4-90)。

图6.4-90 枫树坝水库特大桥桥位

根据钻探结果,结合地面地质调查,桥地区处于岩镇赤光盆地东侧边缘。岩石节理裂隙不发育,但风化强烈。桥址区上覆第四系冲积成因淤泥、卵石、坡积粉质黏土、残积粉质黏土;下伏岩性为白垩系上统南雄群中段全～微风化砂砾岩、砂岩、泥质粉砂岩、泥岩等。据区域地质资料结合现场地质调绘、钻探，本桥址路线段未发现区域深大活动断裂，新构造运动不强烈。

6.4.10.2 方案比选

根据现场调查及库区水位变化情况，桥梁方案主要受库区水位控制。库区设计蓄水位为169.2m，无通航要求，但常有小型船只通过。取近十年最高水位和最低水位平均值154.0m作为施工水位（最大水深40m），经过多方案比选，布设以下三个桥型方案进行同深度比选：

1）方案一：主跨270m预应力混凝土矮塔斜拉桥

为减少上部结构施工对水体资源影响，同时降低水中墩基础施工难度，适当增加主桥跨径，本方案上部跨径为[2×40+(145+270+145)+4×40]m装配式预应力混凝土T梁+预应力混凝土矮塔斜拉桥，桥梁全长为808m；墩高50m，索塔高46m，中央索面，斜拉索索距5m。主梁采用单箱三室截面，主梁全宽27.5m。主桥下部采用双薄壁空心墩、群桩基础。引桥桥墩采用柱式墩，桥台采用柱式桥台，基础采用桩基础（图6.4-91和图6.4-92）。

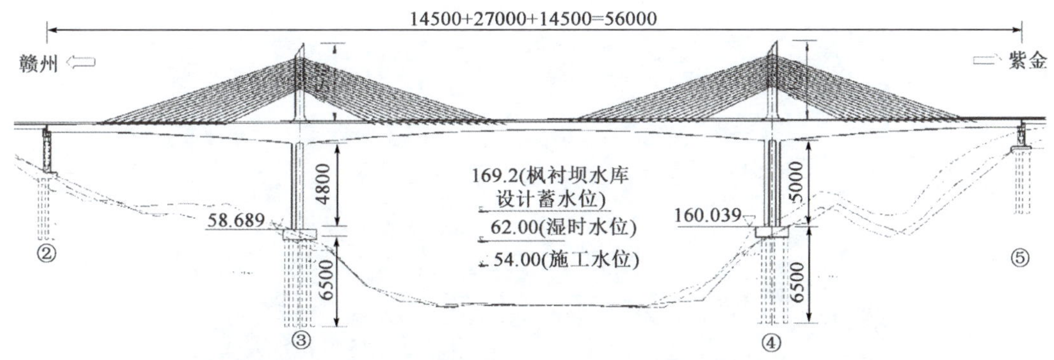

图6.4-91 枫树坝水库特大桥方案一桥型布置图（尺寸单位：cm）

图6.4-92 矮塔斜拉桥方案效果图

2）方案二：主跨135m变截面预应力混凝土连续刚构桥

从下部结构施工、经济性等角度考虑，方案二主桥采用常规的预应力混凝土连续刚构结构体系,引桥采用装配式预应力混凝土T梁,上部桥跨布置为[6×40+(75+135+75)+8×40]m,桥梁全长为853m,最大墩高65.5m。主桥下部采用薄壁空心墩、群桩基础。引桥桥墩采用薄壁空心墩、柱式墩,桥台采用柱式桥台,基础采用桩基础(图6.4-93和图6.4-94)。

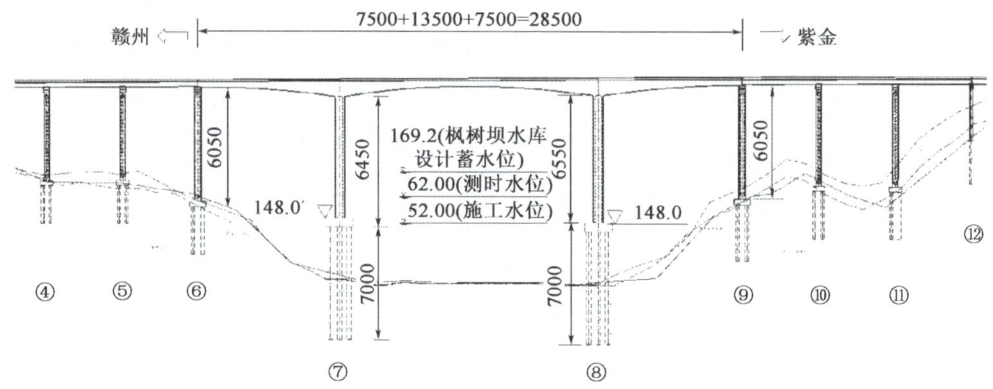

图6.4-93　枫树坝水库特大桥方案二桥型布置图(尺寸单位:cm)

图6.4-94　连续刚构方案效果图

3)方案三:主跨270m上承式钢管混凝土拱桥

从景观、绿色环保施工等角度考虑,本方案上部跨径为[5×40+288(主跨270)+8×40]m装配式预应力混凝土T梁+上承式钢管混凝土拱桥,桥梁全长为816m;主桥为上承式钢管混凝土拱桥,拱轴线理论跨径为270m,理论矢高56m,矢跨比为1/4.82,拱轴线采用悬链线。主桥拱座采用扩大基础;拱肋、拱上立柱采用钢管混凝土桁架结构;拱上行车道结构采用24m装配式预应力混凝土连续T梁。引桥桥墩采用薄壁空心墩、柱式墩,桥台采用柱式桥台,基础采用桩基础(如图6.4-95所示)。

4)方案比选

本桥所跨枫树坝水库深水区段范围较大,布设桥梁方案时应该考虑尽量减少水中桥墩,采用主桥完成桥梁对库区的跨越。枫树坝水库库区风景秀丽,属于省级自然保护区,对景观性要求高。桥梁方案主要考虑景观性、施工周期和经济性。

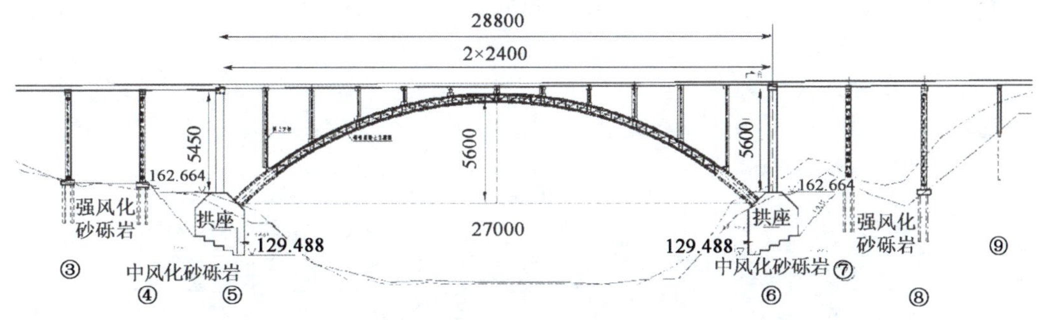

图6.4-95　枫树坝水库特大桥方案三桥型布置图(尺寸单位:cm)

从工程建设条件的适应性、经济性、施工难移度、对库区环境影响、桥梁景观方面的因素综合考虑,对拟定的三种桥型方案进行技术经济综合比较。

方案一为主跨270m的预应力混凝土矮塔斜拉桥,虽然工程造价适偏高,但是桥型结构及跨径布置协调,主墩基础设置与水库岸坡浅水区,基础施工容易,对库区生态环境影响小;索塔造型简洁大方,结构比例协调,与周围环境协调性良好;桥梁施工技术成熟,国内有可借鉴的成熟施工经验。主桥结构耐久性好,运营养护工作量较小,施工工期有保证。

方案二为主跨135m的变截面预应力混凝土连续刚构桥,虽然工程造价经济,但是深水区设置2个主墩,对库区生态环境影响较大;主墩位于深水区,架设施工栈桥,搭设钢管桩钻孔工作平台施工桩基,有底钢套箱施工承台,施工难度大,技术要求高,施工费用高,且存在施工工期不易控制的风险。

方案三为主跨270m的上承式钢管混凝土拱桥,虽然工程造价适中,但是钢管混凝土结构,钢混结合受力机理复杂;上部结构采用缆索吊装施工,施工工艺复杂;水库岸坡边进行水下大体积开挖,对库区生态环境影响大;拱座位于水库水位线以下,水中开挖量巨大,施工操作困难,施工风险极大,施工费用高;施工工期不易控制的风险大。

综合比较,推荐方案一,即主跨为270m的预应力混凝土矮塔斜拉桥方案。

6.4.10.3　总结与提高

枫树坝水库库区风景秀丽,属于省级自然保护区,对景观性要求高。桥梁方案主要考虑景观性、施工周期和经济性。本桥所跨枫树坝水库深水区段范围较大,布设桥梁方案时应该考虑尽量减少水中桥墩,采用主桥完成桥梁对库区的跨越。本桥从工程建设条件的适应性、经济性、施工难移度、对库区环境影响、桥梁景观方面的因素综合考虑,最后确定方案为预应力混凝土矮塔斜拉桥。与周围环境协调性良好,对环境影响小;桥型结构及跨径布置协调;桥梁施工技术成熟,施工难度小。

6.4.11　怀阳高速西江特大桥

6.4.11.1　桥梁工程概况

怀阳高速西江特大桥位于封开西江大桥下游约5km,在长岗镇光升村西侧和云浮市郁南县都城镇古丰村东侧之间跨越西江。西江特大桥路线左侧紧邻西气东输管道(最小距离60m)和二级水源保护区,路线右侧约2km有云浮市古丰核电厂址(中电投公司2009年选定厂址之一,未进入实施阶段),路线左侧约1.5km为国家级大王山森林公园。西江贵港至肇庆段航道全线按3000吨级内河航道标准建设。综合景观、环境及通航要求等,西江特大桥采用中央索面混凝土梁斜拉桥(图6.4-96)。

图6.4-96　西江特大桥效果图

怀阳高速西江特大桥全长1571.6m,分为北引桥、主桥、南引桥。南北引桥上部结构均采用预应力混凝土预制T梁,下部结构采用桩基承台加整幅花瓶实心墩;主桥采用(58.5+126.5+360+126.5+58.5)m双塔中央索面混凝土梁斜拉桥,结构体系为塔梁固结,斜拉索采用竖琴形布置。主梁采用抗扭刚度好的单箱多室结构形式,桥面宽28.5m,主梁高3.5m。主桥索塔采用独柱式索塔,塔柱高94.32m,桥墩高56.18m,索塔总高度为154m。

南北岸主墩桩基设计均为ϕ2.8m嵌岩桩,设计桩长30m,每个主墩各20条,主墩承台为矩形,宽度方向采用圆弧形倒角,长宽高为34.14m×21.4m×6.0m,圆弧半径11.5m。

西江特大桥路线左侧紧邻西气东输管道(最小距离60m)和二级水源保护区,路线右侧约2km有云浮市古丰核电厂,路线左侧约1.5km为国家级大王山森林公园。

西江特大桥北引桥地势开阔、平坦,大桥所跨国道G321两侧较多居民房屋。桥梁跨线位置处地势较为平坦,多为村庄农田及荒地,附近山体裸露岩层均有一定程度风化。西江两侧岸边一定距离内均有丁坝,中间段有通航区域,特大桥设定在通航区域内,以满足通航要求。西江特大桥南引桥桥位为江边,地势较陡,乡道Y510沿江和山侧修建,挖山较大,山坡较陡。

桥址区为微丘地貌,两侧桥台地形起伏不大,地层分布较复杂、结构简单。基岩中局部地段具有风化及软硬不均的特性,桥址区属于基本稳定区。

6.4.11.2　桥型方案比选

桥位基本确定后,依据当地的施工技术条件,并结合地质、水文、通航等级、景观协调和造价经济合理等因素对桥型方案进行综合比较选择。

1)方案一:双塔中央索面混凝土梁斜拉桥方案

(1)桥跨布置

本方案主桥采用(60+125+360+125 +60)m=730m双塔中央索面混凝土梁斜拉桥方案,主梁与索塔固结(图6.4-97)。

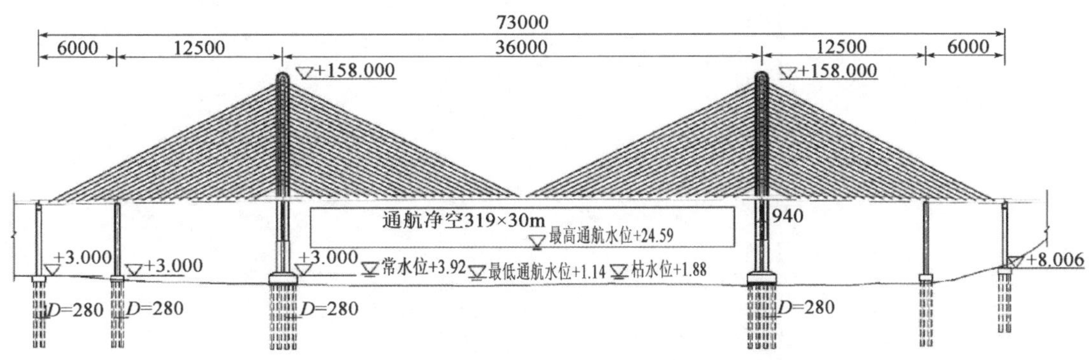

图6.4-97 方案一桥型布置图(单位:高程为m,其他为cm)

(2)主梁及斜拉索

预应力混凝土主梁采用抗扭刚度好的单箱多室结构形式,桥面宽28.5m,主梁高3.5m,斜拉索采用竖琴形布置,在主梁中间位置锚固,标准索距为7.1m。主梁具体断面如图6.4-98所示。

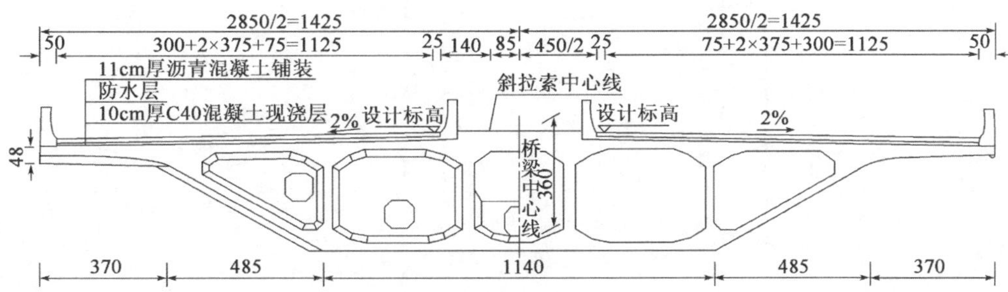

图6.4-98 主梁标准横断面(尺寸单位:cm)

(3)索塔及基础

索塔采用独柱式索塔,塔柱采用钢筋混凝土结构。上塔柱采用空心截面,下塔柱上段采用双薄壁构造,下塔柱下段采用空心截面。索塔承台形状兼顾了结构受力及水流的影响。基础采用20根ϕ2.8m的嵌岩桩(图6.4-99和图6.4-100)。

(4)辅助墩、过渡墩及基础

辅助墩采用实心墩,基础采用6根ϕ2.8m嵌岩桩基础,过渡墩墩身构造与辅助墩相同,墩顶设置盖梁,盖梁采用预应力混凝土构件,悬臂长度9.45m,根部高4.5m,悬臂端部高1.3m,宽3.7m。过渡墩基础与辅助墩相同(图6.4-101)。

(5)桥面系

桥面铺装采用11cm沥青混凝土铺装,并设置10cm混凝土调平层,采用混凝土护栏。

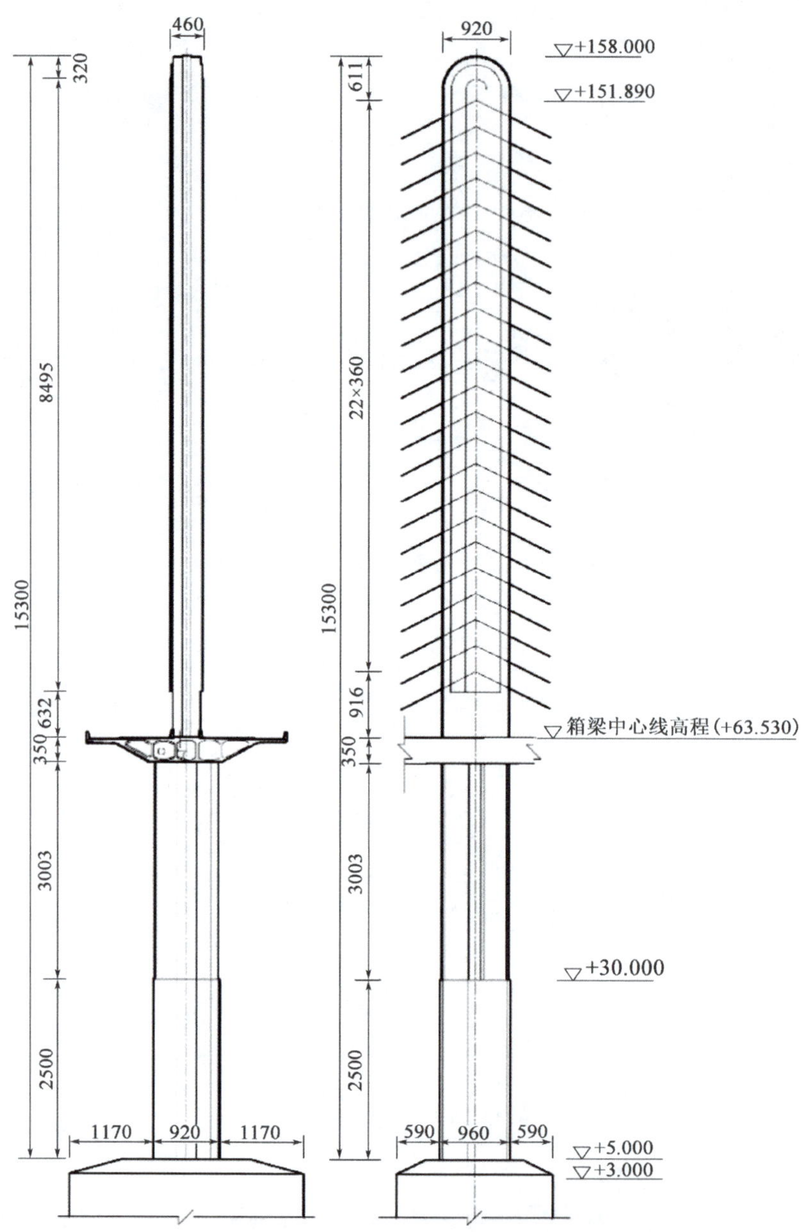

图6.4-99　方案一索塔构造(单位:高程为m,其他为cm)

(6)支座、伸缩缝

辅助墩墩顶采用GPZ(Ⅱ)6DX±200型支座,过渡墩墩顶采用GPZ(Ⅱ)15DX±250型支座。伸缩缝总伸缩量为640mm。

2)方案二:双塔双索面混凝土梁斜拉桥方案

(1)桥跨布置

主桥采用(60+125+360+125+60)m=730m双塔双索面混凝土梁斜拉桥方案,采用半漂浮结构体系,如图6.4-102所示。

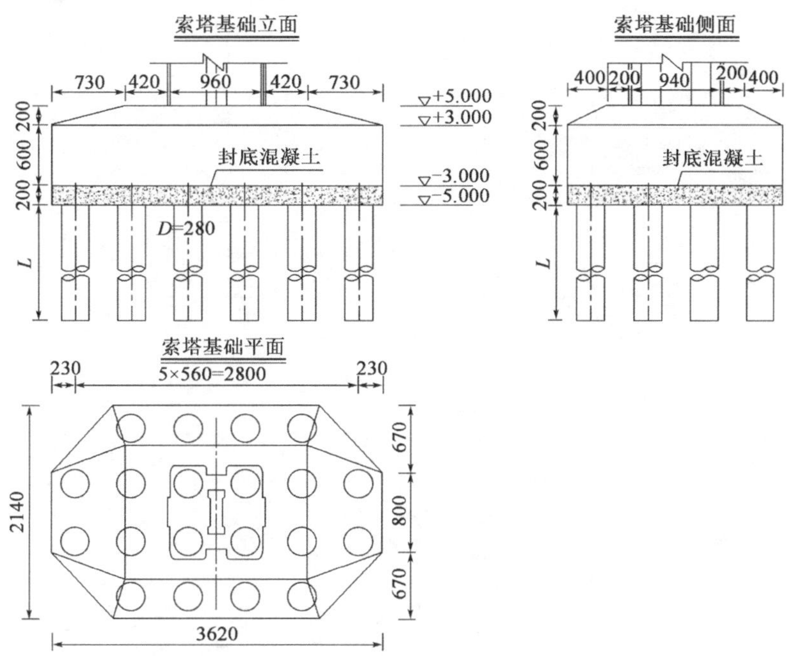

图 6.4-100 索塔基础构造(单位:高程为 m,其他为 cm)

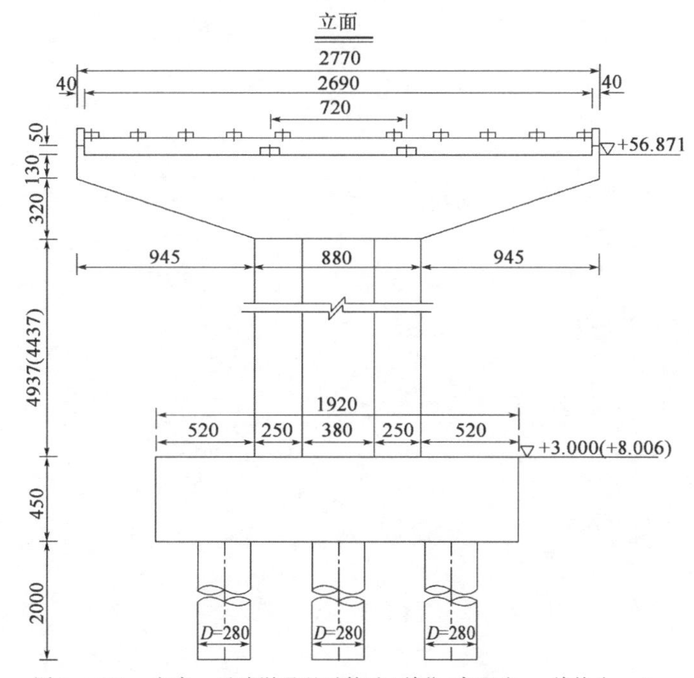

图 6.4-101 方案一过渡墩及基础构造(单位:高程为 m,其他为 cm)

(2)主梁及斜拉索

主梁采用预应力混凝土“Π”形梁,材质为 C55 混凝土,桥面宽 28.6m,主梁高 2.8m。主梁标准断面如图 6.4-103 所示。斜拉索锚固在边主梁处,标准索距为 7.5m,张拉方式为梁端张拉。

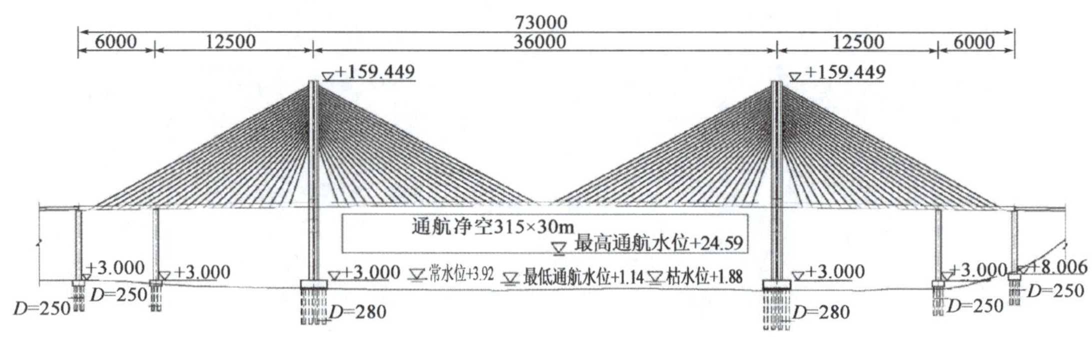

图 6.4-102　方案二桥型布置图(单位:高程为 m,其他为 cm)

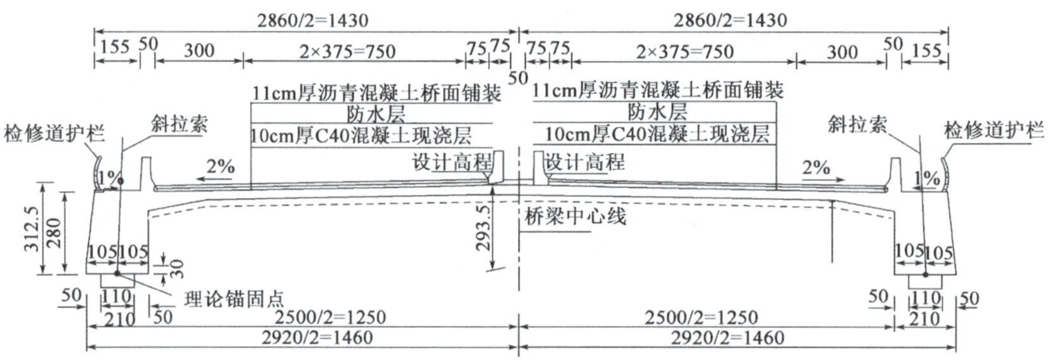

图 6.4-103　方案二主梁标准横断面(单位:高程为 m,其他为 cm)

(3)索塔及基础

索塔采用花瓶式造型,塔柱采用钢筋混凝土结构。上塔柱采用空心截面;下塔柱采用整体式构造,梁底至 +40.449m 高程之间采用整体空心断面;下塔柱下段采用空心截面。索塔承台形状兼顾了结构受力及水流的影响。基础采用 20 根 ϕ2.8m 的嵌岩桩(图 6.4-104 和图 6.4-105)。

(4)辅助墩、过渡墩及基础

辅助墩采用实心墩,墩高 55.26 m,单个辅助墩基础采用 4 根 ϕ2.5m 嵌岩桩基础,两个承台之间设置系梁,过渡墩墩身及基础构造与辅助墩相同(图 6.4-106)。

(5)桥面系

桥面铺装采用 11cm 沥青混凝土铺装,并设置 10cm 混凝土调平层。防撞护栏采用混凝土护栏。为保护下游二级水源保护区,采用集中排水系统。

(6)支座、伸缩缝

索塔处竖向支座采用 QZ17500SX ±240 型支座,横向抗风支座采用 KFPZ20000SX;辅助墩墩顶采用 QZ7500D(S)X ±280 型支座;过渡墩墩顶采用 QZ8000D(S)X ±320 型支座。伸缩缝总伸缩量为 640mm。

西江特大桥主墩桩基础采用 20 根 ϕ2.8m 的嵌岩桩基础。长宽尺寸为 34.14m × 21.4m,采用 C40 混凝土,单个承台混凝土方量 3869.4m^3,C20 封底混凝土 1289.8m^3。

3)主桥桥型方案必选

主桥方案比较见表 6.4-15 及表 6.4-16。

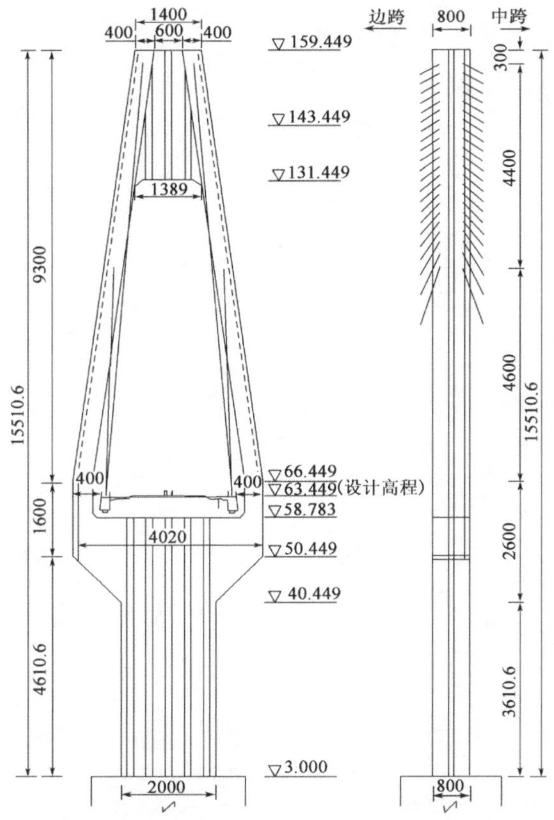

图6.4-104　方案二索塔构造(单位:高程为m,其他为cm)

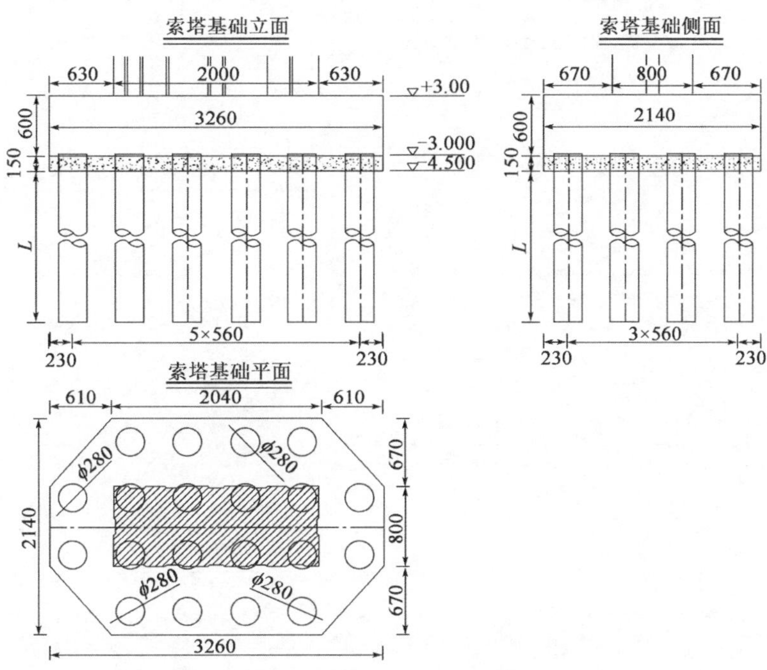

图6.4-105　方案二索塔基础构造(单位:高程为m,其他为cm)

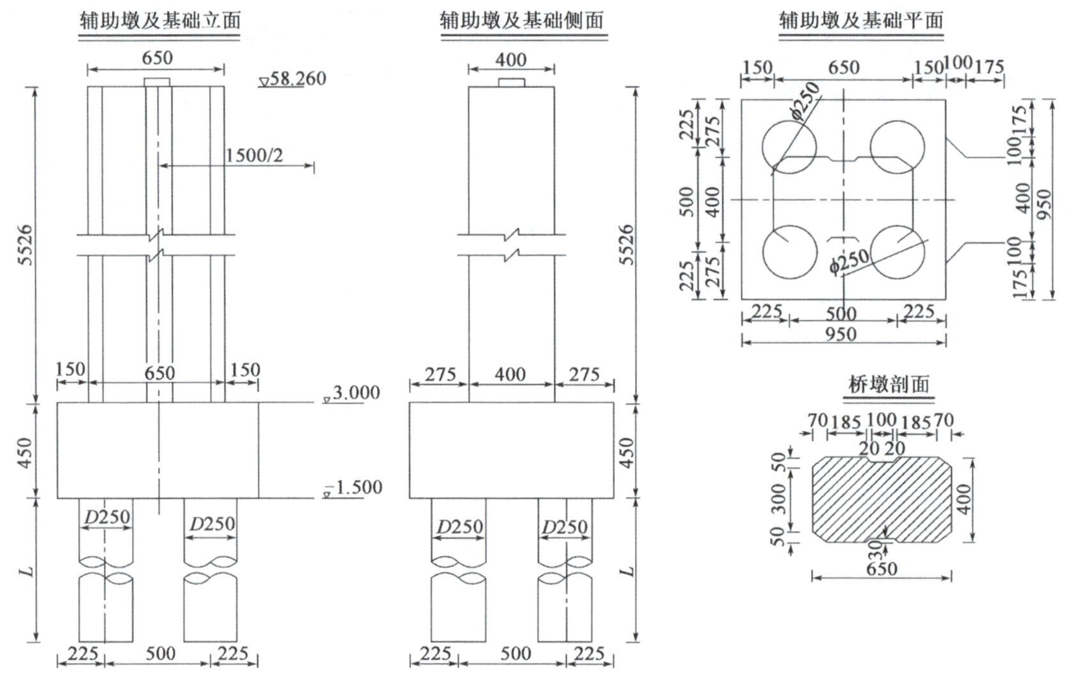

图 6.4-106　方案二辅助墩及基础构造(单位:高程为 m,其他为 cm)

主桥桥型方案比较表　　表 6.4-15

主桥方案	方案	主桥方案一	主桥方案二
	跨径布置	(60+125+360+125+60)m=730m	(60+125+360+125+60)m=730m
	桥型	中央索面混凝土梁斜拉桥	双索面混凝土梁斜拉桥
方案概况		主塔为独柱式,主梁采用单箱多室整体梁,塔梁固结体系	索塔造型选择较多,主梁采用"π"型混凝土主梁,塔梁固结
对建设条件的适应性		适应性好	适应性好
船撞风险		较小	较小
技术成熟程度		设计、施工技术成熟	设计、施工技术成熟
受力性能		结构受力较好,主梁宽度较小,横向受力满足要求;主梁抗风性能较好	结构受力较好;主梁抗风性能较好
施工	施工方法	基础、承台及主塔现浇,主梁采用挂篮悬臂浇筑	基础、承台及主塔现浇,主梁采用挂篮悬臂浇筑
	施工难度	挂篮现浇施工,国内相关施工经验成熟,施工风险小	挂篮现浇施工,国内相关施工经验成熟,施工风险小
	对通航影响	影响较小	影响较小
	工期(月)	36	36
养护维修		使用一定年限后需进行换索处理。混凝土主梁养护工作量小	使用一定年限后需进行换索处理。混凝土主梁养护工作量小

续上表

主桥方案	方案	主桥方案一	主桥方案二
	跨径布置	(60+125+360+125+60)m=730m	(60+125+360+125+60)m=730m
	桥型	中央索面混凝土梁斜拉桥	双索面混凝土梁斜拉桥
景观效果		造型简洁大方,与周边环境协调一致,景观效果好。斜拉索布置在中央分隔带内,行车通视性好	索塔造型多样,造型优美,景观效果较好
建安费(亿元)		2.855	3.129
比选结果		推荐方案	比较方案

主桥桥型方案造价比较表(元) 表 6.4-16

序号	项　目	方　案　一	方　案　二	差值(方案二—方案一)
一	承台及桩基础	100,787,364	105,626,433	4,839,069
二	索塔及墩身	53,400,490	92,246,901	38,846,411
三	上部构造	123,333,147	107,062,427	-16,270,720
四	桥墩防撞设施	7,990,843	7,990,843	0
建安费		285,511,844	312,926,604	27,414,760

综合比较,推荐方案一中央索面混凝土梁斜拉桥方案。

6.4.11.3 桥梁下部结构施工

主墩承台(图 6.4-107)施工前首先进行钻孔区平台拆除,割除桩基钢护筒至高程 +4.2m。套箱底板及模板在码头进行分块加工(单块最重 23t),加工完成后利用龙门吊在码头进行钢套箱底板、模板拼装,在码头拼装成型后运送至施工现场,然后进行内撑、精轧螺纹钢、反力梁、导向装置安装(在平台拆除完成前拼装完成)。

套箱拼装完成及平台拆除完成后进行套箱下放,下放采用 1000t 浮吊进行,吊点设在套箱顶部,共 4 个。受力转换通过焊接在模板侧壁上的 8 个挂腿实现。

钢套箱下放到位后开始水下钢环箍施工、封底堵漏、清理护筒壁等准备工作,封底准备工作完成以后水下浇筑第一层 1.3m 厚 C25 封底混凝土,待混凝土达到设计强度等级后,抽水、焊接 2I25a 转换牛腿,进行受力体系转换,随后浇筑第二层 0.2m 厚 C25 封底混凝土进行找平,待混凝土达到设计强度等级后,清理封底混凝土、凿桩头、割除钢护筒,然后进入承台施工。

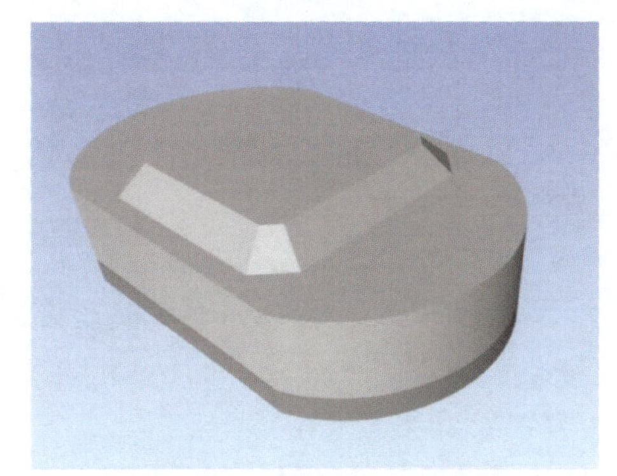

图 6.4-107 主墩承台示意图

承台分三层施工,第一层 1.2m 厚,第二层2.4m 厚,第三层 2.4m 厚,承台施工依次按安装钢筋、冷却水管、预埋件,浇筑混凝土进行,承台施工完成后拆除顶部内撑,开始塔座施工。

1)承台钢套箱施工

(1)钢套箱设计

西江特大桥主墩承台施工采用有底双壁钢套

箱施工,由套箱系统、底板系统、内撑及反力装置等组成。

①套箱系统

承台套箱总长约94.13m(套箱内壁),高度8.5m。主墩承台采用矩形,宽度方向采用圆弧形角,长宽高为34.14m×21.4m×6m,圆弧半径11.5m。套箱最大宽度(套箱外表面)37.18m,套箱模板可分为3种类型,共计18块套箱模板,节段长度5~6.18m。分段重量为21~23t。套箱模板节段间采用法兰盘上高强螺栓连接方式连接。套箱内、外壁板厚度均为10mm。

②套箱底板

主墩钢套箱底板由面板、纵向主梁、横向分配梁组成,其中面板采用8cm厚钢模板;横桥向支撑主梁采用2I45a工字钢,布置在桩基护筒两侧,共8条,布置间距如图6.4-108所示。分配梁采用I25工字钢,沿横桥向布置,标准间距112cm。底板面板采用8cm厚平面钢模板,面板根据实测护筒位置进行开孔(开孔ϕ340cm),底板布置如图6.4-108所示。

图6.4-108　套箱底板布置图

钢套箱模板、底板、桁架由厂家在码头分模块、分节段生产,加工好后在码头利用码头龙门吊在码头进行拼装。

主墩承台为整体式高桩承台,考虑到西江河床以及施工水位、水流的特点且承台面积较大,不利于采用无底套箱和钢板桩施工(图6.4-109)。结合施工条件、经济指标、施工工艺等综合考虑,主墩承台采用有底钢套箱进行施工。

(2)钢套箱安装

主墩钢套箱共分节块在工厂制作加工,采用在墩位旁拼成整体的方式进行拼装。两节套箱均预先在平台上拼装完成,等待主塔墩桩基施工完成后进行安装。

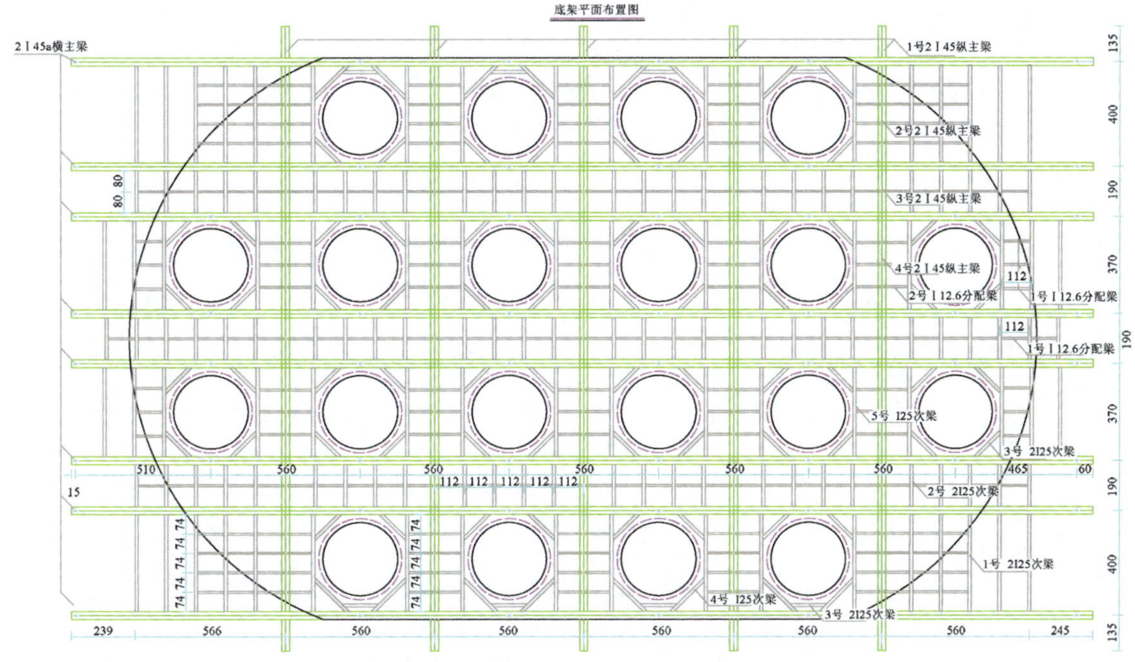

图 6.4-109　主墩承台套箱图

①吊装设备选择

吊装设备的选择应考虑钢套箱自重及吊高要求。起重能力考虑 1.15 倍动载系数(根据《船舶与海上起重设备规范》取值),钢套箱重量达到 560t,1.15 ×560 =644t。拟采用粤广州工 0089(1000t),吊装幅度 34m,拔杆角度 65°,浮吊起重能力为:800t >644t(表 6.4-17),满足吊装要求。

粤广州工 0089 起重参数表　　　　表 6.4-17

状态 项目			单位 度	1	2	3	4	5	6
主钩负载时	吊臂仰角度		T	70°	65°	60°	55°	50°	45°
	载荷		M	2 ×500	2 ×400	2 ×300	2 ×220	2 ×160	2 ×100
	跨距		M	28.1	34.0	39.6	44.9	49.9	54.6
	起升高度		M	60.0	57.3	54.3	50.4	46.2	41.7
	吃水	船首	M	3.992	3.933	3.637	3.364	3.161	2.916
		船尾	M	4.008	3.911	4.037	4.176	4.278	4.423
		船中	M	4.0	3.522	3.843	3.779	3.732	3.685

②吊点布置

根据浮吊主钩分布情况,合理布置吊点,主墩钢套箱共布置 4 个吊点,布置图如图 6.4-110。

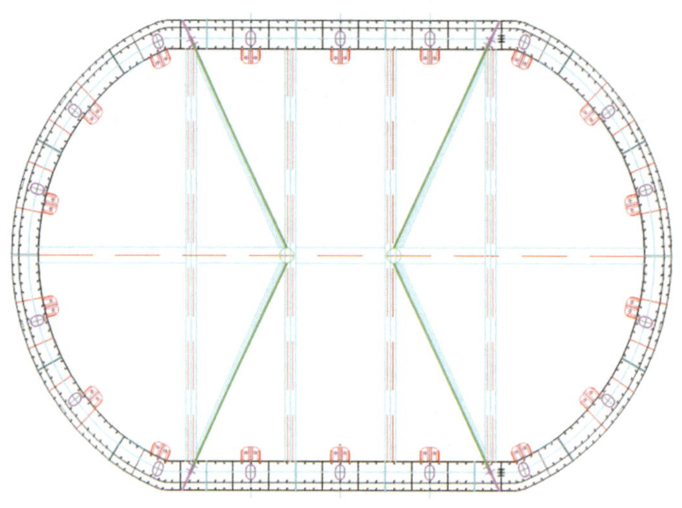

图 6.4-110　吊点布置图

吊装卸扣:采用 200t 卸扣 4 个。

钢丝绳采用 ϕ90mm 无接头钢丝绳绳圈,钢丝绳长度 44m,共 4 根。同时用于吊装的钢丝绳长度必须严格控制,误差不得超过 ±10mm,以免各吊点受力不均衡,影响吊装安全。

钢套箱安装完成后,对于钢套箱施工,需进行底板与护筒间空隙填塞,然后进行水下封底施工。第一次封底拟 1.7m,封底采用 C20 水下混凝土。对于钢套箱施工,第一次封底完成等强后抽水进行牛腿的焊接与体系转换,然后浇筑第二次 0.3m 封底混凝土。

水下封底混凝土采用储料槽和漏斗进行水下混凝土浇筑,采用多点式固定导管进行浇筑(图 6.4-111)。浇筑时由承台中开始,导管底与底板之间的距离控制在 40 ~ 50cm 之内,要求第一次混凝土即能埋管,每次混凝土浇筑期间均要由测量人员测定多个点的混凝土堆积高度,以免混凝土堆积过高。

图 6.4-111　承台封底施工

封底混凝土等强达到设计计算强度后，即可抽干水，检查混凝土的平整度并凿毛，如有必要可补浇混凝土，以埋平混凝土表面。对于钢套箱施工，在第二次封底前需进行体系转换施工。在钢护筒上安装牛腿，将承吊系统从钢护筒上转换至牛腿上，完成体系转换。体系转换完成后，才能进行钢护筒切割，为承台施工提供条件。

2）承台施工

浇注混凝土时使用插入式振动器振实，与侧模应保持5～10cm的距离；振动时需插入下一层混凝土5～10cm；每一处振动完毕后应边振动边徐徐提出振动棒；应避免振动棒碰撞模板、钢筋及通水降温管或其他预埋件。

供拌制混凝土的砂、石料在使用前一段时间存放在有遮阴效果的贮料仓中，避免阳光照射使其内部存在较高温度。水泥要采用出厂存放15天以上的水泥，以降低新拌混凝土温度。

为避免承台大体积混凝土的温度裂缝，需按照设计图纸要求埋设冷却水管。每层混凝土浇筑完成，混凝土表面收浆后即可开始蓄水保温，冷却管通水时间按图纸要求的天数执行，避免承台有害裂纹的产生，保证承台施工质量（图6.4-112）。

图6.4-112 承台钢筋及混凝土浇筑施工

承台分三次浇筑成型，对于可能出现施工缝采取下列措施进行处理：

（1）应凿除混凝土表面的水泥浆和软弱层，凿除时，混凝土强度应满足下列要求：水冲洗或钢丝刷处理混凝土表面时，应达到0.5MPa；用人工凿毛时，应达到2.5MPa。

（2）经过凿毛处理的混凝土表面，应用压力水冲洗干净，使表面保持湿润但不积水。在浇筑混凝土前，对水平缝应铺一层厚为10～20mm的同配比减渣混凝土。

（3）对于重要部位，有防震要求的混凝土结构或钢筋稀疏的结构，应在接缝处补插锚固钢筋或做榫槽；有抗渗要求的施工缝空宜做成凹、凸形或设置钢板止水带。

（4）施工缝处理后，须待下层混凝土达到一定强度后才允许继续浇筑上层混凝土。需要达到的强度不得低于1.2MPa，当结构物为钢筋混凝土时，不得低于2.5MPa。

6.4.11.4 总结与提高

本桥结合地质、水文、通航等级、景观协调和造价经济合理等因素，选择中央索面混凝土梁斜拉桥方案，采用对建设条件适应好，施工技术成熟可靠，工程造价相对较低的方案，在确保结构稳定和景观效果丰富的情况下，降低了施工成本和施工难度。

桥梁下部结构施工过程中采用重点工序进行重点控制，减少关键工序的施工时间；优化方案设计,简化施工工序。钢套箱采用整体拼装,大型浮吊下放(图6.4-113)。设计采用双壁钢套箱,减少内撑圈梁安装工序,减少内撑数量,方便钢筋吊装。承台首先进行平台拆除,套箱底板及模板进行分块加工,之后利用龙门吊进行钢套箱底板、模板拼装,拼装成型后运送至施工现场,然后进行装置安装。本桥通过合理选择基础施工方案,优化钢套箱围堰构造细节,成功完成了水下基础施工。

图6.4-113 西江特大桥承台套箱下放

6.4.12 东雷高速公路通明海特大桥

6.4.12.1 桥梁工程概况

东雷高速公路通明还特大桥位于广东省湛江市,横跨通明海,连接东海岛与雷州。是东海岛规划的三条跨海交通通道之一,也是东海岛对外联系的高速公路,连接东海岛与雷州城区。通明海特大桥采用设计速度100km/h的双向六车道高速公路标准建设,全长5.76146km,主桥采用半封闭钢箱组合梁、“A”形索塔斜拉桥结构,跨径布置(146+338+146)m=630m,主桥宽38.5m(含布索区与检修道),引桥采用41跨25m宽幅小箱梁及82跨50m移动模架现浇连续箱梁,引桥宽33m(图6.4-114)。

本项目路线大致沿东向西展布,沿线主要为海积平原地貌,地形起伏不大。所经过的通明海与大型溺谷湾湛江湾相连,周围分布着大面积的淤泥质及砂质潮滩。项目区域内地质构造相对简单,属相对稳定地区,主要的区域地质构造有遂溪断裂、海康断裂、吴川—四会褶皱带。

桥位位于南海北部沿岸近代地壳运动,继承前期运动的特点,严格受古老构造的控制。本区广泛发育的北东和东西向四组主要断裂,它们相互交织形成沿岸的网格状破裂图像。其间的菱形断块运动方向和运动速度具有明显的差异性。

沿线地下水类型为第四系松散层孔隙水,以大气降水及侧向径流补给为主,海湾及其滩涂地带地下水与海水联系较密切,水化学类型较为复杂。根据收集工可及目前完成项目的水样成果,其水质分析实验结果水对混凝土结构腐蚀作用为弱位蚀性~强腐蚀性,水对混凝土结构中的钢筋腐蚀作用等级为弱位蚀性~强腐蚀性。

图6.4-114 通明海特大桥

6.4.12.2 引桥设计方案比选

引桥结构形式的选择合理与否对工程的经济性、美观性及施工速度有较大的影响。本桥引桥桥梁总长度长，占整个跨海工程比例高达95%，引桥结构形式的选择既要满足功能要求，又要兼顾经济和美观。应特别注重海上桥梁施工工法的可行性。本阶段引桥设计主要对引桥的上、下部结构形式以及桥梁景观、施工工艺等内容进行了比选，以确定与墩高、地物、基础相对应的合理结构形式。

本项目引桥墩高在6~48m之间，变化范围较大，为了选取合理的结构形式和经济跨径，对引桥按墩高分为低墩区、中墩区和高墩区，分别进行结构形式和跨径的比选。

1)上部结构设计及比选

(1)引桥低墩区上部结构形式比选

在墩高不大于25m的低墩区范围内(引桥桥长约3650m)，一般适用跨径有25m和30m。本项目，软土地基较厚，从施工及经济角度考虑，对预制结构和连续箱梁结构进行比选，以确定低墩区合理的结构形式和施工方案。

①预制结构类型选择

桥梁上部结构在可能的条件下应尽量选择标准化、装配化、工厂化的结构形式，根据各自结构形式特点、考虑施工流程等方面，选取有代表性的桥梁方案进行比选。常用的预制上部结构主要有空心板、T梁和小箱梁。

空心板一般适用于20m及以下跨径(按目前省标准图空心板最大跨径为16m)，跨径较小，下部结构容易形成“柱林”现象，景观性较差，且适应变宽及平面弯曲能力较差。在中小桥中应用较多，在大长桥梁中不推荐采用。

T梁使用性能及经济性较好，但桥下视觉效果差，适应变宽能力较差。且由于T梁预制梁片数多，湿接缝道数多，不适用于本项目海上及近海环境的结构耐久性要求，本项目不推荐采用。

从受力角度分析，小箱梁施工稳定性好，抗扭刚度大，存梁期反拱小，成桥后线形较为平顺，整体性好，桥面板受力均匀；从使用性能上看，小箱梁仅设端横隔板，外形美观，城市高架桥梁也较多采用小箱梁结构。但普通小箱梁片数多、湿接缝道数多，且由于结构尺寸的原因保护层厚度难以满足近海环境的需要。因此考虑采用宽幅小箱梁以减少湿接缝道数及梁片数，满足海洋环境结构耐久性的需求。与本项目地理位置邻近的疏港公路项目跨海工程采用的就是宽幅小箱梁上部结构。

综上所述，本项目低墩区引桥的上部结构形式若采用预制结构，则推荐采用预制宽幅小箱梁，不考虑采用空心板、T 梁及普通小箱梁。

②预应力混凝土现浇连续箱梁方案论述

预应力混凝土连续箱梁取材方便、造价低廉；上部结构受力清晰，整体性能好；耐久性好，后期养护难度小、费用低；材料可塑性强，可以适应线形复杂的曲线道路；结构刚度大，变形小；运营时噪声较小；中等跨径结构采用预应力混凝土连续箱梁，断面整体性好，施工方便，施工方案选择性较多；结构体系较常规，施工工艺成熟，质量可靠。且国内所建桥梁大多采用此结构形式，因此低墩区考虑采用预应力混凝土连续箱梁与预制小箱梁进行比选。

③低墩区预制小箱梁与现浇连续箱梁比选

为方便预制宽幅小箱梁与连续箱梁的比选，现以 25m 跨径为例，采用两种典型断面进行比选（图 6.4-115、图 6.4-116 及表 6.4-18）。

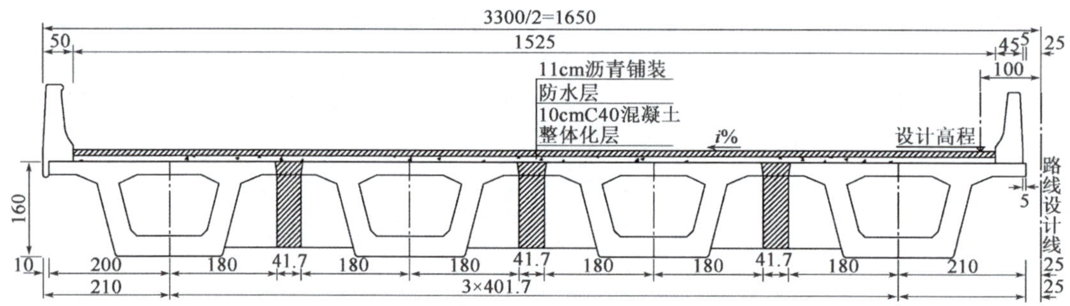

图 6.4-115　5m 宽幅小箱梁（尺寸单位：cm）

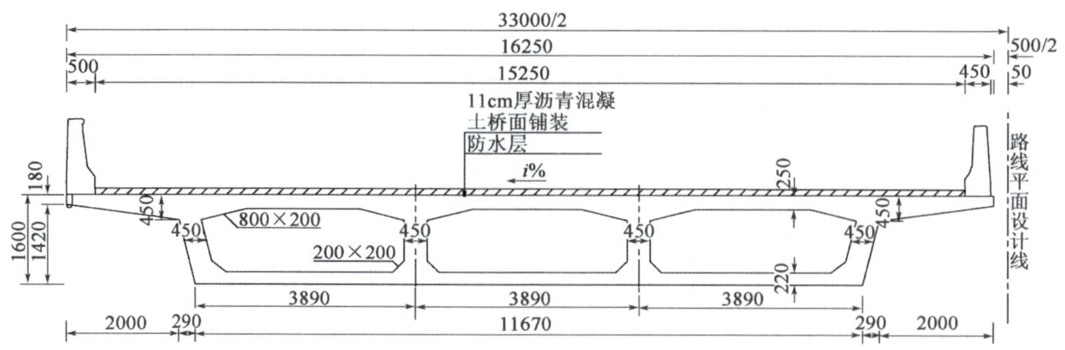

图 6.4-116　5m 连续箱梁（尺寸单位：cm）

25m 跨径小箱梁和连续箱梁上部结构比较表　　表 6.4-18

比较项目	单位	25m 后张法预应力混凝土小箱梁	25m 预应力混凝土连续箱梁
建筑高度	m	1.6	1.6
混凝土	m^3/m^2	0.635	0.708
普通钢筋	kg/m^2	138.5	145.686
预应力钢筋	kg/m^2	18.905	22.410
单片吊装重	t	136.8	-
经济指标	元/m^2	1675.83	1786
估算造价比		1	1.07

方案一为宽幅小箱梁，采用预制吊装的施工方法，施工工艺成熟，方便简单，施工时对地面交通组织干扰少；桥下视野开阔，采光良好，景观效果较好。但在与高墩区大跨度箱梁的大悬臂截面过渡位置景观效果不佳，虽然采用宽幅式小箱梁现浇湿接缝有所减少，但湿接缝的存在还是影响结构耐久性（在海上环境及海岸线 200m 以内的近海环境不具备竞争优势），且需较大的预制场地。若采用宽幅式小箱梁，引桥可采用 25m、30m 两种跨径进行比选，从以往项目经验来看，25m 跨径经济性略好于 30m 跨径（估算造价比约为 1:1.07），加上本项目其他路段主线桥填土高度一般较小（一般均不足 12m），25m 小箱梁由于具备建筑高度低，吊装重量轻等优势适应性更好，因此 25m 宽幅小箱梁相比 30m 宽幅小箱梁更具优势。

方案二为大挑臂斜腹板连续箱梁，断面线形流畅、生动轻巧、视觉效果好，桥下视野开阔，采光良好，景观效果较好；且全线各跨径均可以采用，能保证全线结构形式的一致性，增强景观效果。由于连续箱梁采用整幅式断面，结构暴露面少，结构耐久性好。但箱梁若采用现浇施工，施工周期较长，地基处理费用较高，而本项目引桥桥梁较长、软基多，因此在引桥低墩区连续箱梁方案不具备优势。

因此，从景观、施工及全线桥梁结构形式的统一角度考虑，引桥低墩区本阶段推荐采用 25m 跨径宽幅式小箱梁结构形式。

（2）引桥中墩区上部结构形式比选

引桥中墩区墩高在 25～40m 之间（引桥桥长约 1990m），较合适的跨径应在 45m、50m。从已建成的跨海桥梁来看，相似墩高引桥采用 45m、50m 跨径较为普遍。

从部分已建桥梁引桥来看，亦有部分桥梁采用预制 T 梁或小箱梁结构。但由于海上桥梁耐久性要求较高，而预制 T 梁及普通小箱梁由于梁片数多，保护层厚度小，并不适用于本项目。若采用 45m 宽幅式预制小箱梁，梁高达 2.8m，单片梁吊装重量过大，对施工吊装能力要求很高，需大型起重设备。且宽幅小箱梁在高墩区相比连续箱梁从结构耐久性、景观性都存在一定劣势。

该跨径范围内钢箱梁和组合梁也是可选结构形式，但钢箱梁和组合梁造价高，组合梁施工工序繁多、工艺复杂，且后期养护费用较高，从施工及经济性等方面因素考虑本项目不推荐采用钢箱梁或组合梁结构。

50m 左右中等跨径的结构采用预应力混凝土连续箱梁，断面整体性好、施工方便、施工方案选择性较多，尤其对海洋环境其结构耐久性较好、后期维护费用低。国内所建海上引桥大多采用此结构形式。同时从景观效果及对两岸海堤的跨越能力方面考虑，中墩区推荐采用 50m 跨径预应力混凝土连续箱梁结构形式。

若采用预应力混凝土连续箱梁,参考国内同类桥梁建设经验,适用于本项目的施工方法有节段拼装、移动模架等。预制节段拼装法现场工作量少,混凝土施工质量在预制场得到保证,施工速度快,但其经济性不如移动模架法。移动模架法结构整体性好,施工机械化程度高,具有良好的经济和社会效益,但施工速度稍慢。经施工方案综合比较(详见后文),中墩区连续箱梁施工工法推荐采用移动模架法施工。

(3)引桥高墩区上部结构形式比选

引桥高墩区墩高在40m以上(引桥桥长约348m),较合适的跨径应在55m、60m。但本项目40m以上墩高引桥规模太小,仅占整个引桥比例5.8%,如果单独采取一种跨径造成浪费及施工不便。从结构形式统一的角度考虑,高墩区引桥采用和中墩区引桥相同的跨径及结构形式。

(4)引桥跨径及结构型式比选综述

综合以上分析,本项目引桥桥跨布置及结构型式如下:

东引桥:45×25m(宽幅小箱梁)+(5×50+6×48)m(连续箱梁);西引桥:75×50 m(连续箱梁)+23×25 m(宽幅小箱梁)。

2)引桥桥墩设计方案比选

本项目引桥墩高在6~48m之间,由于引桥较长,墩柱数目较多,桥墩墩身高度适中且变化范围不大。桥位区的设计风速达到$V_s10=47m/s$,同时引桥桥址处抗震设防烈度为Ⅶ度,引桥下部受力较大。基于上述墩身的受力特点,在墩身选型时,必须在保证墩身受力合理的基础上,保持与整个工程的美学取向相协调。同时引桥墩型的选择还要综合考虑基础构造及施工方法,并与其相适应。下面将根据不同的上部结构形式,从受力性能、美观、施工等角度出发,选取相应的下部结构形式进行比选。

(1)宽幅小箱梁(25m跨径)下部结构形式比选

引桥中低墩区墩高不大于25m,上部结构推荐为25m宽幅小箱梁,施工工法为预制吊装。以下分别对宽幅小箱梁对应的下部结构进行比选,择优推荐。

小箱梁常见的下部结构形式有薄壁墩和柱式墩,下面对常见的薄壁墩(图6.4-117)和柱式墩(图6.4-118)进行比选。

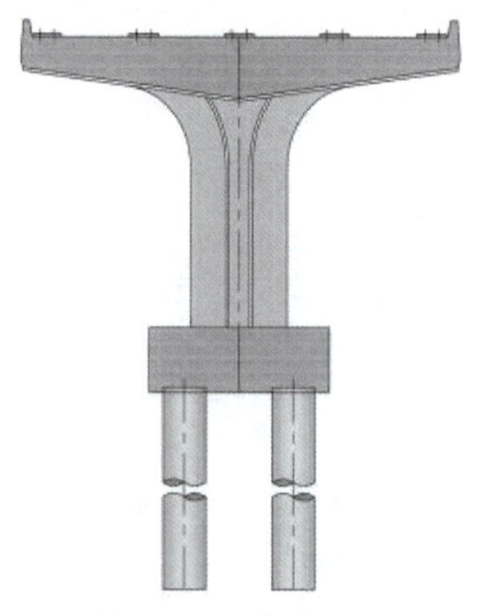

图6.4-117　薄壁墩方案

图6.4-118　柱式墩方案

两个方案经济比较如表6.4-19所示。

25m 跨宽幅小箱梁各种墩型经济比较表 表 6.4-19

项目		单位	薄壁墩	双柱墩
盖梁	盖梁高	(m)	2.00	1.80
	混凝土	(m^3)	42.84	43.52
	钢筋	(kg)	7068.6	9574.4
	钢绞线	(kg)	1670.8	—
	建安费	(万元)	11.86	10.39
墩身(柱)(填土高 15m)	混凝土	(m^3)	37.64	34.17
	钢筋	(kg)	12799.1	4100.9
	建安费	(万元)	6.93	5.72
承台系梁	混凝土	(m^3)	34.32	14.04
	钢筋	(kg)	3603.60	1404.00
	建安费	(万元)	5.73	2.34
桩基	桩顶力	(kN)	7000	6500
	桩长	(m)	110	100
	混凝土	(m^3)	221.17	201.06
	钢筋	(kg)	19905.1	18095.6
	建安费	(万元)	87.1	79.1
建安费	合计	(万元)	111.58	97.60
	造价比	造价比	1.14	1.00

通过上表可以看出,薄壁墩造价相对柱式墩较高,薄壁墩与柱式墩综合比较如表 6.4-20 所示。

小箱梁下部结构各方案综合比较 表 6.4-20

方案	薄壁墩	柱式墩
经济指标	相对高	相对低
受力特点	受力较复杂,盖梁单侧悬臂较大,需预应力	受力简单,盖梁无须预应力
施工工艺	施工较复杂	施工简单
美观性	外形美观,桥下视野开阔。但本项目 25m 宽幅小箱梁所处路段桥墩较矮,薄壁墩景观性受到一定限制	美观性较差、“柱林效应”较明显

通过以上比较,两个方案各有优劣,应结合本项目的特点进行选用。本项目 25m 引桥路段桥墩普遍较矮,本项目 25m 引桥共 45 + 23 = 68 孔,墩高 10m(含盖梁高度)以下的占 19 + 23 = 42 孔,薄壁墩盖梁的弧线造型难以体现,反而显得笨重;且薄壁墩由于桩距较小,其单桩承载力大于柱式墩,本项目地质较差,桩基以摩擦桩为主,采用薄壁墩将大幅增加桩长;另外薄壁墩大挑臂盖梁还需配置横向预应力(分二次张拉),施工复杂。综合以上分析,本项目 25m 宽幅小箱梁推荐采用柱式墩。

(2)连续箱梁(50m)下部结构比选

50m 跨径连续箱梁下部结构常见的形式主要是板式墩,以下将从受力性能、景观效果、施工、经济性等角度出发,对普通板式墩(图 6.4-119)和镂空板式墩(图 6.4-120)进行比选。

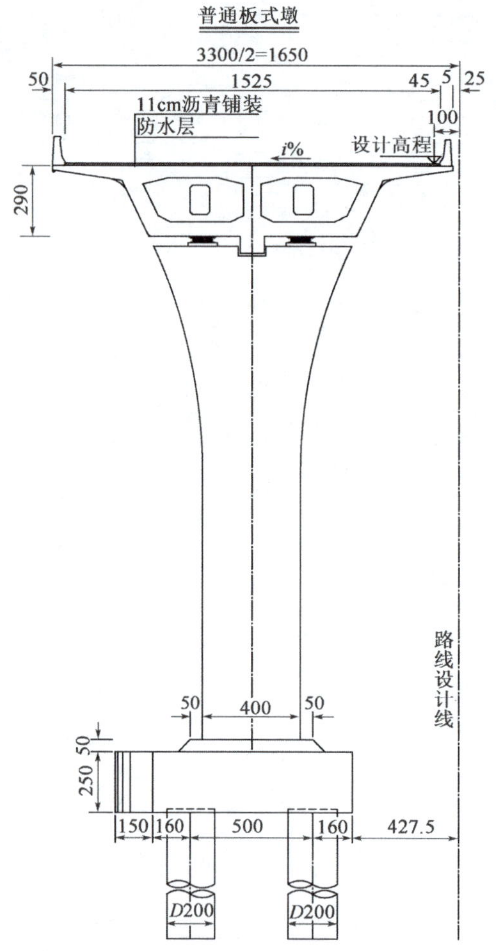

图 6.4-119　普通板式墩(单位:高程为 m,其他 cm)

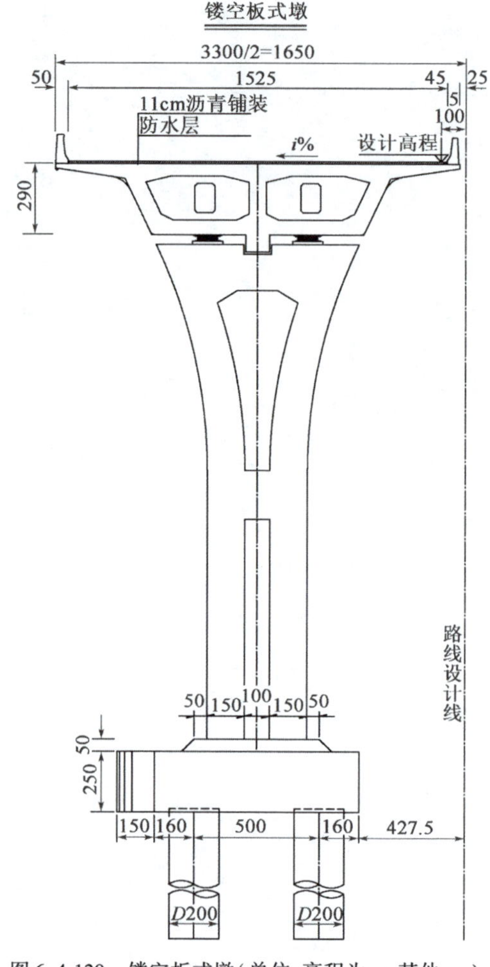

图 6.4-120　镂空板式墩(单位:高程为 m,其他 cm)

方案一采用普通板式墩,墩顶采用圆弧与箱梁斜腹板平顺过渡,造型简洁、外观大方、线条流畅、刚劲十足;墩身顺桥向厚度上下一致,构造简单,模板架设方便,施工快捷,经济性占优。但是,墩身横桥向体量稍大,尤其在西引桥中低墩区域桥墩较矮,稍显粗重。

方案二采用镂空板式墩,对方案一进行改进,在墩身立面进行开槽处理,尽量弱化板墩的体量,提升墩身的景观效果;但是墩身构造复杂,施工不便;墩身开槽后截面削弱,需通过增加墩身厚度补足,材料用量增加,经济性较差。

本项目 50m 跨引桥大部分位于滩涂区域,无法通行大型施工船只,墩身以现浇为主,应尽量选择施工方便的墩型以加快施工进度。综合考虑经济、景观、施工、经济性等因素,将普通板式墩作为 50m 引桥下部结构的推荐方案。

6.4.12.3　主桥桥型方案比选

1)方案一:钢—混凝土叠合梁方案

(1)总体桥型布置

主桥总体布置为(146 + 338 + 146)m 双塔三跨双索面钢 - 混凝土叠合梁斜拉桥,总长

630m,桥面顶宽33m。边中跨比为0.43,桥面全宽为36m,其断面组成为:1.5m(管线布置+索锚区)+0.5m(防撞护栏)+15m(行车道)+2m(中央分隔带)+15m(行车道)+0.5m(防撞护栏)+1.5m(管线布置+索锚区)=36m(图6.4-121)。

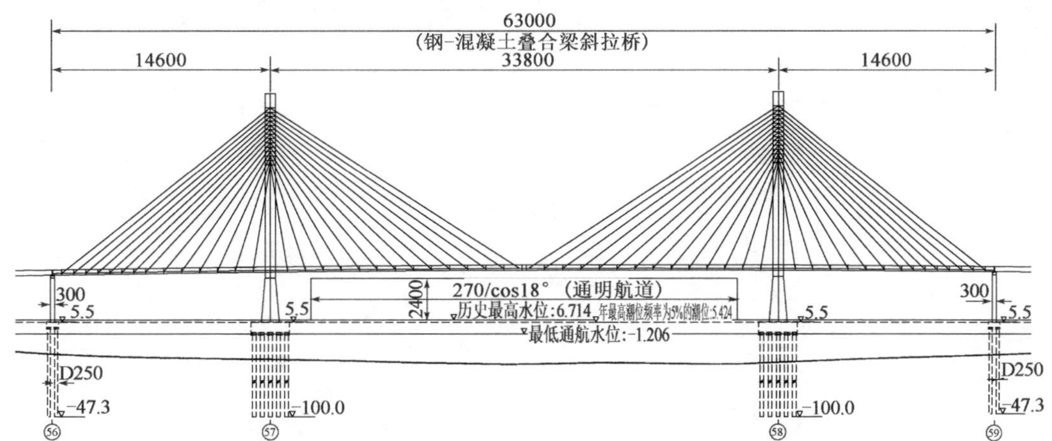

图6.4-121 通明海特大桥主桥立面布置(钢—混凝土叠合梁方案;单位:高程为m,其他为cm)

(2)结构支承体系

本桥不设辅助墩。主桥竖向采用连续支承体系,塔、梁间设竖向支承,边墩设置纵向滑动支座提供竖向约束。主桥采用塔、梁间设置液压阻尼器的半漂浮体系。塔、梁之间及边墩与梁之间各设置两个横向钢阻尼装置(TSDD),边墩设置横向支座约束,在地震力达到某给定值下剪断插销后为横向活动。

(3)主梁

主梁采用双边箱开口断面钢—混凝土叠合梁设计方案(图6.4-122)。

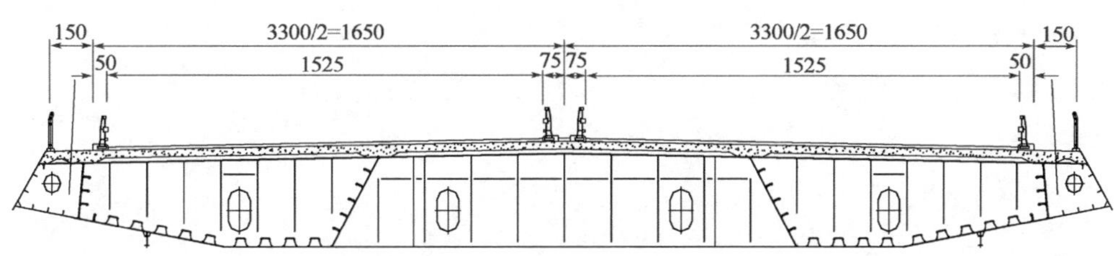

图6.4-122 钢—混凝土叠合梁双边箱开口主梁横断面示意图(尺寸单位:cm)

(4)斜拉索

本设计暂按国内较成熟的1770MPa平行钢丝成品拉索体系进行设计。每个桥塔两侧各采用14对拉索,全桥共112根斜拉索。本桥综合考虑施工难度,施工进度及施工质量等方面,斜拉索在塔上锚固方式采用钢锚梁锚固形式。

斜拉索的相关技术性能应符合《大跨度斜拉桥平行钢丝斜拉索》(JTT 775—2010)的要求,采用冷铸锚锚固体系。

斜拉索布置在每片主梁的两侧。塔根附近无索区长度为23m,跨中无索区长度为6m,梁上标准索距12m,边跨尾索区索距8m,塔上索距2.5m。

拉索防护采用双层HDPE保护套,外层PE设置双螺旋线,以提高斜拉桥抵抗风、雨和地震的能力。为确保斜拉索钢丝防护的可靠性,要求内、外层 HDPE 一次同时热挤成型,斜拉索两端锚管内需设置减振器。

(5)主塔

根据前文所述,从受力和景观的角度,本桥本阶段推荐采用景观造型较好的"A"形桥塔(图 6.4-123)。

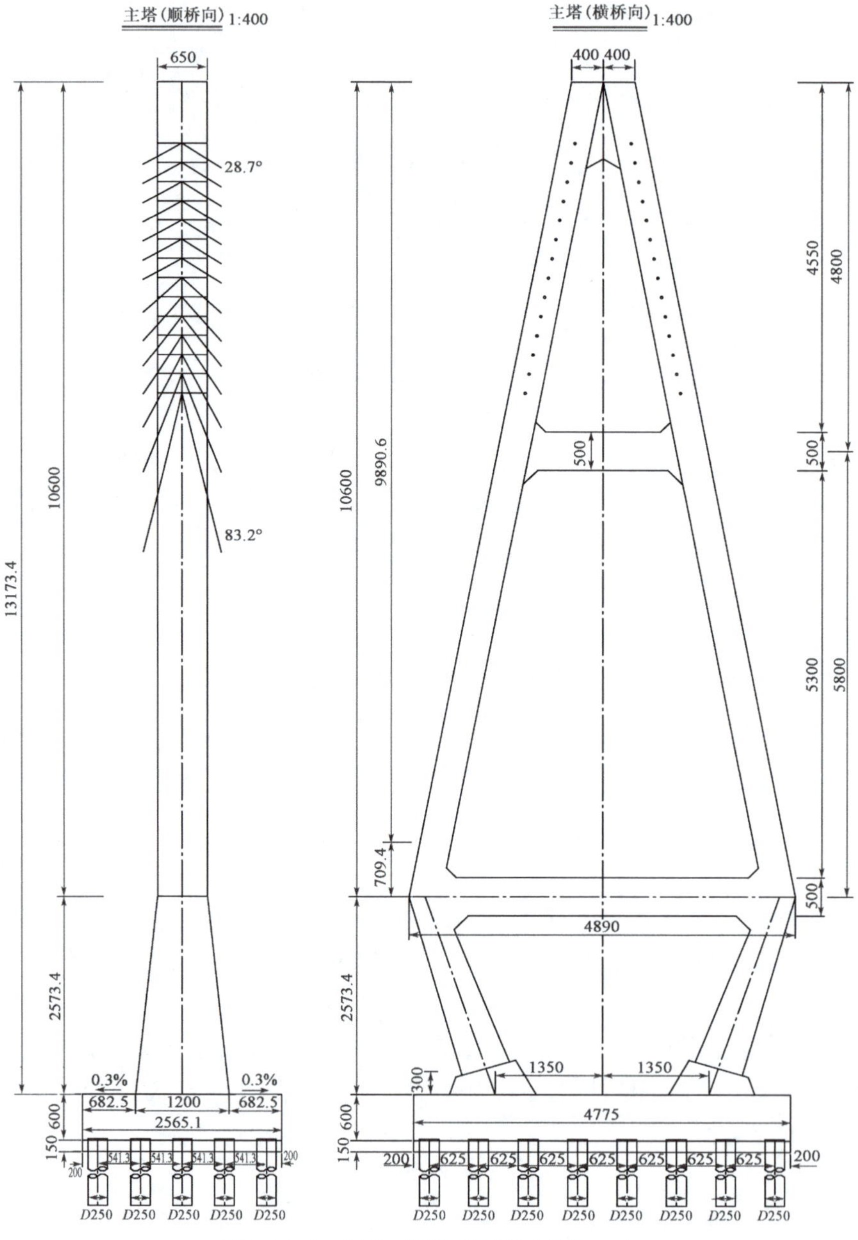

图 6.4-123　主塔一般构造图(尺寸单位:cm)

主塔基础采用 ϕ2.5m 钻孔桩,每个桥塔共设 34 根,按梅花形布置,桩身采用 C35 混凝土,均按摩擦桩设计。承台采用整体式钢筋混凝土承台,承台高度 6.0m,承台采用 C40 混凝土。

(6)主桥施工方案

本方案桩基采用常规钻孔灌注桩施工方法,主塔墩承台可采套箱或钢板桩围堰法施工,主塔采用爬模现浇施工,待基础、主塔完成施工后,开始对称悬臂拼接主梁,直至边跨合拢,中跨合拢完成整体结构。

主梁在工厂制造并拼装成节段,高强度等级混凝土桥面板提前6个月以上在岸上预制。0号段利用塔吊分块吊装钢梁构件,在墩旁托架上拼装完成后,浇筑桥面板混凝土,张拉纵、横向预应力;钢梁采用架梁吊机悬拼施工,预制桥面板安装和现浇湿接缝混凝土滞后钢梁一个节段。岸上边跨梁段采用临时码头,地面运梁轨道运输就位后吊装;对于边跨梁段,在边跨设置临时支架,水中利用浮吊、岸上利用龙门吊将梁段预先放置于临时支架上拼装后与悬臂端相接。首先边跨合拢,最后主跨合拢。在全桥合拢后,解除主塔处主梁的临时固定。

根据工期安排,本桥施工工期约为24个月。

2)方案二:混凝土梁方案

(1)总体桥型布置

主桥总体布置为(146+338+146)m双塔三跨双索面混凝土梁斜拉桥(图6.4-124),总长630m,桥面顶宽33m。边中跨比为0.43,桥面全宽为36m,其断面组成为:1.5m(管线布置+索锚区)+0.5m(防撞护栏)+15m(行车道)+2m(中央分隔带)+15m(行车道)+0.5m(防撞护栏)+1.5m(管线布置+索锚区)=36m。

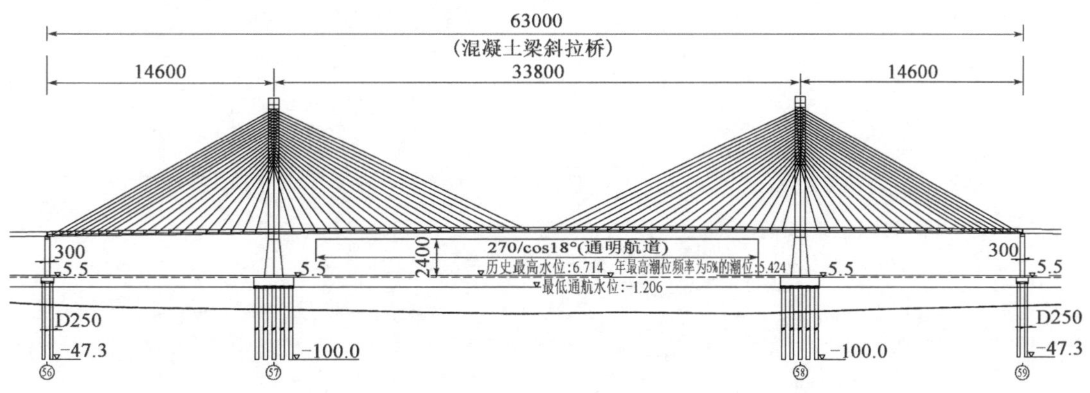

图6.4-124 通明海特大桥主桥立面布置(混凝土梁方案,单位:高程为m,其他为cm)

(2)结构支承体系

本桥不设辅助墩。主桥竖向采用连续支承体系,塔、梁间设竖向支承,边墩设置纵向滑动支座提供竖向约束。主桥采用塔、梁间设置液压阻尼器的半漂浮体系。塔、梁之间及边墩与梁之间各设置两个横向钢阻尼装置(TSDD),边墩设置横向支座约束,在地震力达到某给定值下剪断插销后为横向活动。

(3)主梁

主梁采用双边箱开口断面钢—混凝土叠合梁设计方案(图6.4-125)。

(4)斜拉索

本设计暂按国内较成熟的1770MPa平行钢丝成品拉索体系进行设计。每个桥塔两侧各采用20对拉索,全桥共160根斜拉索。本桥综合考虑施工难度,施工进度及施工质量等方面,斜拉索在塔上锚固方式采用钢锚梁锚固形式。

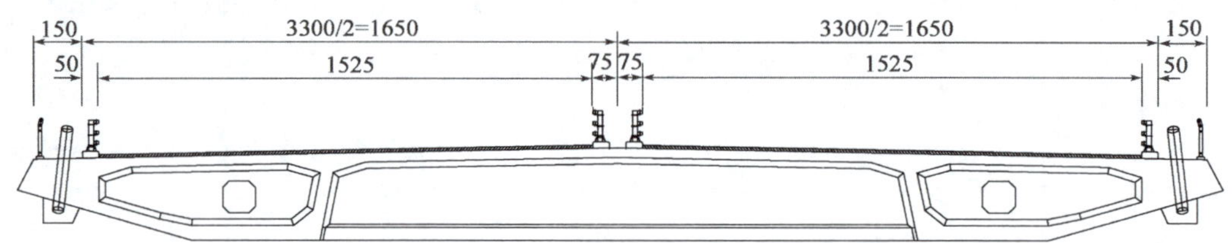

图 6.4-125　钢—混凝土叠合梁双边箱开口主梁横断面示意图(尺寸单位:cm)

斜拉索的相关技术性能应符合《大跨度斜拉桥平行钢丝斜拉索》(JTT 775—2010)的要求,采用冷铸锚锚固体系。

斜拉索布置在每片主梁的两侧。塔根附近无索区长度为 23m,跨中无索区长度为 6m,梁上标准索距 8m,边跨尾索区索距 5m,塔上索距 2m。

拉索防护采用双层 HDPE 保护套,外层 PE 设置双螺旋线,以提高斜拉桥抵抗风、雨和地震的能力。为确保斜拉索钢丝防护的可靠性,要求内、外层 HDPE 一次同时热挤成型。外斜拉索两端锚管内需设置减振器。

(5)主塔

根据前文所述,从受力和景观的角度,本桥本阶段推荐采用景观造型较好的“A”形桥塔。

主塔基础采用 ϕ2.8m 钻孔桩,每个桥塔共设 34 根,按梅花形布置,桩身采用 C35 混凝土,均按摩擦桩设计。承台采用整体式钢筋混凝土承台,承台高度 6.0m,承台采用 C40 混凝土(图 6.4-126)。

(6)主桥施工方案

本方案桩基采用常规钻孔灌注桩施工方法,主塔墩承台可采套箱或钢板桩围堰法施工,主塔采用爬模现浇施工。

对于主梁,采用边、主跨主梁对称挂篮悬浇施工至悬臂长度 124.5m,边跨悬浇段主梁与在支架上 18.1m 长的现浇段(该现浇段一般也是分节段现浇)合龙,主跨继续悬浇直至合龙。优点是:挂篮的设计不受边跨主梁加厚截面的影响,边跨部分梁段在支架上现浇,施工简单方便,可提前施工,进度略快;缺点是需要增加一定数量的支架。

另主梁悬浇施工可采用后支点挂篮(普通挂篮)或前支点挂篮(牵索式挂篮)这两种施工方法。普通后支点挂篮主要适用于箱形断面,其优点是在浇筑一个节段混凝土的过程中,挂篮结构和索塔结构无直接关系,挂篮设计简单,挂篮的定位和一个节段的混凝土浇筑过程不需调索,施工工艺相对简单;缺点是挂篮需承受全部施工荷载使浇注节段长度受到限制,挂篮自身需要较大的刚度。前支点牵索式挂篮适用于各种断面,其优点是充分发挥了斜拉索效应,节段浇筑长度及承重能力大为提高,施工进度快;缺点是浇筑一个节段混凝土过程中要分阶段调索,工艺较复杂,挂篮及斜拉索套管定位难度大。本桥一个标准悬浇节段长度为 8m,节段自身重量大,为双边箱断面,拟按前支点牵索式挂篮施工考虑更加合理。

根据工期安排,本桥施工工期约为 32 个月。

3)主桥设计方案比选

方案比选数据见表 6.4-21。

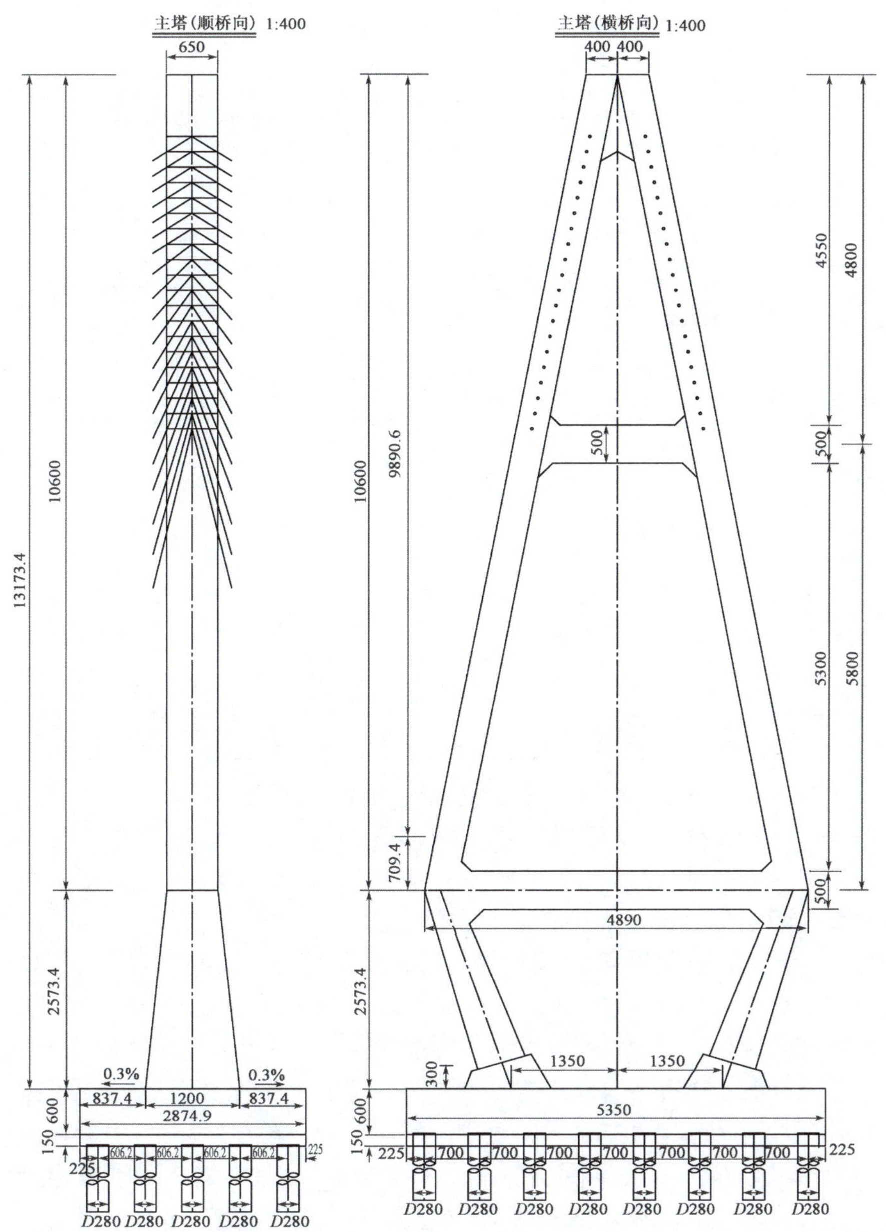

图6.4-126 主塔一般构造图(尺寸单位:cm)

通明海特大桥主桥方案比选表 表6.4-21

项目 \ 方案编号		方案一	方案二
结构形式	主桥	双塔双索面钢—混凝土结合梁斜拉桥(146 + 338 + 146m) = 630m	双塔双索面 PC 主梁斜拉桥(146 + 338 + 146m) = 630m
	引桥	P. C. 小箱梁 + 连续梁	P. C. 小箱梁 + 连续梁

续上表

项目＼方案编号		方　案　一	方　案　二
技术特点及可行性		常见桥型,受力简单明确,技术成熟可靠。国内已有多座 300m 以上钢—混凝土结合梁斜拉桥	常见桥型,受力简单明确,技术成熟可靠。国内已有多座 300m 以上混凝土箱梁斜拉桥
航道适应性		满足通航要求,通航条件良好	满足通航要求,通航条件良好
对水利影响		主墩尺寸较小,阻水比较小	主墩尺寸较大,阻水比较大
抗震性能		上部结构较小,抗震性能较好	上部结构质量较大,抗震性能较差
抗风性能		颤振满足规范要求,涡振需风洞试验验证	抗风性能较好
施工	方法	常规方法施工下部结构;爬模或者其他方法施工主墩,主梁吊装焊接施工,桥面板预制吊装	常规方法施工下部结构;爬模或者其他方法施工主墩,挂篮悬浇施工混凝土主梁
	难度	经验成熟,难度不大	经验成熟,难度不大
	速度	快	慢
养护维修难易		斜拉索需定期更换,钢梁需定期涂装,维护量大	斜拉索需定期更换,维护量较小。
耐久性		好	较好
景观效果		景观效果较好	景观效果较好
估算造价比		1	0.95
工期(月)		24	32
推荐意见		推荐方案	比较方案

从表中可看出:二个方案的施工技术均较为成熟,难度不大。

双塔双索面预应力混凝土主梁斜拉桥:结构受力简单明确,采用常规斜拉桥施工方法施工,技术成熟可靠,后期养护维修工作量较小,总造价较为经济;但主梁悬臂浇筑施工质量不容易控制,有经验表明主梁因施工控制等因素影响,施工高程控制误差较大,造成后期调坡引起桥面铺装厚度增加等情况,主梁混凝土强度等级高,施工过程中因养护不及时造成早期裂缝的出现,使得主梁耐久性变差。主梁按 8m 梁长划分梁段,施工节段较多,施工工期长。

双塔双索面钢—混凝土结合梁斜拉桥:结构受力明确,采用常规斜拉桥施工方法施工,技术成熟可靠,但结合梁主梁存在着后期养护维修工作量较大的问题,总造价较混凝土梁略高;但主梁钢结构部分可在钢梁厂加工,混凝土桥面板也在岸上预制厂加工,主梁预制件施工质量容易控制,施工质量好,现场仅需采用桥面吊机吊装钢梁,悬臂拼装,节段间采用螺栓连接,桥面板吊装就位后,仅需施工湿接缝,桥面板质量容易保证,耐久性好,钢—混凝土结合梁按 12m 梁长划分梁段,梁段少,施工速度快,施工工期比混凝土梁可提前 8 个月完成。

综上所述,在总造价相差不大的情况下,综合考虑施工工期、施工质量、耐久性、抗震性能等各种因素,本阶段推荐双塔双索面钢—混凝土结合梁斜拉桥(方案一)。

6.4.12.4 通明海特大桥抗震装置的选择

1)结构布置

通明海特大桥主桥跨径布置为(146 + 338 + 146)m,采用双塔双索面组合梁斜拉桥结构形式,结构采用半漂浮体系。塔梁间及过渡墩处分别设置 2 个单向支座,横向约束, 纵向可自由活动。桥梁结构布置及各构件的尺寸如图 6.4-127 和图 6.4-128 所示。

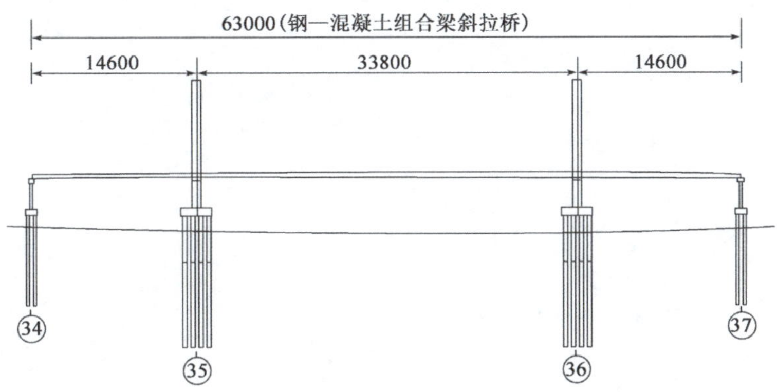

图 6.4-127　桥型布置图(尺寸单位:cm)

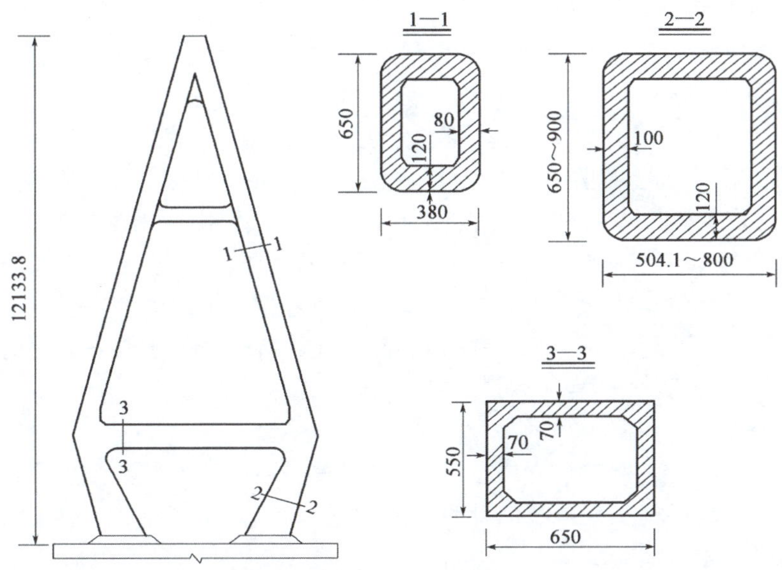

图 6.4-128　主塔结构图(尺寸单位:cm)

2)地震参数

根据《地震安全性评价报告》,E1、E2 下水平加速度反应谱公式如式(1)及表 6.4-22 所示。

$$S=\begin{cases}S_{max}(5.5T+0.45) & T<0.1\text{s}\\ S_{max} & 0.1\text{s}<T<T_g\\ S_{max}(T_g/T)^{\gamma} & T>T_g\end{cases} \tag{1}$$

加速度反应谱参数表　　表 6.4-22

重现期	$T_g(s)$	γ	$S_{max}(g)$
475 年	0.9	0.9	0.28
2000 年	1.1	0.9	0.474

相应的水平加速度反应谱曲线图 6.4-129 所示。

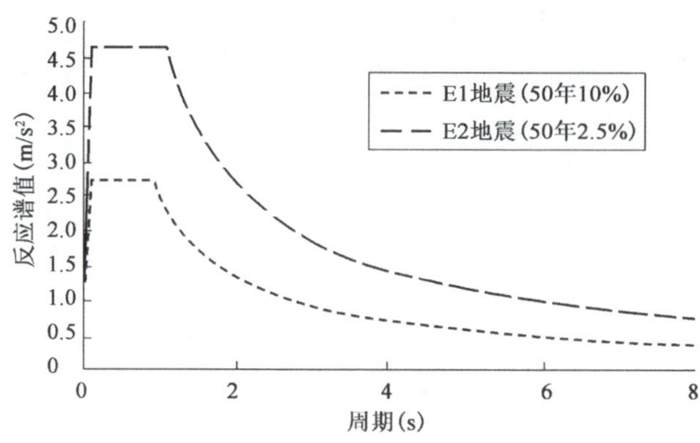

图 6.4-129　加速度反应谱曲线

地震动输入采用重现期为2000 年的7 条人工地震波,该7 条波与重现期为2000 年的加速度反应谱对应。结构地震反应(内力、变形和位移)取 7 条人工地震波反应最大值的平均值。

3)有限元模型的建立

采用有限元分析软件 SAP2000 建立动力分析计算模型,主梁、桥墩及桥塔均采用梁单元进行模拟。减隔震装置 C 型钢阻尼及双曲面支座采用 Plastic(Wen)单元模拟,黏滞阻尼采用 Damper 单元模拟。主梁节点和斜拉索吊点以及桥塔与拉索锚固区用主从关系模拟;承台近似刚体进行模拟,质量堆积在承台质心;在承台底采用六个方向的弹簧对桩基础进行模拟。同时,由于引桥对主桥的抗震性能有较大影响,模型中同时建立了两端各一联引桥。通过对本桥的结构分析,发现地震作用下塔底弯矩和桩基弯矩控制设计;而影响桩基内力的主要是承台底剪力和弯矩。因此,分析比较主要针对这三项进行。

4)纵向减隔震装置选择

结构采用半漂浮体系,过渡墩支座及主塔支座纵向均无约束。为了降低结构在纵向地震作用下的内力及位移,塔梁间采用了两种减隔震方法,即纵向黏滞阻尼和纵向钢阻尼,对其进行了分析,并与纵向不采用减隔震装置进行了对比(表 6.4-23)。黏滞阻尼器方案为一个塔梁间设置 4 个站滞阻尼器,阻尼系数为 3000kN/$(m/s)^{0.4}$, 阻尼指数为 0.4。钢阻尼方案为一个塔梁间设置 2 个 C 型钢阻尼器,屈服力为 4000kN。

三种减隔震方案的塔底弯矩及桩基最大弯矩　　表 6.4-23

项　　目	无　装　置	纵向刚阻尼	纵向黏滞阻尼
塔底弯矩(kN·m)	915150	714250	616552
桩基弯矩(kN·m)	81822	76879	54907

三种对比方案的设计如图 6.4-130 所示。

根据以上分析结果,纵向地震作用下,不设置减隔震装置时,结构内力及梁端纵向位移均较大,尤其是梁端位移较大,对伸缩缝等影响较大。采用钢阻尼或结滞阻尼后均取得了良好的减隔震效果。相比而言,在给定参数下结滞阻尼的效果优于钢阻尼。黏滞阻尼对斜拉桥地震下的位移有很好的控制效果,本桥塔梁间的纵向减隔震装置最终采用了黏滞阻尼方案。

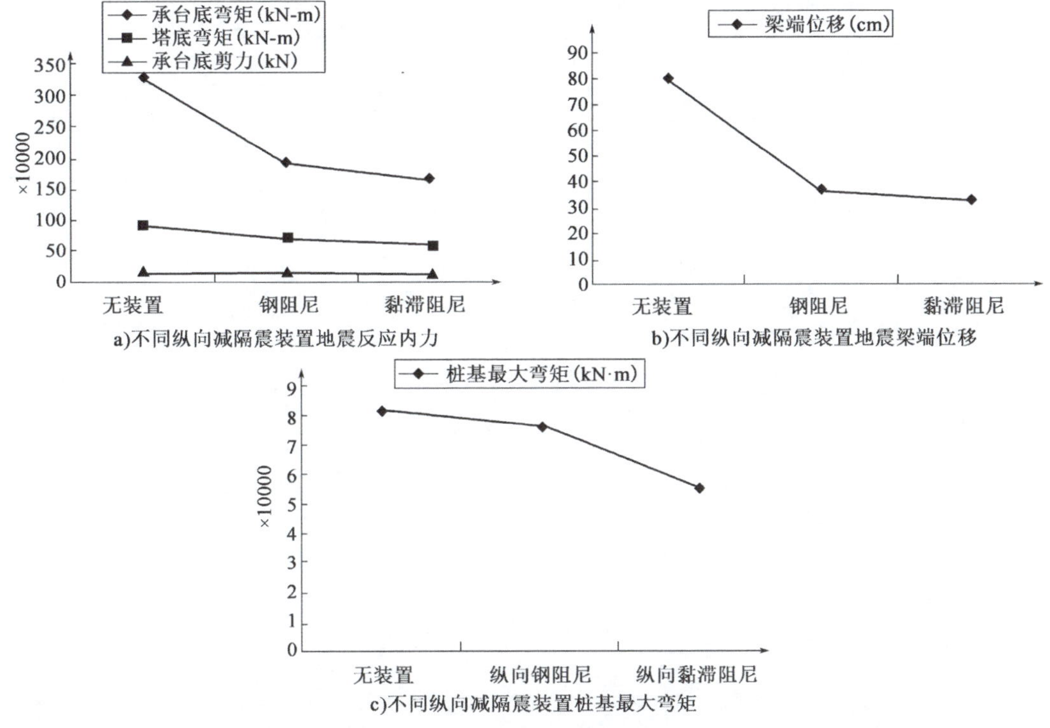

图 6.4-130 三种纵向减隔震方案对比

5)横向减隔震装置选择

过渡墩支座及主塔支座横向均约束,塔梁间减隔震设计选取了三种方案进行对比分析,即双曲面支座、横向钢阻尼、横向黏滞阻尼(表 6.4-24)。同样,黏滞阻尼器方案为一个塔梁间设置 4 个黏滞阻尼器,阻尼系数为 3000kN/(m/s),阻尼指数为 0.4。钢阻尼方案为一个塔梁间设置 2 个 C 型钢阻尼器,屈服力为 4000kN。双曲面球形减隔震支座方案为一个塔梁间设置 2 个双曲面支座代替前面所述单向支座,双曲面支座摩擦系数为 0.02,曲面半径采用 5m。

三种减隔震方案的塔底弯矩及桩基最大弯矩 表 6.4-24

项 目	无 装 置	横向刚阻尼	横向黏滞阻尼
塔底弯矩(kN·m)	1607566	942937	959452
桩基弯矩(kN·m)	99326	65358	60620

三种减隔震方案的对比如图 6.4-131 所示。

通过对三种方案的对比,看出双曲面支座难以取得理想的减隔震效果,在地震作用下支座变形较大而又没有有效降低地震内力。钢阻尼或教滞阻尼均取得了良好的减隔震效果。在给定参数下,钢阻尼的效果优于教滞阻尼。本桥塔梁间横向减隔震装置最终采用了钢阻尼方案。

6)钢阻尼减隔震装置参数分析

为了进一步优化横向钢阻尼装置的减隔震效果,本文进行了参数分析,在钢阻尼屈服前刚度、屈服后刚度不改变的情况下,分析屈服力对减隔震效果的影响。根据钢阻尼特点选取了 2500kN、4000kN 和 8000kN 三组屈服力进行计算对比。

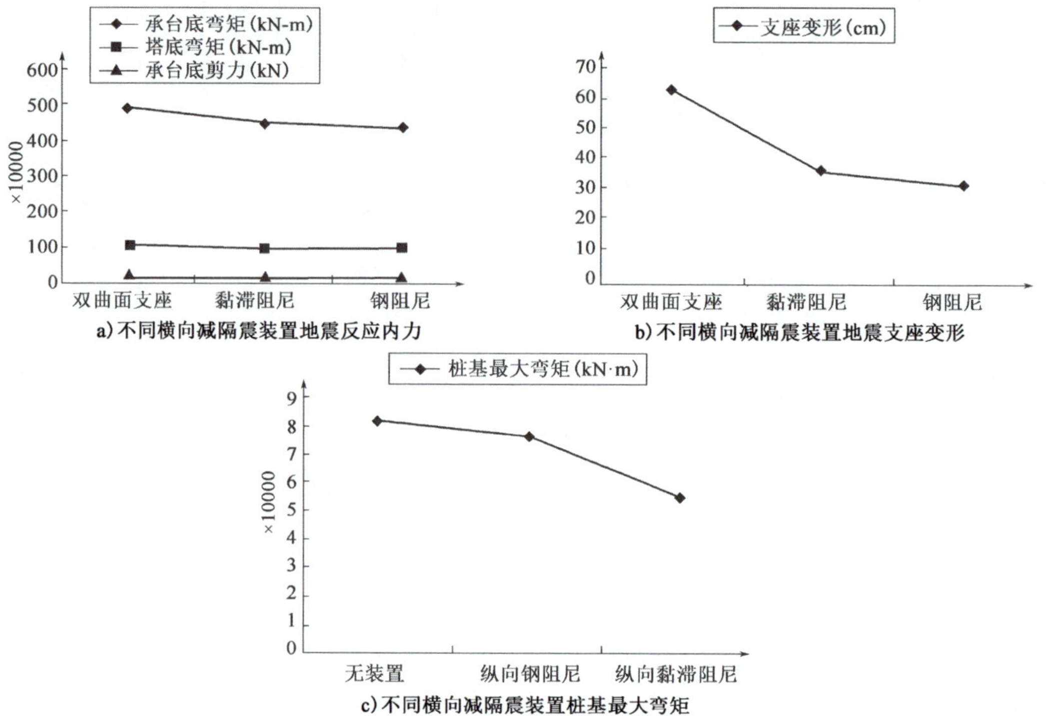

图 6.4-131　三种横向向减隔震方案对比

参数分析的结果如图 6.4-132 所示。

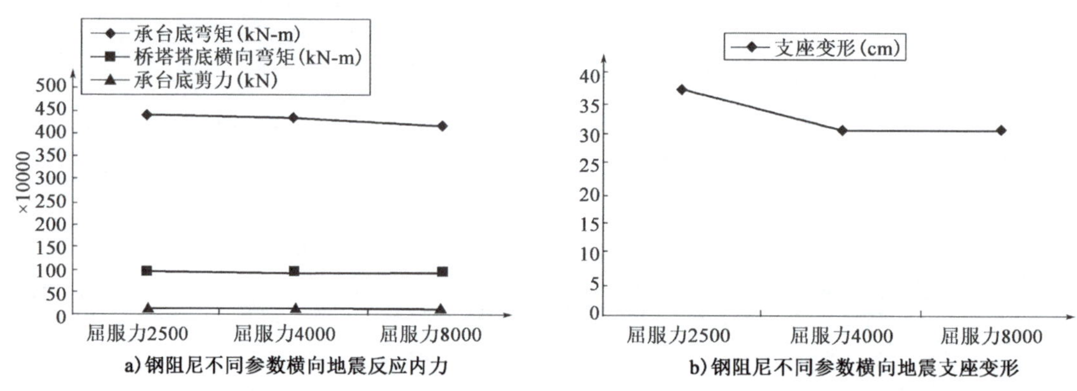

图 6.4-132　钢阻尼减隔震装置参数分析

以上结果表明,三种不同屈服力情况下,当屈服力不大时,随着屈服力的增加,地震内力有减小的趋势,但并不明显;支座变形则随着屈服力的增大显著降低。因此,鉴于屈服力越大,则装置尺寸越大,不利于结构设计安装。综合比选,横向钢阻尼最终选取 4000kN 为屈服力。

6.4.12.5　总结与提高

通过引桥和主桥设计方案比选,最后确定通明海特大桥引桥与主桥上部结构分别采用 50m 等截面现浇箱梁及 25m 宽幅小箱梁和双塔三跨钢—混凝土叠合梁斜拉桥;下部结构采用板式薄壁墩、普通双柱式桥墩。桥台及桩基全部采用座板台和钻孔灌注桩。选择的结构方案施工难度小，便于质量控制，结构受力合理，景观效果好，为跨海大桥的建设提供的宝贵的经验。

高烈度区大跨度桥梁抗震设计往往控制基础设计的规模，通过合理选择减隔震装置，减少地质作用下结构受力与位移，优化结构设计。

参 考 文 献

[1] 中国公路学会交通运输部科学研究院. 中国绿色公路研究与展望(2018)[M]. 北京:人民交通出版社股份有限公司,2018.

[2] 贺宏斌,等. 绿色公路政策创新研究[J]. 交通安全与环保, 2015(5):10-12.

[3] 欧阳斌,等. 绿色公路发展的战略思考[J]. 交通安全与环保, 2015(5):128-132.

[4] 秦晓春,等. 低碳理念下绿色公路建设关键技术与应用的探讨[J]. 公路交通科技(应用技术版), 2010,70(5):307-310.

[5] 姚嘉林,等. 新时期绿色公路的内涵特征与建设理念[J]. 交通世界, 2018,17:3-6.

[6]《工程地质手册》编委会. 工程地质手册[M]. 北京:中国建筑工业出版社,2007.

[7] 中华人民共和国交通运输部. 公路路基施工技术规范 JTG F10—2006[S]. 北京:人民交通出版社,2006.

[8] 中华人民共和国交通运输部. 公路路基设计规范 JTG D30—2004[S]. 北京:人民交通出版社,2004.

[9] 孙中才,左顺磊,魏凤娟,等. 关于公路路基路面设计实践的研究[J]. 城市道桥与防洪, 2016(04).

[10] 孟广成,郤永刚. 公路隧道口安全防护隐患解决方案研究[J]. 公路交通科技,2011,12(84):289-292.

[11] 中华人民共和国交通运输部. 公路护栏安全性能评价标准 JTG B05-01—2013[S]. 北京:人民交通出版社,2013.

[12] 中华人民共和国交通运输部. 公路交通安全设施设计规范 JTG D81—2017[S]. 北京:人民交通出版社股份有限公司,2018.

[13] 中华人民共和国交通运输部. 公路交通安全设施设计细则 JTG/T D81—2017[S]. 北京:人民交通出版社股份有限公司,2018.

[14] 中华人民共和国交通运输部. 高速公路交通工程及沿线设施设计通用规范 JTG D80—2006[S]. 北京:人民交通出版社,2006.

[15] 中华人民共和国交通运输部. 道路交通标志和标线 GB 5768—1999[S]. 北京:中国标准出版社,2009.

[16] 中华人民共和国交通运输部. 公路交通标志和标线设置规范 JTG D82—2009[S]. 北京:人民交通出版社,2009.

[17] 盘钦卿. 基于价值管理的绿色公路目标体系构建研究 [D]. 重庆:重庆大学,2012.

[18] 张琴. 基于可持续发展理念的绿色公路评价研究[D]. 重庆:重庆大学,2011.

[19] 中交第一公路勘察设计研究院有限公司. 广东省高速公路工程设计标准化——隧道通用图[M]. 北京:人民交通出版社股份有限公司,2015.

[20] 广东省交通运输厅. 广东省高速公路工程设计标准化指南[M]. 北京:人民交通出版社,2014.

[21] 中华人民共和国交通运输部. 公路隧道设计规范 JTG D70—2004[S]. 北京:人民交通

出版社, 2004.
[22] 中华人民共和国交通运输部. 公路隧道设计细则 JTG/T D70—2010[S]. 北京:人民交通出版社, 2010.
[23] 广东省交通运输厅. 广东省绿色公路建设技术指南(试行)[M]. 北京:人民交通出版社股份有限公司,2017.
[24] 刘继国,等. 复杂条件下超浅埋双层叠合大断面隧道下穿敏感建筑设计[J],现代隧道技术, 2014,51(5):174-179.

后　记

绿色公路的提出，是与党的十九大报告一脉相承的，绿色的不是公路，是建设管理理念，是对生我养我的这片土地深深的爱，是对公路建设事业的重新定义，是这个时代对公路建设提出的更高要求。

经过几年的努力，南粤绿色公路管理已基本形成体系，方法措施基本约定俗成，在刚刚建设的一千多公里高速公路上已成熟应用。时光荏苒，过去的都已成为历史，我们总结历史是为了将来更好，百忙之余南粤项目参建者众志成城、集腋成裘，得设计院同仁鼎力相助、点石成金，方得此文稿。

东方欲晓，
莫道君行早。
踏遍青山人未老，
风景这边独好。
会昌城外高峰，
颠连直接东溟。
战士指看南粤，
更加郁郁葱葱。

毛泽东的这首词（清平乐 · 会昌）创作于1934年，用来形容今天南粤大地上如火如荼的绿色公路建设最恰当不过，我们权以一句来冠名，用以说明绿色公路建设才刚刚起步，未来的路还很长，虽然我们取得了一点成绩，但离目标还很远，期望我们的前途更远更宽更广。

“路漫漫其修远兮，吾将上下而求索”，大道无边，至善方圆。我们共同期望南粤大地上绿色公路的建设更加郁郁葱葱。

广东省南粤交通投资建设有限公司总工程师